Hans Hautmann
Die österreichische Revolution

Druck gefördert von der Stadt Wien Kultur

Bibliografische Information der Deutschen Bibliothek:
Die Deutsche Bibliothek verzeichnet diese Publikation
in der Deutschen Nationalbibliografie.
Detaillierte bibliografische Daten sind im Internet über
http://dnb.ddb.de abrufbar.

© 2020 Promedia Druck- und Verlagsgesellschaft m. b. H., Wien
Alle Rechte vorbehalten

Satz: Kevin Mitrega, Schriftlösung Wien
Umschlagfoto: Verein für Geschichte der ArbeiterInnenbewegung, Wien

Druck: CPI – Clausen & Bosse, Leck
Printed in Germany
ISBN: 978-3-85371-479-9

Fordern Sie die Kataloge unseres Verlags an:
Promedia Verlag
Wickenburggasse 5/12
A-1080 Wien
E-Mail: promedia@mediashop.at
Web: www.mediashop.at
            www.verlag-promedia.de

Hans Hautmann

Die österreichische Revolution

Schriften zur Arbeiterbewegung 1917 bis 1920

PROMEDIA

Inhalt

Vorwort 7

Die revolutionäre Tradition in der österreichischen
Geschichte (1997) 15

Zum Stellenwert der Massenbewegungen und Klassenkämpfe
in der revolutionären Epoche 1917–1920 (1983) 37

Die Revolutionäre: Der Formierungsprozess der Linksradikalen
im Epochenjahr 1917 (2007) 75

Mit den Herrschenden »russisch« reden. Die Auswirkungen der
Oktoberrevolution auf Österreich (2017) 93

Der Jännerstreik 1918 und das Entstehen der Arbeiterräte (2018) 101

Die österreichische Revolution (2008) 131

»Spätsommer des Untergangs«. Zur Widerspiegelung der revolutionären Ereignisse und Gestalten in Franz Werfels »Barbara
oder Die Frömmigkeit« (2008) 153

Leo Rothziegel (1892–1919). Das Leben eines österreichischen
Revolutionärs (1978) 175

Die Institution der Arbeiterräte in der Ersten Republik (1990) 201

Die österreichische Rätebewegung und Räteungarn (2018) 221

Rätebewegung und KPÖ von 1918 bis 1938 (2017) 237

Bibliographie und Quellennachweise 245

Hans Hautmann (1943–2018) 253

»Wir haben mit der österreichischen Revolution eine Tradition unserer Geschichte vor uns, die wahrlich der Erinnerung wert ist. Denn sie zeigt uns, wie viel unter bestimmten Voraussetzungen möglich und erreichbar ist, wenn sich die arbeitenden Menschen der Tugenden des Kampfes besinnen, ihrer Kraft innewerden.«

Hans Hautmann: Die österreichische Revolution (2008)

Vorwort

Hans Hautmann war einer der profiliertesten HistorikerInnen der österreichischen Arbeiterbewegung. Neben der Militär- und Justizgeschichte, der österreichischen Geschichte des 19. und 20. Jahrhunderts und der Theoriegeschichte des Sozialismus zählte die Geschichte der internationalen und österreichischen Arbeiterbewegung zu seinen wesentlichen Forschungsgebieten. Eine große Anzahl seiner Fachbeiträge in Sammelbänden und in wissenschaftlichen Periodika sowie die meisten der von ihm verfassten Monografien beschäftigen sich mit diesem Thema.

Bereits in seiner 1968 verfassten Dissertation über die Gründungsgeschichte der Kommunistischen Partei Österreichs betrat Hautmann jenes inhaltliche Terrain, das zeit seines Lebens ein Schwerpunkt seiner wissenschaftlichen Arbeit bleiben sollte: Die Geschichte der revolutionären Arbeiterbewegung in den Jahren des Ersten Weltkriegs und in der Frühphase der Ersten Republik. Im Mittelpunkt seines Interesses standen die Historie der Rätebewegung und des revolutionären Flügels des Proletariats, allen voran der KPÖ und ihres Vorläufers, der »Linksradikalen«. Die im vorliegenden Auswahlband veröffentlichten Beiträge über die Geschichte der revolutionären Arbeiterbewegung in den Jahren 1917 bis 1920 überschneiden sich mit seinem zweiten, ganz wesentlichen Forschungsschwerpunkt: dem Ersten Weltkrieg, an dessen Ende die Proklamation der Republik im November 1918 stand.

Herrschaftskritischer Historiker

Geschichtsschreibung stellte für Hans Hautmann keinen Selbstzweck dar. Als marxistischer Historiker war er einer der wenigen VertreterInnen dieser Richtung auf akademischem Boden in Österreich. Er betrachtete die Historiografie als herrschaftskritische Aufgabe und sah es als Verpflichtung an, in einer in Klassen gespaltenen Gesellschaft für die Interessen der Beherrschten Partei zu ergreifen und Geschichte aus deren Perspektive zu beleuchten. Er vernachlässigte deshalb auch nie, den Klassenkampf »von oben« und die Herrschaftsmethoden der an der Macht Befindlichen analytisch zu behandeln. Hautmanns Forschungen waren deshalb eng mit der politischen und sozialen Geschichte der Arbeiterbewegung verbunden. Er vereinte seinen wissenschaftlichen Anspruch mit gesellschaftspolitischem Engagement im außeruniversitären Bereich, nicht zuletzt im Rahmen der organisierten Arbeiterbewegung.

Die Beschäftigung mit der revolutionären Arbeiterbewegung stand nicht nur am Beginn seiner wissenschaftlichen Laufbahn, sie ließ ihn in seinem fünfzigjährigen Wirken als Historiker nicht mehr los. Die lange weitgehend vernachlässigte Geschichte der Arbeiterbewegung hatte sich erst in den 1970er Jahren auch im akademischen Feld etablieren können. Der Beginn der akademischen Laufbahn von Hans Hautmann fiel mit diesem Aufstieg der Arbeiterbewegungsgeschichte in Österreich zusammen. Eine wesentliche Rolle dieses Aufschwungs spielte das von Karl R. Stadler 1968 in Linz gegründete *Ludwig-Boltzmann-Institut für Geschichte der Arbeiterbewegung* (LBI), das in den 1970er- und 1980er Jahren eine umfangreiche Forschungstätigkeit entfaltete. Hautmann zählte von Beginn an zu den MitarbeiterInnen des LBI und zu den AutorInnen ihrer im Europa-Verlag veröffentlichten Buchreihen. Das von ihm 1974 gemeinsam mit Rudolf Kropf verfasste Buch »Die österreichische Arbeiterbewegung vom Vormärz bis 1945« war der größte Erfolg der *Ludwig-Boltzmann-Reihe*. Der Band wurde zu einem »Klassiker« und erlebte bis 1978 drei Auflagen.

In den 1990er Jahren setzten der Niedergang der Arbeitergeschichtsschreibung und die Auflösung ihrer institutionellen Strukturen ein. Weltpolitische Veränderungen wie der Zusammenbruch der Staaten des realen Sozialismus sind dafür gleichermaßen ausschlaggebend wie innerwissenschaftliche Veränderungen, die mit dem Übergang zur Sozial- bzw. Kulturgeschichte verknüpft sind. Während der Aufschwung der Arbeiterbewegungsgeschichte in den 1970er Jahren mit der damaligen Aufbruchsstimmung an den Universitäten korrespondierte, blieb Hautmann seinem politischen Selbstverständnis und der daraus abgeleiteten Schwerpunktsetzung auch dann treu, als die Beschäftigung mit der Arbeiterbewegung bereits außer Mode geriet. Nachdem er 2005 an der Universität Linz in den Ruhestand getreten war, folgte eine neue

Phase der wissenschaftlichen Produktivität, die sich in zahlreichen Veröffentlichungen, nicht zuletzt über die Geschichte der österreichischen Arbeiterbewegung niederschlug. Mehr als die Hälfte der hier abgedruckten Texte verfasste Hautmann in dieser letzten Periode seines Schaffens. Die meisten von ihnen wurden zuerst in den *Mitteilungen der Alfred Klahr Gesellschaft* veröffentlicht, der er von 1993 bis 2005 als Präsident vorstand und die in besonderem Maße von der Aktivität und Kreativität Hans Hautmanns profitierte.

Zum Inhalt des Bandes

Die im vorliegenden Band versammelten Schriften thematisieren die revolutionären Bestrebungen in der Arbeiterschaft gegen Ende des Ersten Weltkriegs und zu Beginn der Ersten Republik – eine Phase, die Hautmann als »Österreichische Revolution« charakterisiert. Damit entwickelte er einen von Otto Bauer geprägten Begriff weiter, der sich auf das Andauern einer revolutionären Krise in Österreich von der Jahreswende 1916/17 bis zum Herbst 1920 bezieht. Innerhalb dieses Zeitraums gab es vier Höhepunkte: das Frühjahr 1917 (Gründung von Fabrikausschüssen), den Jänner 1918 mit seiner großen Streikbewegung, den November 1918 mit der Gründung der Republik und die Rätebewegung des Frühjahrs 1919.

Entlang dieser Zeitleiste verfasste Hans Hautmann zahlreiche richtungsweisende Aufsätze aus marxistischer Sicht, die in verschiedenen Sammelbänden und Zeitschriften veröffentlicht wurden. Durch ihre erstmalige gemeinsame Veröffentlichung im vorliegenden Band wird der innere Zusammenhang der Beiträge deutlich sichtbar. Der einleitende Text über die revolutionäre Tradition in der österreichischen Geschichte geht auf ein Symposium über revolutionäre Symbole und ihre TrägerInnen zurück. Hautmann gelang es in seinem Referat, ein breit gestecktes Thema überblicksartig darzustellen, ohne auf eigene originelle Sichtweisen und Interpretationen zu verzichten. Der darauffolgende Beitrag über die Massenbewegungen und Klassenkämpfe in den Jahren 1917 bis 1920 wurde erstmals 1983 in einer Karl R. Stadler gewidmeten Festschrift veröffentlicht und bietet eine kompakte Zusammenfassung der Vorgeschichte und Nachwirkungen der österreichischen Revolution. Er analysiert dabei nicht nur die Klassenauseinandersetzungen und Klassenkräfte in der revolutionären Epoche zwischen 1917 und 1920, sondern thematisiert in seiner »Basisgeschichte« auch die damalige Massenstimmung und Revolutionierung der österreichischen Arbeiterschaft.

Der Beitrag über die Revolutionäre des Jahres 1917 geht im Detail auf den Formierungsprozess der »Linksradikalen« ein, die sich zu einer von der Sozialdemokratie autonomen Organisation mit revolutionärem Programm entwickelten. Der Text erschien zuerst im Rahmen einer vierteiligen Serie über das »Epochenjahr 1917«, die Hautmann 2007 für die *Mitteilungen der Alfred Klahr Gesellschaft* verfasste. Es war eine Auswirkung der Oktoberrevolution in Russland, dass sich das Kräfteverhältnis zwischen den einander feindlich gegenüberstehenden Hauptklassen 1917 zugunsten des Proletariats zu verändern begann und die Bourgeoisie in die Defensive gedrängt wurde, wie Hautmann im Text »Mit den Herrschenden ›russisch‹ reden« ausführt. Dieser Beitrag geht auf einen Vortrag Hautmanns am Symposium »100 Jahre Oktoberrevolution«, veranstaltet von der Alfred Klahr Gesellschaft und vom Bildungsverein der KPÖ Steiermark, zurück.

Ein wichtiger Meilenstein in der Geschichte der »Linksradikalen« war der Jännerstreik des Jahres 1918. Hautmanns diesbezüglicher Text fußt auf einem Kapitel seiner Habilitationsschrift über die Geschichte der Rätebewegung und stellt die Entstehung der Arbeiterräte sowie die sozialdemokratische Beschwichtigungspolitik in den Mittelpunkt. Die größte Streikbewegung in der österreichischen Geschichte ist zugleich als die eigentliche Geburtsstunde der KPÖ anzusehen. Damals gelangten die Revolutionäre zur Erkenntnis, dass es notwendig sei, die Sozialdemokratie zu verlassen und eine neue Partei zu gründen.

Der anschließende Beitrag hat die revolutionären Ereignisse in der Anfangsperiode der Republik – vom November 1918 bis zum Herbst 1920 – zum Thema. Hautmann entwickelt dabei ein Dreiphasenmodell der österreichischen Revolution: Die auf die Umwälzung im November 1918 folgende Zeit bis zum Jänner 1919 charakterisiert er als »Periode der Etablierung der bürgerlichen Demokratie«. Die »sozialrevolutionäre Periode« der österreichischen Revolution mit ihren heftigen Klassenauseinandersetzungen datiert Hautmann bis Ende Juli 1919. Das Abflauen der Klassenkämpfe bis zum Herbst 1920 fasst er als »Konsolidierungsperiode« der Revolution zusammen. Ein Schwerpunkt seiner Darstellung ist die damalige Sozialgesetzgebung, die vor allem in der Periode des revolutionären Aufschwungs von der Sozialdemokratischen Partei forciert werden konnte. Die Sozialgesetzgebung stellt laut Hautmann das bei weitem positivste Ergebnis der österreichischen Revolution dar.

Der nächste Beitrag geht der Frage nach, wie sich die damaligen revolutionären Ereignisse in Franz Werfels »Barbara und die Frömmigkeit« widerspiegeln. Während die meisten Texte in diesem Sammelband vor allem politik- und sozialgeschichtlich motiviert sind, stellt sich Hautmann in diesem Aufsatz der Herausforderung, »Dichtung« und »Wahrheit« in dem 1929 veröffentlichten Roman Werfels zu vergleichen. Hautmann hatte sich bereits 1971 im Periodikum *Österreich in Geschichte und Literatur* mit diesem Thema beschäftigt und 2006 beim 6. Internationalen Otto-Gross-Kongress seine diesbezüglichen Untersuchungen vertieft.

Die darauffolgende biografische Studie über Leo Rothziegel porträtiert den Mitbegründer der »Roten Garde« als »wohl besten Kopf und bedeutendste Persönlichkeit unter den damaligen linksradikalen und kommunistischen Kräften in Österreich«. Der Text geht auf eine dreiteilige Serie zurück, die 1978 in *Weg und Ziel*, der theoretischen Zeitschrift der KPÖ, erschien.

Hans Hautmanns wissenschaftliches Renommee war wesentlich mit seinen Forschungen über die österreichische Rätebewegung verbunden. Mit seinem 1987 veröffentlichten Opus magnum über die »Geschichte der Rätebewegung in Österreich 1918–1924« wurde er auch international bekannt. Dieses Werk ist bis heute eine der umfassendsten Darstellungen der Rätebewegung außerhalb Russlands. Zusammenfassungen seiner diesbezüglichen Forschungen erschienen u. a. 1972 in der *Österreichischen Zeitschrift für Politikwissenschaft* und 1990 in einem Sammelband über die 100-jährige Geschichte der österreichischen Sozialdemokratie. Der letztgenannte Text wird im vorliegenden Sammelband wiedergegeben. Ein Teilaspekt des Themas, nämlich die Beziehungen der österreichischen Rätebewegung zu Räteungarn, war Gegenstand einer der letzten von Hans Hautmann verfassten Arbeiten, die 2018 in einem Sammelband über die ungarische Räterepublik veröffentlicht wurde.

Nicht wenige Beiträge von Hans Hautmann über die österreichische Arbeiterbewegung hatten die Geschichte der KPÖ zum Thema. 1971 erschien seine Monografie über die Frühgeschichte der KPÖ mit dem Titel »Die verlorene Räterepublik«. Sie stellt ebenso wie die erwähnte »Geschichte der Rätebewegung« ein breit rezipiertes Standardwerk dar. Auch der entsprechende Abschnitt in der 1987 erschienenen KPÖ-offiziellen »Parteigeschichte« wurde von Hautmann verfasst. 2017 lud ihn der Grazer Historiker Stefan Karner ein, zum wissenschaftlichen Begleitband einer Ausstellung über die österreichische Geschichte von 1918 bis 1938 einen Text über die Rätebewegung und die Geschichte der KPÖ beizusteuern. Mit diesem Ausblick schließt der vorliegende Sammelband über die revolutionäre Arbeiterbewegung in Österreich.

Hans Hautmann hat in seinen wissenschaftlichen Studien über die Jahre 1917 bis 1920 stets auch die geschichtspolitische Bedeutung der österreichischen Revolution betont, nicht zuletzt angesichts des bescheidenen Stellenwerts, den der 11. November 1918 beim offiziellen Österreich und in der Erinnerungskultur einnimmt. Hautmann hingegen erkannte in diesem historischen Gedenktag eine progressive Tradition in der Geschichte unseres Landes, die der Erinnerung wert ist. Die revolutionären Veränderungen der Jahre 1917 bis 1920 bieten auch heute ein Objekt der Identifikation für alle jene, die eine wirkliche soziale und nicht bloß eine formale parlamentarische Demokratie anstreben. Emanzipation vom Obrigkeitsdenken und gesellschaftlicher Fortschritt, wie sie die österreichische Revolution prägen, können auch in Zeiten des Neoliberalismus und des damit verbundenen Sozialabbaus Leit- und Vorbilder von gesellschaftspolitischem Handeln sein.

Die elf in diesem Auswahlband versammelten Beiträge Hans Hautmanns werden weitestgehend originalgetreu wiedergegeben. Streichungen kleinerer Textteile und vorsichtige Neuformulierungen folgten nur dem Zweck, offensichtliche Wiederholungen zu vermeiden. Die Rechtschreibung der Texte wurde durchgehend den heutigen Regeln angepasst.

Wir danken den einzelnen Verlagen für die Genehmigung zum Wiederabdruck jener Beiträge, die erstmals in verschiedenen Sammelbänden veröffentlicht wurden. Gedankt sei Hannes Hofbauer und Stefan

Kraft vom Promedia Verlag für die Aufnahme dieser Sammlung von Texten Hans Hautmanns in ihr Verlagsprogramm. Matthias Marschik hat dabei eine initiative und vermittelnde Rolle gespielt, wofür ihm ebenso herzlich zu danken ist.

Das vorliegende Buch möge dazu beitragen, dass nicht nur der Mensch, sondern auch der marxistische Historiker Hans Hautmann in Erinnerung bleibt.

Wien, im Juli 2020
Claudia Kuretsidis-Haider und Manfred Mugrauer

Die revolutionäre Tradition in der österreichischen Geschichte

Die Revolution im allgemeinen und die revolutionäre Tradition in der österreichischen Geschichte im besonderen hier darzulegen, ist eine undankbare und tückische Aufgabe: undankbar, weil man sehr viel weglassen muss, was inhaltlich ausgebreitet werden müsste; tückisch, weil solche Überblicksdarstellungen die Gefahr in sich bergen, an Selbstverständlichkeiten, ja Banalitäten, kleben zu bleiben. Diese Klippen zu umschiffen, ist schwer; in das Fahrwasser neuer, großartiger Erkenntnisse zu gelangen, fast unmöglich, weil die Revolution zu jenen Phänomenen gehört, über die von Denkern der Vergangenheit eigentlich schon alles gesagt worden ist, was es zu sagen gibt. Und nicht zuletzt ist dieser Beitrag auch ein subjektives Unterfangen, das unvermeidlich zu subjektiven Ergebnissen und Einschätzungen führt. So viele weltanschauliche Standpunkte möglich sind, die von Menschen bezogen werden, so viele Möglichkeiten bieten sich, der Revolution – und damit der Geschichte insgesamt – einen Sinn zu geben. Welchen Standpunkt der Mensch jeweils wählt und zu welcher Deutung er gelangt, hängt von seinen Interessen ab: von persönlichen Interessen, die stets mit schichtspezifischen ökonomischen und politischen Interessen verquickt sind. Und selbst diese können richtig oder falsch verstanden werden. Man kann sich von ihnen richtig oder falsch leiten lassen. Im Laufe der Geschichte ist es oft genug vorgekommen, dass ganze Menschengruppen sich freiwillig an falschen Fronten formierten und sich gegen ihre ureigensten Interessen in Bewegung setzen ließen. Der Faschismus, dem ja der Charakter einer Massenbewegung gewiss nicht abgesprochen werden kann, ist ein Beispiel dafür.

»Denn nur die Mächtigen wissen immer genau, wer ihre wahren Feinde sind«, heißt es in Umberto Ecos Roman »Der Name der Rose« an einer Stelle.[1] Der Satz enthält eine tiefe Wahrheit. Denn immer nur

---

1   Umberto Eco: Der Name der Rose. München, Wien 1982, S. 243.

die Beherrschten waren und sind es, die ihre eigenen Interessen zu verkennen imstande sind, niemals aber die Herrschenden. Das ist auch eine der wichtigsten Ursachen dafür, warum so viele Aufstände, Empörungen, Revolten verpufften und scheiterten, ihre Träger sich täuschen und übertölpeln ließen, warum auch die meisten Revolutionen nicht bis zum Ende, bis zur letzten Konsequenz durchgefochten wurden und auf halbem Weg stehenblieben. Nur in ganz wenigen Fällen, eigentlich nur zwei Mal in den Jahrtausenden der überlieferten und niedergeschriebenen Menschheitsgeschichte, erwiesen sich die Revolutionäre als stärker, entschlossener, schlauer und unerbittlicher als ihr Widerpart und bereiteten ihm eine vernichtende Niederlage: 1789 in Frankreich und 1917 in Russland, Revolutionen, denen deshalb zu Recht das Attribut »groß« verliehen wurde.

An dieser Stelle ist es aber nötig, daran zu erinnern, dass die totalste, nachhaltigste und unser Dasein bis heute bestimmendste Revolution eine andere war: die der Ablösung des Gemeinschaftsbesitzes durch das Privateigentum, der Verlust der Gemeinschaftsgeltung und der Triumph der Einzelgeltung, des Ichmenschen, der Individualität, das Verschwinden des alten Sicherungsprinzips des Miteinander und die Dominanz des neuen Prinzips des Gegeneinander. Es ist anzunehmen, dass der Übergang von der kollektiven Urgesellschaft, die mehr als neun Zehntel der Menschheitsgeschichte umfasst, zur Klassengesellschaft unter erbittertsten Kämpfen erfolgte. Wir besitzen darüber keinerlei Berichte, nur dunkle, in den Tiefenschichten unseres Bewusstseins haftengebliebene Erinnerungen, die sich in Mythen verkörpern. Jedoch, wie Otto Rühle 1927 schrieb, »die tiefe Verachtung, die sich heute noch in Sprache und Denken mit dem Begriff ›gemein‹ verbindet, lässt ermessen, wie groß und leidenschaftlich der Hass der neuen Ichmenschen gegen die alten Gemeinschaftsmenschen gewesen sein muss.«[2] Die gesamte Geschichte seither, seit schätzungsweise 7.000 bis 8.000 Jahren, ist erfüllt vom Streben der Herrschenden, die Erinnerung an diesen Vorzustand aus dem Bewusstsein der Beherrschten so gründlich wie nur möglich auszuradieren, die Werteskala Besitz und Besitzlosigkeit, das Geltungsschema

---

2 Otto Rühle: Die Revolutionen Europas, Bd. 3. Dresden 1927, S. 281.

Oben und Unten als naturgegeben, als dem Wesen menschlicher Existenz einzig adäquat hinzustellen. Aber mit dem Privateigentum und der damit einhergehenden Klassenspaltung wurde auch der Kampf zu jenem Element, das fortan allen Lebensäußerungen der Gesellschaft den Stempel aufdrückte. Von den Mächtigen gewiss ungewollt, aber unvermeidlich, bildete damit die Klassengesellschaft mit ihrem Gegeneinander der Klasseninteressen die Basis für das historische Phänomen, das wir Revolution nennen. Denn eine Revolution ist nicht denkbar ohne das Prinzip sozialer Polarität, ohne das Geltungsschema Oben und Unten.

I.

Gerade im Millenniumsjahr 1996 ist es notwendig, einen Kontrapunkt zur allgemeinen Jubelstimmung über die Glorie der österreichischen Geschichte zu setzen und auf den revolutionären Strang in der historischen Entwicklung Österreichs hinzuweisen, der so gerne unter den Teppich gekehrt wird. Von besonderer Bedeutung sind die Massenbewegungen und Klassenkämpfe der österreichischen Revolution der Jahre 1917 bis 1920, die im Mittelpunkt meiner Forschungen stehen. Ich habe mich diesen nicht vom scheinobjektiven Standpunkt eines Ranke'schen Historismus oder Comte'schen Positivismus aus gewidmet, sondern in Form einer offenen Parteinahme für jene, die damals aufstanden, um für andere, bessere, menschenwürdigere Zustände zu kämpfen. Nur so, aus dem Blickwinkel von unten, ist meiner festen Überzeugung nach ein Phänomen wie die Revolution angemessen, das heißt erkenntnisstiftend unter den nach wie vor waltenden Umständen sozialer Polarität, darstellbar.

II.

Wie lässt sich nun der Stand der Dinge in der Historiographie über revolutionäre Bewegungen in Österreich beschreiben? Meines Erachtens ist die Lage besser, als man gemeinhin annimmt. Es liegen nicht nur zahlreiche ältere und neuere Studien vor, sondern auch solche, die über den faktenausbreitenden Aspekt hinaus einen hohen verallgemeinernden Qualitätsstandard für sich beanspruchen können. Zur Einführung und zum ersten Überblick sind die beiden Sammelbände »Revolutionäre Bewegungen in Österreich« und »Das andere Österreich« sehr geeignet.[3] In ihnen findet der Interessierte auch zahlreiche Hinweise zur vorhandenen Literatur über die Bauernkriege,[4] die österreichischen Jakobiner,[5] das Revolutionsjahr 1848[6] und die Umwälzung der Jahre 1917 bis 1920.[7] Sicherlich: über das bisher dazu Geleistete hinaus kann immer noch etwas beigetragen werden, vollständig aufgearbeitet ist die Geschichte nie. Das eigentliche Problem besteht aber nicht darin, dass

3   Erich Zöllner (Hg.): Revolutionäre Bewegungen in Österreich. Wien 1981 (Veröffentlichungen des Instituts für Österreichkunde, Bd. 38); Hannes Hofbauer/ Andrea Komlosy: Das andere Österreich. Vom Aufbegehren der kleinen Leute. Geschichten aus vier Jahrhunderten. Wien 1987.
4   Auswahlweise: Fridolin Dörrer (Hg.): Die Bauernkriege und Michael Gaismair. Protokoll des internationalen Symposiums vom 15.–19. November 1976 in Innsbruck-Vill. Innsbruck 1982; Josef Macek: Der Tiroler Bauernkrieg und Michael Gaismair. Berlin 1965; Johann Rainer: Die bäuerlichen Erhebungen 1525–1627 im österreichischen Raum, in: Zöllner (Hg.): Revolutionäre Bewegungen, S. 67–76; Georg Heilingsetzer: Der oberösterreichische Bauernkrieg 1626. Wien 1976 (Militärgeschichtliche Schriftenreihe, Bd. 32).
5   Auswahlweise: Ernst Wangermann: Von Joseph II. zu den Jakobinerprozessen. Wien, Frankfurt/M., Zürich 1966; Helmut Reinalter: Aufgeklärter Absolutismus und Revolution. Zur Geschichte des Jakobinertums und der frühdemokratischen Bestrebungen in der Habsburgermonarchie. Wien 1980; Walter Grab: Demokratische Freiheitskämpfer Österreichs im Zeitalter der Französischen Revolution, in: Wien und Europa zwischen den Revolutionen (1789–1848). Wiener Europagespräche 1977. Wien, München 1978, S. 54–71; Helmut Reinalter: Österreich und die Französische Revolution. Wien 1988.
6   Auswahlweise: Wolfgang Häusler: Von der Massenarmut zur Arbeiterbewegung. Demokratie und soziale Frage in der Wiener Revolution von 1848. Wien 1979; ders.: Zur sozialen und nationalen Problematik der Revolution von 1848/49 in der Donaumonarchie, in: Zöllner (Hg.): Revolutionäre Bewegungen, S. 110–128. Immer noch ein Standardwerk ist Ernst Violand: Die sociale Geschichte der Revolution in Österreich 1848. Leipzig 1859 (neu hg. von Wolfgang Häusler, Wien 1984).
7   Auswahlweise: Otto Bauer: Die österreichische Revolution. Wien 1923 (Neuauflage mit einem Geleitwort von Ernst Winkler, Wien 1965); Hans Hautmann: Die verlorene Räterepublik. Am Beispiel der Kommunistischen Partei Deutschösterreichs. Wien, Frankfurt/M., Zürich 1971; ders.: Geschichte der Rätebewegung in Österreich 1918–1924. Wien, Zürich 1987.

es quantitativ und qualitativ an Darstellungen zur österreichischen Revolutionsgeschichte mangelt, sondern darin, dass diese so gut wie keinen Eingang in das Geschichtsbewusstsein der breiten Öffentlichkeit gefunden haben.

Das Geschichtsbewusstsein eines Volkes ist ein Phänomen sui generis, das sich nach eigenen Kriterien und weitgehend unabhängig und unbeeinflusst von den Ergebnissen wissenschaftlich-akademischer Historiographie konstituiert und das eine unerhörte Zähigkeit und Beharrungskraft besitzt. Es entsteht in der Sphäre des Alltags, vornehmlich im Elternhaus, weniger in der Schule, und wird genährt und befestigt durch das Sehen, Hören, Verinnerlichen dessen, was in populärer Weise von den Massenmedien vermittelt wird. Und diese, ein entscheidender Bestandteil des Herrschaftsapparats einer Gesellschaft, wissen ziemlich genau, was sie zu vermitteln haben. Wenn – wie es in der Aussendung zur Einladung heißt – der revolutionäre Strang in der historischen Entwicklung Österreichs so gern unter den Teppich gekehrt wird, dann ist das herrschende Geschichtsbild jene Unter-den-Teppich-Kehrmaschine, die all das dorthin befördert, was nicht in das Geschichtsbild der Herrschenden passt. Änderungen im Massenbewusstsein vollziehen sich in der Regel nur dann, wenn radikale gesellschaftliche Umbrüche erfolgen, oder dann, wenn es die Macht- und Meinungsinhaber für notwendig erachten. Ein schlagendes Beispiel hierfür erleben wir gerade jetzt in Form der stetig eskalierenden Attacken gegen den Status der österreichischen Neutralität, seiner Verächtlichmachung als »Trittbrettfahrerei«, an der sich mit Bundespräsident Thomas Klestil sogar der höchste Staatsrepräsentant, eine vom Durchschnittsösterreicher traditionellerweise verehrte Autoritäts- und Vaterfigur, beteiligt. Prompt zeigt sich an den Meinungsumfragen, dass die Zahl der Befürworter der Neutralität abnimmt, zwar langsam, weil dieselben Kräfte fünfunddreißig Jahre lang von der Neutralität das Gegenteil behaupteten und sie priesen, aber doch. Es ist daher nur eine Frage der Zeit, bis dieses Ziel, das Sinken unter die Fünfzig-Prozent-Marke, erreicht ist. Dann wird man plötzlich zu hören bekommen, dass eine Volksabstimmung über die Abschaffung der immerwährenden Neutralität eigentlich doch angebracht sei.

III.

Nicht anders verhält es sich mit dem Geschichtsbewusstsein der Österreicher in Bezug auf unsere revolutionäre Vergangenheit. Jeder kennt Andreas Hofer, wieviele wissen aber über den anderen, wirklichen Tiroler Revolutionär Michael Gaismair Bescheid? So viele und ausgezeichnete Darstellungen sind in den letzten dreißig Jahren über die österreichischen Jakobiner erschienen. Aber nach wie vor sind solche hervorragende Persönlichkeiten und echte Repräsentanten der revolutionär-demokratischen Tradition unserer Geschichte wie Andreas Riedel und Franz Hebenstreit so gut wie jedem unbekannt. Dieselbe Erfahrung trifft auf mich und mein 1987 erschienenes Buch über die Rätebewegung in der österreichischen Revolution von 1917 bis 1920 zu. Meine Bemühung, den revolutionären Charakter der damaligen Umwälzung und ihrer vom antikapitalistisch-sozialistischen Impetus der Arbeitermassen bewirkten progressiven Ergebnisse aufzuzeigen, hat nicht das Geringste daran geändert, dass über diese Zeit die alten Stehkader vorherrschen, als da sind: »Katastrophe«, »Zusammenbruch«, »Chaos«, »Anarchie«, »Hunger«, »Elend«. Ein gewisser Wandel im Geschichtsbild ist in den letzten Jahren eigentlich nur in einer Sache erfolgt: bei der Opfer-Täter-Diskussion über die Rolle der Österreicher im Rahmen der NS-Herrschaft und während des Zweiten Weltkriegs. Sie ist ungewollt durch die Waldheim-Affäre ausgelöst worden und mit elementarer Wucht über Österreich hereingebrochen. Für uns Zeitgeschichtler, die wir in der Sache und zu dem Thema schon so manches vorher ausgesagt hatten, allerdings ganz folgenlos, hat sie in jedem Fall etwas Positives bewirkt. Überall sonst aber leben die alten Schemata munter weiter: Das Österreich des Jahres 1918 als der »Staat, den keiner wollte«, der »lebensunfähig« war, die These von der »geteilten Schuld« am Untergang der Demokratie in der Ersten Republik durch die Radikalisierung der politischen Lager, die Behauptung vom kommunistischen Putschversuch im Jahr 1950, an der man mit besonderer Hartnäckigkeit festhält, von Franz Olah und seinen Mannen von der Bau-Holzarbeitergewerkschaft als Rettern unserer Demokratie in dieser Situation usw.

IV.

Wenn wir von Tirol im Jahr 1809 absehen – ein Ereignis, auf das ich noch zu sprechen kommen werde bei der Erörterung der Frage, ob es zu den revolutionären Traditionen zu rechnen ist oder nicht –, dann ist im Grunde genommen nur eine Erhebung revolutionären Charakters bis heute in der Volkstradition stärker verankert und, zumindest in Oberösterreich, unvergessen: der Bauernkrieg unter Stefan Fadinger (Stichwort: Frankenburger Würfelspiel). Andere Staaten und Nationen verhalten sich da anders. In Frankreich wird, gewiss nicht ganz unumstritten, aber doch von der großen Mehrheit der Bevölkerung getragen und von ihr befürwortet, der Sturm auf die Bastille seit zweihundert Jahren, über alle Wechselfälle der Zeit hinweg, als nationaler Festtag begangen, und jedes Schulkind vermag dort aufzusagen, worin der Unterschied zwischen den Jakobinern und den Girondisten bestand. Bei uns – und nicht nur bei uns – ist der Begriff »Revolution« hingegen fast durchwegs negativ besetzt, als ein gewaltsames, mutwillig zerstörendes, blutiges, grausames Ereignis, dessen Aufwand – stellt man eine nüchterne Kosten-Nutzen-Rechnung an – in krassem Missverhältnis zu dessen Resultaten steht und die daher im Grunde genommen überflüssig ist, weil es weniger leidensvolle und kostspielige Wege der sozialen Innovation, gesellschaftlichen Adaptation und des politischen Wandels gibt als sie. Revolution ist aus solcher Sicht ein Verirren in eine Sackgasse, ein Abweichen vom normalen Weg der Menschheitsentwicklung, hervorgerufen entweder durch den Voluntarismus, Fanatismus und Dogmatismus zerstörerischer Kräfte, die die »Seelen vergiften«, »Neid und Hass schüren« und die Volksmassen aufhetzen (Verschwörungstheorien haben in Zeiten revolutionären Wandels stets Hochkonjunktur), oder durch die Blindheit jener, die es in der Hand gehabt hätten, der Revolution durch zeitgerechte Reformen vorzubeugen. Revolutionäre Umwälzungen figurieren aus dem Blickwinkel als (vermeidbare) Pannen der Geschichte. Kalmiert wird das durch die nicht zu leugnende Tatsache, »dass aus Revolutionen der Vergangenheit und Gegenwart nicht selten Regimes hervorgegangen sind, die nicht nur ein Scheitern der ursprünglichen Absichten und Zielsetzungen der Revolutionäre anzeigen, sondern die alten Zustände an Unerträglichkeit sogar noch übertreffen und damit zu einer Verstärkung der resignativ-passiven Haltung gegenüber der Möglichkeit revolutionärer Veränderung beigetragen haben.«[8] Und heute, nach dem kläglichen Ende des Versuchs, dem Kapitalismus eine sozialistische, ihn Zug um Zug zurückdrängende und dereinst ablösende Alternative als Gesellschaftssystem entgegenzusetzen, wird Revolution vollends zu einer in Theorie und Praxis obsoleten Erscheinung erklärt. Jetzt über die revolutionäre Tradition in der österreichischen Geschichte zu sprechen, ist daher weder eine in den »Zeitgeist« passende Aufgabe noch ein Unterfangen, bei dem man auf Resonanz hoffen oder Lorbeeren ernten kann.

V.

Als Zeithistoriker, und noch dazu einer, der über revolutionäre Massenbewegungen und Klassenkämpfe publiziert hat, bin ich aber schon an solche Umstünde gewöhnt. Ich habe deshalb, waghalsig wie ich bin, den zugegebenermaßen unzulänglichen und in den Details sicherlich auch anfechtbaren Versuch unternommen, die revolutionären Knotenpunkte der österreichischen Geschichte in einem Schaubild zu verdeutlichen. Es betrachtend und interpretierend wird es, wie ich hoffe, leichter möglich sein, einige Tendenzen und Merkmale herauszulesen und zu Schlussfolgerungen zu gelangen.

Zunächst ein paar Erläuterungen dazu, nach welchen Kriterien das Diagramm erstellt wurde. Der zeitliche Rahmen ist klar: Er umfasst die letzten tausend Jahre seit eben jener Ostarrîchi-Urkunde, die zum Anlass für die Millenniumsfeiern genommen wird. Der zweite, hier mit »Intensität« bezeichnete Vektor gründet sich auf eine Kombination mehrerer Faktoren: a) Grad der Radikalisierung und Mobilisierung der Volksmassen; b) Grad der Bewusstheit, sich äußernd in der Qualität einer revolutionären Ideologie, eines revolutionären Programms; c) Grad des Vermögens bzw. Unvermögens der Kräfte der Beharrung, der revolutionären Bewegung entgegenzutreten; und d) Grad der Ergebnisse der Umwälzung, der Breite, Tiefe und Unumkehrbarkeit der Veränderungen der

---

8   Hans Wassmund: Revolutionstheorien. Eine Einführung. München 1978, S. 122.

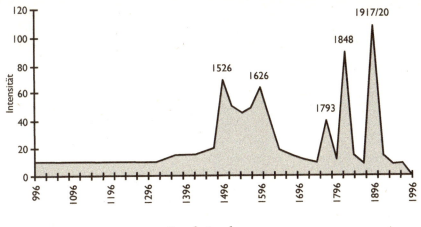

Revolutionskurve

ökonomischen, politischen und sozialen Ordnung. Da, wo alle vier Faktoren vorhanden sind, ist die Spitze am höchsten, da, wo ein oder zwei Bestandteile fehlen, entsprechend niedriger.

Das erste, was an der Kurve auffällt, ist die Zweiteilung in eine fünfhundertjährige Periode ohne Ereignisse revolutionären Charakters und eine fünfhundertjährige Periode, in der im Schnitt einmal pro Jahrhundert solche zu verzeichnen sind. Der Tiefstand der Kurve in den Jahrhunderten von 996 bis 1496 bedeutet nicht, dass in diesem Zeitabschnitt die vollkommene soziale Harmonie herrschte, sondern dass die Klassenauseinandersetzungen über die Stufe regionaler, lokaler, kurzfristiger, spontaner, unorganisierter und fast stets erfolgloser Revolten und Rebellionen nicht hinausgelangten. Die Auszackungen in den zweiten 500 Jahren demonstrieren hingegen meines Erachtens deutlich, dass Revolution im eigentlichen Sinne des Wortes ein neuartiges und relativ junges historisches Phänomen ist, und dass der gesamte Zyklus mit der Periode des Aufstiegs, Kampfes und Sieges des Bürgertums und bürgerlicher Herrschaft zusammenfällt. Pointiert gesagt sind Revolution und revolutionäre Ideologie eine Schöpfung des die politische Macht anstrebenden, ein höheres und progressiveres ökonomisch-soziales Prinzip verkörpernden Bürgertums, das es verstand, für dieses Ziel die Volksmassen in Bewegung zu setzen. Die Erhebungen der Periode von 1526 bis

1917/20 hatten daher in Österreich allesamt bürgerlich-demokratischen Charakter. Dass sich unser Bürgertum von heute daran nicht so gern erinnert, obwohl es zu seinen ureigensten Traditionen gehört, hat Gründe, die ich an dieser Stelle gewiss nicht auszubreiten brauche.

Das zweite, was an der Kurve ins Auge springt, ist das Faktum, dass die revolutionären Knotenpunkte in Österreich kongruent und völlig identisch mit den großen revolutionären Wellen im europäischen Maßstab verlaufen. Anders gesagt haben Österreich und die Österreicher an allen europäischen Revolutionen der Neuzeit einen Anteil gehabt, der im Falle der Bauernkriege und der Revolutionsjahre 1848 und 1917/20 sogar als beträchtlich bezeichnet werden muss. Umgekehrt ist aber nicht abzuleugnen, dass der Initialzünder für diese großen revolutionären Bewegungen in Europa kein einziges Mal von Österreich ausging, sondern sie sich bei uns im Gefolge, unter dem Einfluss und der befeuernden Vorbildwirkung von außen entfalteten. Hier steht Österreich jedoch nicht allein da. Das war in fast allen europäischen Staaten so, weil gleiche oder ähnliche Verhältnisse und Voraussetzungen im Inneren revolutionären Erschütterungen in der Regel eine übernationale, staatliche Grenzen durchbrechende Stoßkraft verleihen.

Das dritte, was an der Kurve auffällt, ist ihre ungewöhnliche Höhe zwischen den Zacken 1526 und 1626. Hier haben wir es in der Tat mit einer österreichischen Eigentümlichkeit zu tun in Form besonderer Häufigkeit und Heftigkeit der Bauernaufstände in der Ära der frühbürgerlichen Revolution. In diesen hundert Jahren kam es in Österreich zu vier großen und etlichen kleineren, territorial begrenzten Erhebungen, an denen sich nicht nur Bauern, sondern auch wesentliche Teile der städtischen Bürgerschaft und sogar bestimmte Adelskreise beteiligten. Neben 1526 und 1626 zu nennen ist der Aufstand von 1573 in Kroatien, Krain und in der Steiermark sowie die Bauernerhebung der Jahre 1595 bis 1597 in Ober- und Niederösterreich.[9] Diese hundertjährige Periode schwerer sozialer Unruhen geht einher mit der Reformation und Gegenreformation in den österreichischen Ländern, die für nicht wenige Historiker als Achsenzeit der österreichischen Geschichte schlechthin gilt, als der Schlüssel

---

9   Näheres dazu bei Rainer: Die bäuerlichen Erhebungen, S. 70ff.

für das Verständnis der gesamten späteren Entwicklung, der Ursachen für die Krisen, Brüche und Irrwege rund um die österreichische Identität. Man lese nur nach, was Friedrich Heer in einem seiner Hauptwerke dazu geschrieben hat.[10]

VI.

Ein weiteres und sehr wichtiges Merkmal der revolutionären Vergangenheit der Deutschösterreicher ist – wenn man von dem von einer kleinen Minderheit getragenen Widerstand gegen das NS-Regime absieht – das Fehlen einer spezifisch österreichischen national-revolutionären Tradition. Die Österreicher waren nie ein national unterdrücktes Volk, sondern eines, das jahrhundertelang über andere Völker und Nationen herrschte. Nationalrevolutionäre Bewegungen, ein Befreiungskampf gegen eine Fremdherrschaft unter der Hegemonie einer nationalen Bourgeoisie sind bekanntlich ein überaus starker Faktor bei der Herausbildung eines identitätsstiftenden nationalen Selbstverständnisses.[11] Man denke da nur an die Polen, Tschechen, Italiener und Ungarn, wie diese ihre nationalrevolutionäre Vergangenheit feiern und hochhalten. Die andersgeartete Situation der Deutschösterreicher hat dazu geführt, dass unsere revolutionären Bewegungen nicht national gefärbt waren, sondern primär von sozialen, gegen die eigene herrschende Klasse gerichteten Forderungen getragen wurden. Und wenn, wie im Jahr 1848, ein nationales Moment mit im Spiel war, dann war es ein großdeutsches, das Ziel eines Großdeutschlands, das wie selbstverständlich mit einschloss, dass man über ein Volk wie die Tschechen auch künftighin zu herrschen gedachte. Die soziale Stoßrichtung ist daher bei allen revolutionären Bewegungen in Österreich dominant, auch schon im Zyklus 1526 bis 1626, von dem

---

10   Friedrich Heer: Der Kampf um die österreichische Identität. Wien, Köln, Weimar 1966, S. 40–87 (Kapitel 3: Reformation und Gegenreformation bilden zwei Kulturen in Österreich).

11   Siehe dazu die Ausführungen bei Ernst Bruckmüller: Nation Österreich. Kulturelles Bewußtsein und gesellschaftlich-politische Prozesse. Wien, Graz, Köln 1996, S. 317ff.

üblicherweise gesagt wird, dass es da hauptsächlich um religiöse Fragen gegangen sei. Der Innsbrucker Historiker Johann Rainer hat die Petitionsartikel der Tiroler Bauern aus dieser Zeit untersucht und ist zu dem Ergebnis gekommen, dass nur drei Prozent der Beschwerden kirchliche Missstände betrafen, neunzig Prozent dafür aber wirtschaftliche und rechtliche Probleme.[12] Das Überwiegen des sozialen Faktors ist bestimmt nicht der unwesentlichste Grund dafür, dass das österreichische Bürgertum, nach wie vor die Machtelite in unserem Land, auf revolutionäre Traditionen keinen Wert legt und sie nicht pflegt. Man stelle sich nur vor, wie anders es aussähe, wären die Deutschösterreicher jahrhundertelang von den Tschechen national unterdrückt worden und hätten sie sich in heroischen Kämpfen von deren Fremdherrschaft befreit: wie eifrig dann auch diese Schichten diese revolutionäre Vergangenheit feiern würden.

VII.

Mit Recht kann man hier einwerfen: Aber Tirol im Jahr 1809 und Andreas Hofer sind doch ein Beispiel dafür, dass es bei uns Befreiungsbewegungen gegen eine Fremdherrschaft, im konkreten Fall gegen den Substituten Napoleons, die Bayern, gab. Warum fehlt das im Revolutionsdiagramm? Um darauf zu antworten, müsste man weit ausholen und die sehr widersprüchlichen und komplexen Motive dieser Volksbewegung detailliert ausbreiten. Das kann ich in dem Zusammenhang nicht, deshalb nur das meines Erachtens Wesentliche dazu. Wahr ist, dass Tirol seit 1806 unter bayerischer Herrschaft schwer zu leiden hatte, die städtische Selbstverwaltung beseitigt wurde, drückende Kontributionen auf dem Land lasteten, Tiroler verhaftet, verurteilt, verschleppt, zwangsrekrutiert wurden, das volkstümliche und kirchliche Brauchtum eingeschränkt wurde und man bayerische Würdenträger mit Landbesitz in Tirol belehnte, womit man die jahrhundertealte Freiheit der Tiroler Bauern, die niemals einem Herrn untertänig gewesen waren, antastete. Wahr ist aber auch, dass die Bayern gewisse »modernistische«, vom Geist der Aufklärung getragene Maßnahmen setzten wie Rechts- und Verwaltungsreformen sowie den

---

12 Rainer: Die bäuerlichen Erhebungen, S. 73f.

Versuch, die Macht des Klerus einzuschränken. Ein Teil der Tiroler, die Beamten und viele Bürger, waren daher mit der bayerischen Herrschaft gar nicht so unzufrieden. Was dann in den drei Monaten der Regierung Andreas Hofers 1809 in Tirol geschah, war politisch so konservativ, so »unjakobinisch«, dass man dieses Zwischenspiel beim besten Willen nicht als radikal oder gar revolutionär bezeichnen kann. Es war die Auflehnung einer archaischen, an ihrem heiligen Land und ihren heiligen Bergen hängenden bäuerlichen Gesellschaft gegen das Fremde, Ausdruck keines gesamtnationalen, sondern eines lokalen Patriotismus. Friedrich Heer hat darauf hingewiesen, dass der Andreas-Hofer-Mythos des 19. und 20. Jahrhunderts es längst verdiene, auch im Zusammenhang mit dem Widerstand und der Aversion der »Länder« gegen »Wien« erforscht zu werden.[13] Andererseits wäre es ungerecht zu verschweigen, dass die Andreas-Hofer-Regierung eine echte Volksregierung war, in der einfache Bauern, Bergarbeiter und Handwerker saßen, und die nicht davor zurückscheute, Werkstätten, Waffenschmieden und Bergwerke gegen die Wünsche und Interessen der Eigentümer in Betrieb zu nehmen, ja notfalls sogar zugunsten des Landes Tirol zu beschlagnahmen. Da in der Welt der Erscheinungen alles relativ ist, wird man Tirol und Andreas Hofer zwar nicht zu den revolutionären, aber doch zu den – cum grano salis – progressiv-volkstümlichen Traditionen unserer Geschichte rechnen können. Mir ist das Erinnern an den Aufstand von 1809 allemal noch sympathischer als die Kundgebungen des Kameradschaftsbundes mit seiner Art der Traditionspflege oder die in regelmäßigen Abständen immer wieder hochschwappenden Manifestationen der Habsburgernostalgie.

VIII.

Wer ein Revolutionär ist und wer nicht, vermag man durch den Vergleich der kurzen Regierungszeit Andreas Hofers mit denjenigen sozialen und politischen Reformplänen erkennen, die 1525 von Michael Gaismair entworfen wurden. Gaismair, »das einzige militärische Genie unter den Bauern«, wie Friedrich Engels ihn nannte, war im großen

---

13   Heer: Der Kampf um die österreichische Identität, S. 181.

deutschen Bauernkrieg neben Thomas Müntzer jener Führer, der egalitär-sozialistischen Gedankengängen am nächsten stand.[14] Seine »Tirolische Landesordnung« war das Programm einer radikalen Änderung der Gesellschaft: Ausrottung der »Gottlosen«, worunter er jene verstand, die das Evangelium missachteten, den »gemainen armen Mann« bedrückten und den Gemeinnutz verhinderten; Schleifung aller Ringmauern, Burgen, Schlösser und Befestigungen; fortan sollten nur Dörfer im Lande sein, »damit der Unterschied der Menschen, wonach einer höher und besser sein solle als der andere, wegfalle und völlige Gleichheit werde«; Abschaffung der Messfeiern, Heiligenbilder und Kapellen; Unterbindung der weltlichen Macht der Kirche; an die Stelle der Priester sollten neue, von den Gemeinden gewählte Prediger treten, besoldet allein durch den Zehent; Umwandlung der Klöster in Spitäler; Abschaffung des wucherischen Handels und des Kaufmannsstandes, dafür ein Netz von Läden, in denen die Erzeugnisse unter Aufsicht staatlicher Beamter zum Selbstkostenpreis zu veräußern sind; eine vom Volk gewählte Landesregierung in Brixen; die Gemeinden sollten jährlich einen Richter und acht Geschworene wählen und ihre Angelegenheiten selbst regeln; Abschaffung der Binnenzölle; Urbarmachung von Ödland und Sümpfen; Intensivierung der Getreidewirtschaft und Viehzucht; Pflanzung von Obstbäumen; Beendigung der Ausbeutung des Landes durch ausländische Kapitalgesellschaften; Verstaatlichung der Bergwerke und Schmelzhütten, sofern sie ausländischen Gesellschaften oder dem Adel gehörten; Fürsorgemaßnahmen für Arme und Kinder.[15]

Gaismair hat die »Tirolische Landesordnung«, in der einige Historiker sogar einen Vorgriff auf marxistische Ideen erblicken,[16] nie in die Wirklichkeit umsetzen können. Nach der Niederwerfung des Salzburger

---

14   Neben den bereits zitierten Werken über Gaismair sind noch besonders zu nennen: Hans Benedikter: Rebell im Land Tirol. Michael Gaismair. Wien 1970; Angelika Bischoff-Urak: Michael Gaismair. Ein Beitrag zur Sozialgeschichte des Bauernkrieges. Innsbruck 1983.
15   Hofbauer/Komlosy: Das andere Österreich, S. 20ff.; Eva Priester: Kurze Geschichte Österreichs, Bd. 1: Entstehung eines Staates. Wien 1946, S. 106.
16   Beispielsweise Macek: Der Tiroler Bauernkrieg, S. 374f.

Aufstands 1526 floh er in die Republik Venedig und lebte in Padua. Dort wurde er 1532 von gedungenen Häschern des Habsburgerkönigs Ferdinand I. ermordet. An dieser Stelle ist einzuflechten, dass die Rachefeldzüge der Herrschenden in Österreich gegen revolutionäre Bewegungen, nicht nur gegen Gaismair und die aufständischen Bauern, sondern auch gegen die Jakobiner und die 1848-Revolutionäre (Stichwort: Windischgrätz, Haynau),[17] sich durch große Härte, Unerbittlichkeit und Brutalität auszeichneten. Von der vielgerühmten »clementia austriaca« war da nichts zu bemerken. Gewiss ist von Triumphatoren der Konterrevolution grundsätzlich und nirgendwo Pardon zu erwarten, und den Revolutionären selbst ist sehr wohl bewusst, dass sie sich in Klassenkampfsituationen auf Biegen und Brechen lediglich als »Tote auf Urlaub« zu betrachten haben.[18] Man soll aber bei uns endlich damit aufhören, so zu tun, als ob Österreich immer die weltweit einzig patentierte Heimstatt der »Gemütlichkeit« gewesen sei, in der die Devisen »Leben und leben lassen«, »Mir wern kan Richter brauchen« und »Mir san ja eh die reinen Lamperln« als oberste Maximen gegolten hätten.

IX.

Ein herausragender Revolutionär war auch der österreichische Jakobiner Franz Hebenstreit von Streitenfeld, zur Zeit der Verschwörung 1792–1794 Platzoberleutnant in Wien, also ein kaiserlicher Offizier.[19] Hebenstreit war nicht nur ein hochgebildeter Mann, der ein 542 Zeilen

---

17 Über die Verfolgung der Revolutionäre des Jahres 1948 siehe: Wolfgang Häusler: Vom Standrecht zum Rechtsstaat. Politik und Justiz in Österreich (1848–1867), in: Erika Weinzierl u. a. (Hg.): Justiz und Zeitgeschichte. Symposiumsbeiträge 1976–1993, Bd. 1. Wien 1995, S. 11–36.

18 »Wir Kommunisten sind alle Tote auf Urlaub« ist ein Ausspruch von Eugen Leviné, der als einer der Führer der Münchner Räterepublik zum Tode verurteilt und am 5. Juni 1919 hingerichtet wurde. Siehe: Rosa Meyer-Leviné: Leben und Tod eines Revolutionärs. Frankfurt/M. 1974, S. 148.

19 Über ihn siehe: Alfred Körner: Der österreichische Jakobiner Franz Hebenstreit von Streitenfeld, in: Jahrbuch des Instituts für Deutsche Geschichte, Bd. 3. Tel Aviv 1974, S. 73–99.

langes lateinisches Gedicht in Hexametern »Homo Hominibus« (»Ein Mensch den Menschen«) verfasste, in dem er für die Abschaffung des Privateigentums und für Gütergemeinschaft eintrat, sondern auch ein Mann der Tat. Er entwarf Pläne für den Bau einer »Kriegsmaschine«, eines Streitwagens mit Sicheln als Bestückung, den er der französischen Revolutionsarmee für einen wirkungsvolleren Kampf gegen die österreichische Kavallerie zur Verfügung stellen wollte. Unter den Wiener Jakobinern ist Hebenstreit der radikalste gewesen. Walter Grab, Historiker in Tel Aviv, dem wir viele aufschlussreiche Forschungsarbeiten zu diesem Thema verdanken, nennt ihn den »ersten österreichischen Kommunisten«.[20] Von Hebenstreit stammt auch das im Wiener Dialekt geschriebene »Eipeldauerlied«, das in mehreren handschriftlichen Lesarten kursierte und von den Jakobinern gesungen wurde. Es bezieht sich auf die Hinrichtung von Ludwig XVI. am 21. Jänner 1793 in Paris und lautet (ich zitiere nur drei Strophen):

Was denkts enk denn, dass gar so schreits
Und alles auf d' Franzosen?
Den Louis haben's köpft – ja nun mich freuts
Er war schlecht bis in d' Hosen.

Drum fort mit ihm zur Guillotin
Denn Blut für Blut muss fließen,
Hätt man nur a hier so a Maschin,
Müsst's mancher Großkopf büßen.

'S ist ja das Volk kein Arschpapier
Und darf auf sich wohl denken,
Wer halt nicht lernen will Manier,
Den Lümmel muss man henken.[21]

---

20   Walter Grab/Uwe Friesel: Noch ist Deutschland nicht verloren. Eine historisch-politische Analyse unterdrückter Lyrik von der Französischen Revolution bis zur Reichsgründung. München 1970, S. 44.
21   Ebd., S. 44f.

Kurz danach, im Juli 1794, schlug die geheime Polizei Wiens, die einen Spitzel eingeschleust hatte, gegen die Verschwörer zu. Hebenstreit wurde verhaftet, von einem Kriegsgericht wegen Hochverrats zum Tode verurteilt und am 8. Jänner 1795 auf dem Glacis vor dem Schottentor öffentlich gehängt.

X.

Aus Platzgründen bin ich gezwungen, das Revolutionsjahr 1848 zu überspringen, und wende mich dem letzten revolutionären Höhepunkt zu, den unser Land erlebt hat, nämlich den Jahren 1917 bis 1920. Hier begebe ich mich auf ein umstrittenes Terrain, weil viele Historiker der Meinung sind, dass es sich um gar keine Revolution gehandelt habe. Demgegenüber habe ich in mehreren Beiträgen betont, dass die Vorgänge dieser Jahre sehr wohl revolutionären Charakter hatten und sie ein prozesshaftes Geschehen waren, das sich nicht auf den November 1918, den Zusammenbruch des Habsburgerreiches und die Entstehung der Republik, reduzieren lässt. Ihr grundlegendes Merkmal war die enorme Mobilisierung und Politisierung der Volksmassen, als deren Protagonist und Triebkraft die Arbeiterschaft mit ihren sozialistischen Zielsetzungen fungierte, die in den Gang der Dinge aktiv eingriff und damit gleichsam im Vorbeigehen die Aufgaben einer bürgerlich-demokratischen Umwälzung löste, den vollen Durchbruch parlamentarisch-demokratischer und sozialstaatlicher Verhältnisse bewirkte. Der prozesshafte Charakter wird deutlich, wenn wir von der Makroebene des ersten Schaubildes in die Mikrowelt dieser dreieinhalbjährigen Periode hinuntertauchen und das zweite Diagramm auf der folgenden Seite betrachten.

Die Spitzen kennzeichnen die Höhepunkte der Massenaktivitäten bzw. die Qualität des Umfangs, Inhalts und der Tiefe der politisch festgeschriebenen Veränderungen. Es beginnt im Frühjahr 1917, als der »Burgfriede« in den Betrieben zerbrach und erstmals im Kriege Massenstreiks aufflammten. Es setzt sich fort mit dem gewaltigen Jännerstreik 1918 der österreichischen Arbeiter und dem Matrosenaufstand von Cattaro, erklimmt im Mai/Juni 1918 einen neuen Gipfel mit den großen Meutereien in der kaiserlichen Armee und dem Streik der Wiener Metallarbeiter. Es

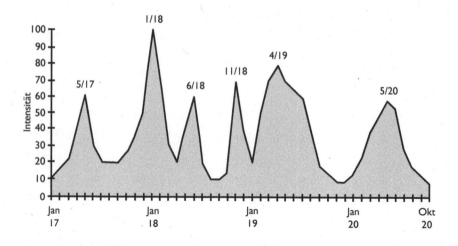

Revolutionskurve 1917–1920

folgt der November 1918, der vor allem wegen des oben genannten zweiten Faktors einen Höhepunkt darstellt. Dann kommt die akute revolutionäre Nachkriegskrise des April 1919, die bis zum Sommer anhält, und schließlich das Frühjahr 1920, das den letzten Aufschwung der Aktivitäten der Arbeitermassen in der österreichischen Revolution sah.

Auffällig ist, dass die Spitzen der Kurve – ausgenommen der November 1918 – allesamt im Frühjahr bzw. der ersten Jahreshälfte zu liegen kommen. Das hängt mit der für die Masse der Bevölkerung gravierendsten Frage jener Periode zusammen: der Lebensmittelversorgung. Mangel an Lebensmitteln, ja geradezu Hungersnot, herrschte immer in den Winter- und Frühjahrsmonaten und bewirkte regelmäßig ein Ansteigen der Protestaktionen, Streiks und Massenbewegungen. Im Spätsommer und Herbst pflegte sich im Anschluss an die eingebrachte Ernte die Situation auf dem Nahrungsmittelsektor vorübergehend zu entspannen, was ebenso prompt eine Beruhigung und Dämpfung der Massenaktivitäten nach sich zog.

Weiters kann man an der Kurve sehr schön ablesen, dass – wie schon beim ersten Diagramm – die revolutionären Spitzen in Österreich fast durchgehend deckungsgleich mit äußeren Ereignissen, Beispielen, Vorbildaktionen im Ausland sind. Das Frühjahr 1917 war ein Widerhall der bürgerlich-demokratischen Revolution in Russland; der Jänner 1918 war eine Reaktion auf die Revolution der Bolschewiki in Russland und die Friedensverhandlungen von Brest-Litowsk; der November 1918 war ein mit der Kriegsniederlage der Mittelmächte und dem Sturz des monarchischen Systems in Deutschland einhergehendes Ereignis; das Frühjahr 1919 war eine Frucht der unmittelbaren Nachbarschaft von zwei Räterepubliken, in Ungarn und in München; das Frühjahr 1920 war beeinflusst von den erfolgreichen Massenaktionen der deutschen Arbeiterbewegung gegen die Kapp-Putschisten und dem Vormarsch der Roten Armee bis vor Warschau im Krieg zwischen Polen und Sowjetrussland.

Die Frage »Was wird aus Österreich?« lässt sich bündig beantworten: Aus Österreich wird immer das, was rundherum geschieht.

XI.

Waren die Jahre 1917 bis 1920 tatsächlich das bis heute letzte revolutionäre Ereignis unserer Geschichte? Wie sind dann die Bewegungen einzuschätzen, die danach kamen: der Juli 1927, der Februar 1934, der Widerstand gegen die NS-Herrschaft, ja auch der Massenstreik im September und Oktober 1950? Ich erwähne dies deshalb, weil im Sammelband »Revolutionäre Bewegungen in Österreich« aus dem Jahr 1981 die illegale Arbeiterbewegung im Ständestaat und der österreichische Widerstand gegen den Nationalsozialismus mit zwei Beiträgen von Gerhard Jagschitz und Erika Weinzierl aufscheinen, hier also offenbar in diese revolutionäre Tradition mit eingerechnet werden.[22] Meines Erachtens kann man das aber – ohne diese Bewegungen abzuwerten – nur mit Vorbehalten tun. Der Revolutionsbegriff schließt mit ein, dass revolutionäre Bewegungen, wollen sie diese Bezeichnung verdienen, nur unter bestimmten gesellschaftlichen Voraussetzungen, in revolutionären Situationen, wirksam sein können. Das Wesensmerkmal einer revolutionären

---

22 Gerhard Jagschitz: Illegale Bewegungen während der Ständischen Ära 1933–1938, in: Zöllner (Hg.): Revolutionäre Bewegungen, S. 141–162; Erika Weinzierl: Der österreichische Widerstand gegen den Nationalsozialismus 1938–1945, in: ebd., S. 163–175.

Situation, die zu einer Revolution führen *kann*, aber nicht immer *muss*, besteht laut einem Mann, der davon etwas verstand, nämlich Lenin, darin, dass sich sowohl »die ausgebeuteten und unterdrückten Massen der Unmöglichkeit bewusst werden, in der alten Weise weiterzuleben« als auch »die Ausbeuter nicht mehr in der alten Weise leben und regieren können. Erst dann, wenn die ›Unterschichten‹ das Alte *nicht mehr wollen* und die ›Oberschichten‹ *in der alten Weise nicht mehr können*, erst dann kann die Revolution siegen.«[23] Anders gesagt bedarf es einer tiefen Krise der Herrschenden, die nicht mehr fest im Sattel sitzen, sich in der Defensive befinden, was sich in der Regel darin äußert, dass ihr Machtapparat, die Armee und die Polizei, von dieser Krise ergriffen und zersetzt wird, dergestalt, dass er sich in der Entscheidungssituation weigert, gegen die Revolutionäre vorzugehen, auf die Aufständischen zu schießen. Das war aber bei den genannten Aktionen nicht der Fall, im Gegenteil: Sie erfolgten in nichtrevolutionären Situationen; die so genannten »Unterschichten« mussten hier Abwehrkämpfe gegen die offensiv, entschlossen und siegesgewiss vorgehenden »Oberschichten« führen, zur Erhaltung bzw. Wiederherstellung bürgerlich-demokratischer Errungenschaften oder ökonomisch-materieller Standards. Jene Kräfte, die sich damals als revolutionär verstanden wie die Kommunisten, haben deshalb 1934/35 eine grundlegende Umorientierung vollzogen, weg von den Losungen des revolutionären Sturzes und der Errichtung eines »Sowjetösterreichs« hin zur Einheitsfront und Volksfront mit vorrangig gesamt national-demokratischen Zielsetzungen, gegen den Hauptgegner Faschismus, der eben diese bürgerlich-parlamentarische Demokratie zerstörte. Deshalb kann man nach meinem Dafürhalten den Februar 1934 und den Widerstand gegen Hitler, so heroisch, opferreich und fest in unseren progressiven Traditionen wurzelnd diese Kämpfe waren, nicht ohne weiteres und korporativ zu den revolutionären Bewegungen unserer Vergangenheit dazuzählen. Sehr wohl kann man das aber bei den österreichischen Jakobinern, obwohl sie nur eine winzige Minderheit waren und sie über Pläne und Visionen nicht hinauskamen, weil von 1789 bis

---

23   W. I. Lenin: Der linke Radikalismus – die Kinderkrankheit im Kommunismus, in: ders.: Werke, Bd. 31. Berlin 1983, S. 71 (Hervorhebung im Original).

1793 eine gesamtgesellschaftliche Krise mit Erscheinungen wie der Zerrüttung des Herrschaftssystems, des Gezwungenseins der Regierenden zum Lavieren, zu Zugeständnissen, zum Zurücknehmen josefinischer Maßnahmen vorhanden war.

XII.

Welches Resümee lässt sich ziehen? Vor allem jenes, dass die historischen Tatsachen mit der gängigen Meinung wie so oft im Widerspruch stehen. Denn der zufolge war und ist Österreich alles andere denn der Prototyp eines durch viele und tiefe revolutionäre Erschütterungen sich auszeichnenden Staatsgebildes, und der Österreicher ein Menschenschlag, dem revolutionäres Denken und Handeln so fernliegt wie nur etwas. Ähnlich dem bekannten Bonmot über Deutschland, wonach in diesem Land eine Revolution nicht stattfinden könne, weil es dort verboten ist, den Rasen zu betreten (womit der über Jahrhunderte den Deutschen anerzogene Untertanengeist angesprochen wird), wird von den Österreichern behauptet, dass deren sprichwörtliche Verbindlichkeit, Liebenswürdigkeit, Leichtlebigkeit und phäakische Freude am leiblichen Genuss, mit einem Wort: ihre sagenhafte Gemütlichkeit, jedweden Konfliktaustragungen in kämpferischer, revolutionärer Form abhold sei. Die Fakten der Vergangenheit belehren uns eines Besseren und zeigen, dass es immer wieder zu Konstellationen kommt, in denen es eine den Bogen überspannende und aus Profitgier zu toll treibende Machtelite schafft, ihre eigenen Herrschaftsgrundlagen zu unterminieren und die normalerweise sehr geduldige Masse des Volkes in den offenen Aufruhr zu treiben. Nichts spricht dagegen, dass es in Zukunft anders sein wird. Mehr noch: die Hoffnungslosigkeit und Verzweiflung, in der sich heute große Teile der Menschheit befinden, lässt es bei Perpetuierung des gegenwärtigen Zustands als sicher erscheinen, dass man weiterhin einen Ausweg durch Revolutionen suchen wird, weil revolutionäre Gewalt in bestimmten Situationen der einzige überhaupt noch vorhandene Ausweg ist.

»Wir waren nie Männer der schwachen Worte und leeren Drohungen [...]. Wenn es uns nicht gelingt, die Sozialisierung rasch zu machen unter der Mitarbeit der Bauern, dann wird es auf anderem Wege gemacht durch die Diktatur des Proletariats [...]. Es kann einer in seinem Innern ein Gegner der Diktatur sein, mit seinem ganzen Herzen dagegen sein und er wird sich doch sagen müssen: Es gibt nur zwei Wege – entweder den Weg des Sozialismus mit den anderen oder durch das Proletariat allein. Das Bürgertum hat die Wahl, den einen Weg oder den anderen zu wählen.«

Karl Seitz auf der 1. Reichskonferenz der Arbeiterräte im März 1919

»Mit Entschlossenheit und Disziplin haben die Arbeiterorganisationen Deutschösterreichs immer wieder dahin gewirkt, daß die revolutionären Umwälzungen, die der Krieg notwendig zur Folge haben muß, auf dem Wege der Verhandlungen durch gesetzliche Festlegung der neuen Formen erfolgen. Wir warnen aber die bürgerlichen Parteien davor, diese Selbstbeherrschung des Proletariats falsch zu deuten. Es lebt in ihm die unerbittliche Entschlossenheit, den Schritt zum Sozialismus [...] auch tatsächlich zu machen. Daran kann die Arbeiterklasse durch irgend welche Zufälle der Arithmetik nicht gehindert werden. Daß in den Ausschüssen der Nationalversammlung eine bürgerliche Mehrheit vorhanden ist, kann nichts an der Tatsache der realen Machtverhältnisse im Staate ändern. Das Proletariat fühlt sich als die entscheidende Klasse im Staate und ist entschlossen, den ihr gebührenden Einfluß unter allen Umständen in Anspruch zu nehmen und sich nicht von den paar Vertretern des ausbeuterischen Kapitalismus in der Nationalversammlung seiner Rechte berauben zu lassen.«

Friedrich Adler im Aufruf des Arbeiterrats »Eine ernste Warnung« vom 30. April 1919

»Was ist denn nun aber eigentlich diese Ordnung, für die wir mit Freude und Opfermut und angeblich auch mit ›Bestialität‹ einstehen? Sie ist für die große Mehrzahl der Menschen im Grunde eine recht geringfügige Sache: ein klein wenig Hab und Gut, kaum der Rede wert, in Wertziffern ausgedrückt meist eine Bagatellsumme; dazu eine Anzahl von Freundschafts-, Familien- und Geschäftsverbindungen, in die wir seit so und so viel Jahren eingesponnen sind; ein bescheidenes Maß von Erwerbssicherheit und von Lebensgewohnheiten, die damit zusammenhängen [...]. Unser Stück Welt, auf dem wir leben und sterben wollen [...]. Das ist unsere Ordnung! Und gegen jeden Versuch, sie uns zu rauben, wollen wir uns wehren, bis aufs Äußerste, wenn's sein muß, auch bis zur Bestialität.«

Edmund Wengraf im Neuen Wiener Journal zu den Juli-Ereignissen 1927

Zum Stellenwert der Massenbewegungen und Klassenkämpfe in der revolutionären Epoche 1917–1920

I.

Stünden der Geschichtsforschung zur Beurteilung der Vergangenheit nur Zeugnisse tagespolitischer Rhetorik zur Verfügung, müsste sie an ihrer Aufgabe gewiss verzweifeln. Sind doch polemische Gefechte eine übliche Begleiterscheinung des politischen Lebens, deren Schärfe nicht selten in einem Missverhältnis zum Grad der tatsächlichen Differenzen zwischen den Streitpartnern steht. Das Repräsentativsystem, das alle vier oder fünf Jahre die Parteien nötigt, aus den Höhen der parlamentarischen Ausschuss- und Plenarberatungen, wo man sich bei der Verabschiedung der Gesetzesvorlagen im Schnitt zu neunzig Prozent einig war, in die Niederungen des Kampfes um die Wählergunst hinab zu steigen, macht die Verwendung starker Worte für einige Wochen geradezu unentbehrlich. Dieser Typus verbalradikalen Agierens bewegt sich, solange die Zeiten relativ friedlich sind und keiner der entscheidenden Faktoren die Systemfundamente in Frage stellt, durchaus im Rahmen des erlaubten, ja für das Funktionieren der Parteiendemokratie sogar notwendigen taktischen Spielraums zum Zwecke der Selbstprofilierung, wird von den Benützern auch so verstanden und fällt daher, sobald der Anlass schwindet, entsprechend rasch wieder der Vergessenheit anheim. Für den Historiker, der Schein und Sein auseinander zu halten hat, stellen solche Äußerungen, selbst wenn sie im Brustton subjektiver Überzeugung verkündet werden, nicht mehr als flüchtige Accessoires des Geschichtsablaufes mit einem gewissen Unterhaltungswert dar.

Von qualitativ anderer, ernster zu nehmender Art sind jene Verbalradikalismen, die in den vorangestellten Zitaten zum Ausdruck kommen. Sie näher zu betrachten lohnt, weil sie, über den Rahmen vordergründiger Taktik hinausgehend, Auseinandersetzungen grundsätzlicher Natur widerspiegeln und durch die Aufdeckung ihrer Wurzeln Einblicke in die Strukturen, Tendenzen und Mechanismen einer ganzen Epoche der österreichischen Geschichte möglich werden. Die Erste Republik – oder genauer gesagt ihre demokratische Periode zwischen den Jahren 1918 und 1933/34 – war durch scharfe und offen ausgetragene Klassenkämpfe gekennzeichnet, die von einer Seite bis zur letzten möglichen Konsequenz, bis zur gewaltsamen Niederwerfung des Gegners durchgefochten wurden. Ihr übergestülpt war jene Atmosphäre permanenten, wechselseitigen Wortkriegs, die den Vertretern der lange Jahre herrschenden »Koalitionsgeschichtsschreibung« als stärkster Beweis für ihre These von der »geteilten Schuld« diente. In der Tat haben beide großen Lager der Ersten Republik Verbalradikalismen in reichlichstem Maß benützt. Es genügt, die Reden der sozialdemokratischen Führer vor den Arbeiter- und Soldatenräten im Frühjahr 1919, die Broschüren von Max Adler und Alexander Täubler zur Rätetheorie[24] und die Kampagne in Wort und Schrift, die von bürgerlicher Seite in den zwanziger Jahren gegen das Rote Wien veranstaltet wurde,[25] näher zu betrachten, um dies unschwer zu erkennen. Aber genauso wie die These von der

---

24 Max Adler: Demokratie und Rätesystem. Wien 1919 (Sozialistische Bücherei, Heft 8); Alexander Täubler: Abgeordneten- und Bürokratensozialismus und die Rätedemokratie. Den Arbeiter-, Kleinbauern- und Soldatenräten gewidmet. Wien 1919 (Revolutionäre Sozialistische Bücherei, Heft 1); ders.: Die Rechtsbildung in der Revolution und die Mission der Arbeiterräte. Den Arbeiter-, Kleinbauern- und Soldatenräten gewidmet. Wien 1919 (Revolutionäre Sozialistische Bücherei, Heft 2); ders.: Rätearbeit und Nationalversammlungstragödien in Revolutionen. Den Arbeiter-, Soldaten- und Bauernräten Deutschösterreichs gewidmet. Wien 1919 (Revolutionäre Sozialistische Bücherei, Heft 3); ders.: Die Sozialisierung und der neue Geist der Zeit. Den Arbeiter-, Soldaten- und Bauernräten Deutschösterreichs gewidmet. Wien 1919 (Sozialistische Bücherei, Heft 4).

25 Als Beispiele seien angeführt: Johann Czerny: Der Wohnungsbolschewismus in Österreich. Für denkende Menschen vom Standpunkt des Rechts, der Moral und der Vernunft beleuchtet. Baden 1925; Josef Schneider: Der Tod von Wien. Wiener Wohnungspolitik, 1918–1926. Zürich, Leipzig, Wien o. J. [1926]; Leopold Kunschak: Das Verbrechen an Wien. Die Steuerpolitik der Gemeinde. Wien 1919; ders.: Der Wirtschaftsmord des Wiener Rathauses! Wien 1930; Eduard Jehly: Zehn Jahre rotes Wien. Wien 1930; Sozius [d. i. Eli Rubin]: Lenin in Wien. Wien 1930 (Wiener Volksschriften, Nr. 4); ders.: Der Staat des Arbeiters. Die Belagerung Wiens. Wien

»geteilten Schuld« auf der Ebene des realen Handelns durch die Tatsachen widerlegt wird und bestenfalls in dem Sinne statthaft erscheint, als die Rückzugspolitik der Sozialdemokratie das Vorgehen der Feinde der parlamentarisch-demokratischen Ordnung gegen die Positionen der Arbeiterbewegung erleichterte und die Partei »sich selbst und mehr als 40 Prozent der Bevölkerung in trügerische Hoffnungen auf Versöhnung ein(lullte) und dankbar jeden von der Regierung gebotenen Vorwand auf(griff), um nichts gegen diese unternehmen zu müssen«,[26] genauso verfehlt wäre es, eine »geteilte Schuld« auf der Ebene der verbalen Auseinandersetzung zu postulieren und beide Formen auf die gleiche Stufe zu stellen. Abgesehen von dem nicht unerheblichen Unterschied, dass die einen es bei Worten beließen, während die anderen, sobald es ihnen die veränderte Machtkonstellation erlaubte, den Worten Taten folgen ließen, äußerten sich die Verschiedenheiten auch in ihren endogenen Triebkräften und Zielstellungen. Während bei den Vertretern der antimarxistischen Front, von den Kärrnern vom Schlage der Herren Edmund Wengraf, Sozius (Eli Rubin) und Josef Schneider bis hinauf zu den Spitzenpolitikern, die Schärfe der agitatorischen Attacken den wahren Absichten entsprach, sagte die Intensität der Benutzung verbaler Radikalismen bei den sozialdemokratischen Führern recht wenig über ihre wirklichen Ziele, sehr viel jedoch über ihr Verhältnis zur eigenen Anhängerschaft aus. Schließlich darf nicht außer acht gelassen werden, dass letztere nur in Ausnahmefällen vergaßen, ihren starken Worten Beschwichtigungsformeln beizufügen wie »Gewehr bei Fuß«, »Abwarten«, »Kühlen Kopf bewahren« usw., womit sie sie bereits im Augenblick des Aussprechens relativierten.

Zwischen den warnenden Äußerungen von Karl Seitz und Friedrich Adler gegenüber der österreichischen Bourgeoisie und dem offenherzigen Bekenntnis des Herrn Wengraf, jedem Versuch der Bedrohung der bürgerlichen Herrschaftsgrundlagen notfalls auch mit »Bestialität«

    1930 (Wiener Volksschriften, Nr. 6); ders.: Al Capone und das Wiener Wohnungswesen. Wien o. J. [1932] (Wiener Volksschriften, Nr. 13).
26 Peter Huemer: Sektionschef Robert Hecht und die Zerstörung der Demokratie in Österreich. Wien 1975, S. 207.

zu begegnen, lag nur eine kurze Zeitspanne von acht Jahren. Sie gilt in den Augen einer Geschichtsauffassung, die sich vornehmlich an dramatischen Wendepunkten orientiert (November 1918, Juli 1927, März 1933, Februar 1934, März 1938), als die relativ ruhigste und am wenigsten bemerkenswerte der Ersten Republik. Das hat dazu geführt, dass man den Jahren 1920 bis 1927 bis heute nicht die Aufmerksamkeit schenkt, die sie verdienen würden. Und doch wurden in dieser Etappe, eher lautlos und wenig spektakulär, bereits die Weichen für jene Machtverschiebungen gestellt, die Österreich in den Untergang führen sollten. Die sich daraus zwangsläufig ergebende Frage, warum maßgebliche Teile des österreichischen Bürgertums es für notwendig erachteten, das Steuer in Richtung der Beseitigung parlamentarischer Demokratie herumzuwerfen, lässt sich wiederum nur dann beantworten, wenn man versteht, was am Ausgangspunkt dieser Entwicklung an der gesellschaftlichen Basis vor sich ging.

Im Folgenden soll der Versuch unternommen werden, den Stellenwert der Massenbewegungen und Klassenkämpfe, die in der Endphase der Monarchie und am Anfang der Republik eine Dimension wie nie zuvor und danach in der österreichischen Geschichte erreichten und den Gang der weiteren Entwicklung in entscheidender Weise prägten, näher zu bestimmen. Neben dieser allgemeinen Themenstellung zielt der Beitrag noch in zwei andere Richtungen. Zum ersten soll gezeigt werden, dass »Basisgeschichte« im Sinne der Greifbarmachung von Stimmungen, Wünschen, Forderungen und Zielen einer zur Selbstentfaltung gelangten Initiative der Massen für den genannten Zeitraum nicht nur notwendig, sondern auch möglich ist. Notwendig deshalb, weil immer dann, wenn die Basis die Rolle eines primär passiven Objekts abstreift, sowohl die Politik der in einer Klassengesellschaft Herrschenden als auch die Handlungen der den Basisinteressen sich verpflichtet fühlenden Organisationen Wandlungen erfahren, die bei Verharren in einer »Herrschafts«- bzw. »Organisationsführungsgeschichte« nicht mehr zu erfassen sind. Möglich deshalb, weil uns, im Gegensatz zur Normalsituation eines eher schlechten als rechten Kenntnisstands über die wirklichen Gedanken und Auffassungen der so genannten »einfachen Menschen«, für die Jahre 1918 bis 1920 ein die Massenstimmung unverfälscht reflektierendes und damit einzigartiges historisches Dossier zur Verfügung steht. Die zahllosen Berichte über die Beratungen und Aktionen der Räteorgane, die Reden und Diskussionsbeiträge der in den Betrieben und in den Kasernen gewählten Rätemandatare, die Entschließungen der Räte von der Orts- und Bezirksebene bis hinauf zu den Reichskonferenzen zeigen uns, bis in welche Breite und Tiefe die Revolutionierung der österreichischen Arbeiter ging, wie sehr sie von den grundstürzenden Veränderungen jener Zeit aktiviert wurden, wie sehr sie einen neuen gesellschaftlichen Zustand, den Sozialismus, herbeisehnten. Hier kann »Basisgeschichte« buchstäblich von Woche zu Woche verfolgt werden.

Zum zweiten soll der Tatsache Rechnung getragen werden, dass eine Analyse von Klassenkämpfen ohne Berücksichtigung der dialektischen Verbundenheit von Bourgeoisie und Proletariat als der beiden notwendigen, systemeigenen Elemente der kapitalistischen Gesellschaft Stückwerk bleibt. Gegenüber jenen, die diese Verbundenheit regelmäßig als »Gleichheit der Interessen zweier Partner« auszulegen suchten und heute mehr denn je suchen, stellte Karl Marx bereits 1849 fest: »Kapital und Lohnarbeit sind zwei Seiten eines und desselben Verhältnisses. Die eine bedingt die andre, wie der Wucherer und Verschwender sich wechselseitig bedingen. Solange der Lohnarbeiter Lohnarbeiter ist, hängt sein Los vom Kapital ab. Das ist die vielgerühmte Gemeinsamkeit des Interesses von Arbeiter und Kapitalist.«[27] Gilt die wechselseitige Bedingtheit schon für das Kapitalverhältnis, dann noch vielmehr für die Sphäre der Klassenauseinandersetzung. Als praktische Konsequenz ergibt sich das Postulat, dem Klassenkampf »von unten« jenen »von oben« zur Seite zu stellen und ihn in seinem ambivalenten Grundcharakter darstellbar zu machen. Das ist gewiss nicht für beide konstituierenden Elemente mit gleicher Eindringlichkeit und für jeden Zeitabschnitt mit ähnlich erfolgversprechenden Aussichten möglich. Die Wirkungspotenzen des Klassenkampfes »von oben« sind stets reicher, breiter gestreut, komplexer, diffiziler, schwerer zu fassen und zu erkennen als jene des Klassenkampfes »von unten«, der sich auf vergleichsweise wenige und dem Charakter nach unverdecktere Grundformen beschränken muss. Dazu

---

27 Karl Marx/Friedrich Engels: Werke, Bd. 6. Berlin 1959, S. 411.

kommt, dass der Klassenkampf in Zeiten langsamer evolutionärer Veränderung die alltäglichen einfachen Lebensprozesse der Gesellschaft derart aus dem Verborgenen zu dirigieren pflegt, dass er hinter ihnen als Bewegungsgesetz und historische Triebkraft oft nicht mehr zu bemerken ist. Epochen des Abbruchs der Kontinuität und des revolutionären Wandels eignen sich daher für den Versuch einer integralen Geschichte der Klassenkämpfe besser, da in ihnen die Umsetzung der materiellen Grundlagen gesellschaftlicher Entwicklung in massenhaftes Handeln großer Menschengruppen unmittelbarer und schneller vor sich geht, die Klasseninteressen und -ziele anschaulicher, die Kampfmethoden schärfer zutage treten. Klassenkampf »von oben« beginnt sich dann aus dem Nebel, der ihn umgibt und in den ihn seine Träger bewusst hüllen, zu lösen und »griffig« zu werden.

Der vorliegende Beitrag sucht auf der Grundlage der Verallgemeinerung empirischen Materials die Umrisse der Ursachen, der inneren Wirkungszusammenhänge und der Folgen der »österreichischen Revolution« zu skizzieren sowie für die Diskussion um deren Standort im Rahmen der österreichischen Zeitgeschichte einen Beitrag zu leisten.

II.

Man kann nicht behaupten, dass die akademische Geschichtsschreibung den revolutionären Bewegungen in Österreich bisher brennende Aufmerksamkeit geschenkt hat. Wenngleich sich in den letzten Jahren der Stand der Forschung über die Bauernerhebungen des 16. und 17. Jahrhunderts, die österreichischen Jakobiner und die Sozialgeschichte der Revolution von 1848 unzweifelhaft verbessert hat, ist ähnliches für die Epoche 1917 bis 1920 nur mit Einschränkungen konstatierbar. Rudolf Neck nennt die »österreichische Revolution« nicht zu Unrecht ein »noch immer als heikel angesehene(s) Gebiet der Zeitgeschichte«.[28] »Heikel« ist das Gebiet aber weniger aus dem Grund, weil wir »noch nicht den Abstand zu den Ereignissen von damals« haben, wir die »Fakten kaum einordnen (kön-

---

28   Rudolf Neck: Österreich in der revolutionären Epoche von 1917 bis 1920, in: Zöllner (Hg.): Revolutionäre Bewegungen in Österreich, S. 129–140, hier S. 129.

nen), so wie es sich gehört« und noch »nicht in der Lage (sind), deren Größenordnung festzustellen«[29], sondern wohl deshalb, weil mit der Diskussion um den Charakter der österreichischen Revolution unvermeidlich die Frage nach ihren Entwicklungsmöglichkeiten in Richtung einer grundsätzlichen Alternative zur bürgerlichen Ordnung verbunden bleibt, eine Frage, deren Bedeutung jedem Kenner des verhängnisvollen Weges der Ersten Republik bewusst ist und deren Beantwortung je nach politischem Standort verschieden ausfallen muss. Diskutieren Historiker heute über den März 1938, der Österreich in die größte Katastrophe seiner Geschichte führte, herrscht bald Übereinstimmung, dass dieses Ereignis ohne den Februar 1934 nicht möglich gewesen wäre. Spricht man über den Februar 1934, der die in Jahrzehnten hart erkämpften Freiheiten und Errungenschaften der österreichischen Arbeiterbewegung mit einem Schlag beseitigte, so gelangt man bald zum 15. Juli 1927 und sieht in ihm mit Recht den Ausgangspunkt der Entwicklung zur Zerstörung der parlamentarischen Demokratie. Redet man über den Juli 1927, ist man sich bald einig, dass seine Wurzeln in den Jahren 1918 und 1919 liegen. Ein Beispiel dafür waren die Tagungen der »Wissenschaftlichen Kommission des Theodor-Körner-Stiftungsfonds und des Leopold-Kunschak-Preises zur Erforschung der österreichischen Geschichte«, die ihr ursprüngliches Konzept der Begrenzung auf die Jahre 1927 bis 1938 nach einiger Zeit selbst als unzulänglich empfand und den Rahmen ihrer Forschungsaktivitäten auf die Jahre 1918 bis 1938 ausdehnen musste. Die entscheidende Weichenstellung für den Weg, den die Erste Republik zurücklegte, erfolgte also gleich an ihrem Anfang. Das erkannte auch Otto Bauer, der 1930 in resignierendem Ton Folgendes schrieb: »Wir konnten 1919 die kapitalistische Produktionsweise, die sich rings um uns in der Welt behauptete, nicht gerade in Österreich überwinden. So blieb der Bourgeoisie die ökonomische Macht. Diese ökonomische Macht wurde in Gestalt des Einflusses der kapitalistischen Presse und der von ihr erzeugten ›öffentlichen Meinung‹ auf die Wählermassen, in der Gestalt des Einflusses der Wahlfondsspenden der kapitalistischen Organisationen für die bürgerlichen Parteien und der Subsidien der kapitalistischen Organisationen für die

29 Ebd.

Heimwehren, in der Gestalt des großindustriellen Betriebsterrors politisch wirksam [...]. Auf der Grundlage der bürgerlichen Produktionsweise musste die bürgerliche Herrschaft wiedererstehen.«[30]

Ist die Einschätzung der revolutionären Epoche zwischen 1917 und 1920 als radikale Wende und tiefster Einschnitt der neueren österreichischen Geschichte unter den Historikern heute mehr oder weniger unumstritten, so scheiden sich an der Bewertung der Rolle der Basisbewegungen nach wie vor die Geister. Auch dort, wo die Bedeutung der Aktionen der Volksmassen für die politische Ausformung der revolutionären Umwälzungen anerkannt wird, erscheinen diese zumeist nur als allgemeiner Hintergrund der Handlung, als Chor, der die schmetternden Arien der Repräsentanten »großer Politik« paraphrasierend begleitete. Versteht man unter dem Begriff »Volksmassen« eine historisch-dynamische Kategorie, die erstens die Produzenten der materiellen Güter, zweitens die überwältigende Mehrheit der den privilegierten Schichten gegenüberstehenden Bevölkerung und drittens alle jene sozialen Gruppen umfasst, die den gesellschaftlichen Fortschritt fördern, dann war die österreichische Revolution ein Wendepunkt, an dem sich die Massen zu selbständigem historischen Handeln erhoben, und in der die Arbeiterklasse – erstmals in ihrer Geschichte – zum Hauptakteur, zur führenden Kraft, zum realen Subjekt und zum entscheidenden Träger des gesellschaftlichen Entwicklungsprozesses wurde. Das äußerte sich nicht nur im Spiegel der Klassenkämpfe, großen Streiks, Massenaktionen und Demonstrationen, sondern auch in der Schaffung eines völlig neuen Organisationsgebildes zur Instrumentalisierung ihrer elementaren Bestrebungen. Es war das die Rätebewegung, die in Inhalt und Form sowohl den aktuellen Erfordernissen des Emanzipationskampfes der Arbeiter angepasst war als auch, über sie hinausgreifend, die Alternative zur bürgerlichen parlamentarischen Demokratie schlechthin verkörperte. In ihrer Geschichte verdichteten sich paradigmatisch all jene Handlungsstränge, die den Gang der österreichischen Revolution bestimmten. Die Möglichkeit, an Hand der Rätebewegung zu einer au-

---

30 Otto Bauer: Die Bourgeois-Republik in Österreich, in: *Der Kampf*, 23. Jg. (1930), Nr. 5, S. 193–202, hier S. 199.

thentischen Interpretation der schöpferischen Rolle der Volksmassen insgesamt und ihrer Bedeutung für die historische Entwicklung jener Jahre im besonderen zu gelangen, bewog den Autor, sie zum Objekt eingehender Forschungen zu wählen.

Begreifen wir im Sinne Jürgen Kockas den Ersten Weltkrieg als »vorrevolutionäre Zeit«,[31] so kommen wir nicht umhin, die Konturen jener Prozesse zu zeichnen, die den Klassenauseinandersetzungen in Österreich seit der Jahreswende 1916/17 eine neue Qualität verliehen. Zu diesem Zeitpunkt endete die Periode des von der Arbeiterschaft weitgehend passiv erduldeten Klassenkampfes »von oben«, mit dem sie seit dem Juli/August 1914 in Form einer noch nicht da gewesenen Intensivierung von Zwang, Gewalt und Unterdrückung in allen Lebensbereichen konfrontiert war. Auf politischer Ebene äußerte sich das durch das »Paragraph-14-Regime« der Regierung Stürgkh, die über Notverordnungen die wichtigsten Grund- und Freiheitsrechte der Staatsbürger suspendierte (Freiheit der Person, Unverletzlichkeit des Hausrechts, Briefgeheimnis, Versammlungs- und Vereinsrecht, Rede- und Pressefreiheit), die Zivilbevölkerung der österreichischen Reichshälfte bei strafbaren Handlungen wie Hochverrat, Majestätsbeleidigung, Störung der öffentlichen Ruhe, Aufstand, Aufruhr etc. der Militärgerichtsbarkeit unterstellte und die Wirksamkeit der Geschworenengerichte aufhob. In allen konstitutionellen Staaten, die am Weltkrieg beteiligt waren, war das Bestreben vorhanden, die Normen des Ausnahmezustandes in der Richtung uneingeschränkter diktatorischer Gewalt der zentralen Staatsleitung und ihrer Organe auszudehnen, die demokratischen Einrichtungen zu schwächen und den politischen Eigenwillen der Bevölkerung zu paralysieren. Ebenso war die Tendenz sichtbar, die der Kriegsregierung verliehenen verstärkten Gewalten in den Dienst des alles beherrschenden Kriegszweckes zu stellen und das gesamte öffentliche Leben militärischer Diktatur zu unterwerfen. »In keinem anderen Lande aber sind die Machthaber von vornherein in diesem Streben so weit gegangen, wie sie es in Österreich taten […] Nirgends ging man von Anfang an so sehr wie

---

31 Jürgen Kocka: Klassengesellschaft im Krieg. Deutsche Sozialgeschichte 1914–1918. Göttingen 1973, S. 2.

hier darauf aus, die stumme Unterwerfung der willenlos gemachten Bevölkerung unter den Krieg durch planmäßige, polizeilich-militärische Vorkehrungen, durch ein System der politischen Fesselung des Einzelnen und der als ›unverlässlich‹ angesehenen nationalen Gesamtheiten zu sichern.«[32] Die dem Militär übertragenen diktatorischen Rechte führten im Bereich der »Armee im Felde« an den Fronten in Galizien und Serbien zu furchtbaren Exzessen gegen die Zivilbevölkerung. Die Praxis der Kriegsjustiz, die die Auffassung, dass das alte Österreich-Ungarn ein »vorbildlicher Rechtsstaat« gewesen sei,[33] mehr als fragwürdig erscheinen lässt, stellt nach wie vor ein heißes Eisen dar, über das die Geschichtsschreibung einen perfekten Mantel des Schweigens gebreitet hat.[34] In den österreichischen Kernländern fand die Willkürherrschaft des Armeekommandos und des von ihm eingerichteten »Kriegsüberwachungsamtes« ihre Entsprechung durch das Inkrafttreten des Kriegsleistungsgesetzes, das die Industriearbeiterschaft militärischer Disziplinar- und Strafgewalt unterwarf. Unter die Ägide der militärischen Betriebsleiter, vor Arbeitseinstellungen und sonstigen »Widersetzlichkeiten« der Belegschaft gefeit, entfachte das Unternehmertum einen ökonomischen Klassenkampf »von oben«, dessen Rigorosität seinesgleichen suchte. Neben der mittels Notverordnungen staatlich sanktionierten Außerkraftsetzung der Bestimmungen über die Sonn- und Feiertagsruhe, der Verlängerung der Arbeitszeit bis zu dreizehn Stunden täglich und der Wiedereinführung der seit 1885 verbotenen Nachtarbeit von Frauen und Jugendlichen kam es in den Betrieben zu zahlreichen zusätzlichen Repressalien, die auf Dauer die Grenze des der Arbeiterklasse Zumutbaren eindeutig überschritten.

Eine diesen Problemkomplex durch eine Fülle erschreckender Beispiel illustrierende, einzigartige Quelle sind die Verhandlungen des am 5. No-

---

32   Josef Redlich: Österreichische Regierung und Verwaltung im Weltkriege. Wien 1925, S. XVIII.
33   Adam Wandruszka/Peter Urbanitsch (Hg.): Die Habsburgermonarchie 1848–1918, Bd. 2: Verwaltung und Rechtswesen. Wien 1975, S. XVIII.
34   Hans Hautmann: Bemerkungen zu den Kriegs- und Ausnahmegesetzen in Österreich-Ungarn und deren Anwendung 1914–1918, in: *Zeitgeschichte*, 3. Jg. (1975), Nr. 2, S. 31–37.

vember 1916 in Wien abgehaltenen »Arbeitertages«, dessen unzensuriertes und vollständiges Protokoll erst nach dem Kriegsende erschien.[35] Der Zustand der Fesselung und Wehrlosmachung der Volksmassen und das Gefühl, von ihrer Seite nichts befürchten zu müssen, schlug sich in einem rapiden Verfall der bürgerlichen Moral nieder und mündete folgerichtig in Erscheinungen wie den unverhüllten Prassereien des Kriegsgewinnlertums, einer hemmungslosen Beute- und Profitgier, dem Schleich- und Kettenhandel großen Stils, dem Kriegswucher- und Schiebertum usw.[36] Die Atmosphäre dieser aus den Fugen geratenen Bürgerwelt hat Karl Kraus in den Kriegsheften der »Fackel« und in den »Letzten Tagen der Menschheit« in bis heute unübertroffener Weise reflektiert.

Unter den genannten Umständen lassen sich die Klassenkämpfe der ersten Kriegszeit als vollkommen einseitig geführt charakterisieren. Kapital, Staat und Militärapparat versetzten der Arbeiterschaft einen Schlag nach dem anderen, und die Arbeiterschaft wehrte sich kaum; das ganze hieß »Burgfrieden«. Zwischen Juli 1914 und Dezember 1916 fanden in den Ländern der späteren Republik ganze 25 Streiks mit 8.531 Streikenden statt, die im Schnitt nur wenige Stunden dauerten, über den ökonomischen Forderungsrahmen nicht hinausgingen und fast durchwegs ohne Erfolg endeten. Die Arbeiterschaft ließ sich noch durch Drohungen der militärischen Betriebsleiter einschüchtern und wagte gegen Verhaftung oder »Einrückend«-Machung ihrer Streikführer nicht zu protestieren.

Das Verschwinden des Klassenkampfes »von unten« war das Ergebnis mehrerer Faktoren. Sind die Herrschenden in der Auseinandersetzung mit den Beherrschten schon unter normalen Umständen in einer unvergleichlich günstigeren Position, da ihnen über das von ihnen geschaffene

---

35 Bericht der Gewerkschaftskommission Deutschösterreichs an den ersten deutschösterreichischen (achten österreich.) Gewerkschaftskongress in Wien 1919. Wien 1920, S. 55ff. Vgl. Hans Hautmann (Hg.): »Wir sind keine Hunde«. Das Protokoll des Arbeitertages vom 5. November 1916 in Wien. Wien 2009 (Alfred Klahr Gesellschaft, Quellen & Studien, Sonderband 11).
36 Beispiele dazu in: Magnus Hirschfeld (Hg.): Sittengeschichte des Weltkrieges, 2 Bände. Leipzig, Wien 1930; Carl Colbert: Der Preistreiberprozeß gegen Dr. Josef Kranz, gewesenen Präsidenten der Allgemeinen Depositenbank in Wien. Wien, Leipzig 1917.

Machtinstrument des Staates eine breitere Palette an effizienten Kampfmitteln zur Verfügung steht, so verstärkte die im Ersten Weltkrieg rasch um sich greifende Verflechtung von Monopol- und Staatsapparat, die Militarisierung der Wirtschaft und die Pressung des gesamten Lebens- und Wirkungsbereichs der Arbeiterbewegung in Zwangsparagraphen dieses Ungleichgewicht enorm. Der Faktor »Gewalt«, der sich im radikalen Abbau der ökonomischen, sozialen und politischen Errungenschaften der Arbeiter, in der Verhängung eines Belagerungszustandes über das Hinterland, in der Einführung der Presse- und Versammlungszensur, in der Bildung von Landwehrdivisionsgerichten (die nicht nur ungehorsame Soldaten, sondern auch »renitente« Arbeiter aburteilten), in der Knebelung des Koalitions- und Streikrechts und in der Sistierung bürgerlicher Grund- und Freiheitsrechte äußerte, spielte nun eine ungleich größere Rolle als in den Jahren vor dem Krieg. Der ökonomische und politische Klassenkampf »von oben« verband sich zudem überaus wirkungsvoll mit seiner dritten Komponente, den ideologischen Macht- und Einflussmitteln der Herrschenden. Mit dem propagandistischen Trommelfeuer von der »Notwendigkeit der Vaterlandsverteidigung« im imperialistischen Krieg gelang es nicht nur, dass sich die österreichische Arbeiterschaft im Juli/August 1914 aufgrund der Verwirrung, die von offizieller Seite und durch die Politik der sozialdemokratischen Parteiführung hervorgerufen wurde, zum allergrößten Teil nicht von der These vom »gerechten Verteidigungskrieg« distanzierte, sondern auch, dass sie – selbst nach der bereits im Herbst 1914 eingetretenen ersten Ernüchterung – mehr als zwei Jahre in Passivität verharrte.

Somit herrschte in Österreich bis zur Jahreswende 1916/17 tatsächlich »Burgfriede«, und von wirklich entschlossenen Klassenkämpfen seitens der Arbeiterschaft kann im Zeitraum Sommer 1914 bis Winter 1916/17 keine Rede sein. Die Arbeiter lieferten in der Arena der Klassenauseinandersetzung bestenfalls kleinere Aktionen, Scharmützel. Dennoch wurde in diesen Jahren der Boden für die künftigen Kämpfe vorbereitet und das Bewusstsein der Arbeiter wach gehalten und mehr und mehr gereizt durch objektive Umstände: vor allem durch die wachsende Not, den Hunger, die Teuerung, die drastischen Reallohneinbußen, die unerwartet lange Dauer des Krieges, die innerbetrieblichen Schikanen, die immer zahlreicher werdenden Todesnachrichten. Je größer die Zuspitzung der Gegensätze zwischen den pauperisierten Arbeitern und den riesigen Kriegsgewinnen gewisser Kapitalgruppen wurde, während zur gleichen Zeit die Partei- und Gewerkschaftsführung nichts oder nur sehr wenig dazu tat, die politische Bewusstseinsbildung und Aktivität der Arbeiter zu beleben und ihnen leitend voranzugehen, desto offener musste auch ein Konflikt zwischen Führung und Massen zu Tage treten. Die Spannung zwischen der Parteibürokratie und den Massen, die sich im Stich gelassen fühlten, äußerte sich bis Ende 1916 ebenfalls in passiven Formen, hauptsächlich durch Abstinenz der Arbeiter von Partei- und Gewerkschaftsleben und die erheblichen Mitgliederverluste. Die tiefe Krise, in die die sozialdemokratische Bewegung mit dem August 1914 geraten war, paarte sich im Herbst 1916 mit einer ebenso tiefen Krise des kriegsabsolutistischen Systems, das sich außerstande sah, seinen Kurs der Härte angesichts der gärenden Neuformierung des proletarischen Klassenbewusstseins beizubehalten. Die Widersprüche waren mit den herkömmlichen Methoden nicht mehr zu lösen und machten den Übergang zu neuen, elastischeren Formen der Herrschaftsausübung und des Verhältnisses zur Sozialdemokratischen Partei notwendig.

III.

In den letzten drei Monaten des Jahres 1916 kam es in der österreichischen Innenpolitik zu einer dramatischen Veränderung der Lage. Sie leitete jene Entwicklung ein, die man als den Übergang des herrschenden Systems auf Beschwichtigungskurs und den Übergang der sozialdemokratischen Führung von den Positionen des Sozialpatriotismus auf die des Zentrismus bezeichnen kann.[37] Äußere Merkmale waren das Attentat Friedrich

---

[37] Siehe dazu den bislang wenig beachteten Artikel von Robert Danneberg: Die deutsche Sozialdemokratie in Österreich, in: *Die Neue Zeit*. Wochenschrift der Deutschen Sozialdemokratie, 35. Jg. (1917), Nr. 19 und 20; weiters: Joachim Böhm: Die österreichische Sozialdemokratie (DSAPÖ) in der Wende vom imperialistischen Krieg vom imperialistischen Frieden. Eine Untersuchung der monarchietreuen Politik ihrer Führer (November 1916 – Oktober 1917), in: *Wissenschaftliche Zeit-*

Adlers auf den k. k. Ministerpräsidenten Stürgkh, das Ableben Kaiser Franz Josephs und die Thronbesteigung Karls sowie das am 12. Dezember 1916 von den Mittelmächten unterbreitete Friedensangebot, das die Massen in ihrer seit längerem gewonnenen Erkenntnis, dass dem Krieg alsbald ein Ende gesetzt werden müsse, bestärkte. Als wichtigste Komponenten der Ende 1916 vollzogenen Wende, die für die Weiterentwicklung der Klassenkämpfe im Ersten Weltkrieg von eminenter Bedeutung wurden, sind anzuführen:

1. Die von den Regierungen Koerber und Clam-Martinic initiierten Lockerungen im sozialökonomischen Bereich. Dazu gehörten die Erlaubnis der Abhaltung des »Arbeitertages« am 5. November 1916 in Wien, auf dem über 1000 Delegierte (Obmänner, Sekretäre und Vertrauensleute der Gewerkschaften sowie sozialdemokratische Funktionäre) vor den als Gäste geladenen Vertretern des Armeeoberkommandos und der kaiserlichen Ministerien heftige Kritik an den Zuständen in den militarisierten Betrieben übten und Vorschläge für die Neugestaltung des Arbeiterrechts erstatteten; die Gründung des »Amtes für Volksernährung« am 1. Dezember 1916, in dessen Direktorium (einem »gutachtlichen und mitarbeitenden« Organ) mit Karl Renner erstmals ein Sozialdemokrat in regierungsamtliche Funktionen berufen wurde; die Verordnung über den Mieterschutz vom 26. Jänner 1917; das Verbot der Nachtarbeit im Bäckergewerbe vom 8. Februar 1917; schließlich als Krönung der sozialpolitischen Zugeständnisse die Errichtung von Beschwerdekommissionen in den militarisierten Betrieben vom 18. März 1917. Ziel dieser Maßnahmen war es, der Sozialdemokratischen Partei und den Gewerkschaften durch deklarativ gezeigte Kompromissbereitschaft den Rücken zu stärken, wussten doch die Zivilbehörden bereits ganz genau, dass sich zwischen Führung und Massen eine Kluft aufgetan hatte, die langsam bedrohliche Dimensionen annahm, und dass sie die immer unzufriedener und aufsässiger werdende Arbeiterschaft nur in Verbindung und Zusammenarbeit mit der die Politik der Monarchietreue weiterhin verfolgenden Partei- und Gewerkschaftsspitze bändigen konnte.

schrift der Martin-Luther-Universität Halle-Wittenberg. Gesellschafts- und Sprachwissenschaftliche Reihe, 14. Jg. (1965), Nr. 4, S. 216–220.

2. Die Zugeständnisse der herrschenden Klasse auf politischer Ebene, deren Zweck darin bestand, der Sozialdemokratie die Gelegenheit zur Wiederentfaltung einer »auf die Massen wirkenden Tätigkeit« zu geben.[38] In Zusammenhang mit dem Friedensangebot der Mittelmächte erlaubte die Regierung im Dezember 1916 der Sozialdemokratischen Partei erstmals im Kriege die Durchführung frei zugänglicher Versammlungen. Hatten die Parteiführer bisher über mangelndes Interesse der Massen für die Organisationen klagen müssen, so standen sie nun vor der Tatsache, dass die dem Friedensthema gewidmeten Versammlungen wieder sehr stark besucht wurden. Weitere Gesten waren Amnestien Kaiser Karls für Personen, die von Militärgerichten zu Freiheitsstrafen verurteilt worden waren (Jänner und April 1917); die Erlaubnis, den 1. Mai 1917 wieder durch Arbeitsruhe zu feiern; und die Reduzierung der Pressezensur der Parteizeitungen, die in der Aufhebung des verfassungswidrigen Instituts des »Kriegsüberwachungsamtes« im September 1917 gipfelte. Das wichtigste Zugeständnis war die Wiedereinberufung des seit März 1914 ausgeschalteten Reichsrats am 30. Mai 1917. All das sollte dazu dienen, die Lage der sozialdemokratischen Führerschaft durch Einräumung von mehr Bewegungsfreiheit und größeren politischen Manövriermöglichkeiten zu erleichtern, hatte man doch bereits erkannt, dass nur bei Weiterbestehen ihres Einflusses auf die Arbeiter der Krieg fortzuführen und revolutionäre Entwicklungen hintan zu halten waren. Linke Abspaltungen oder gar ein offener Bruch zwischen Parteiführung und Massen mussten allein schon im staatspolitischen Interesse verhindert werden. Darüber hinaus vollzog sich mit dem Changement auf flexiblere Methoden im realen Verhältnis zwischen den herrschenden Klassen und der Sozialdemokratie eine wesentliche Veränderung: Während vor 1914 die Tendenz dominiert hatte, in der marxistischen Arbeiterpartei einen außerhalb des Systems stehenden Gegner zu sehen, und von 1914 bis Ende 1916 die Stürgkh-Regierung, den selbstgewählten Burgfrieden der Führer der Sozialdemokratischen Arbeiterpartei Österreichs (SDAPÖ) als selbstverständlich

---

38   Rudolf Neck (Hg.): Arbeiterschaft und Staat im Ersten Weltkrieg 1914–1918 (A. Quellen), I. Der Staat, Bd. 1 (1914–1917). Wien 1964 (Veröffentlichungen der Arbeitsgemeinschaft für Geschichte der Arbeiterbewegung in Österreich, Bd. 3), S. 250.

hinnehmend, auf eine weitergehende Zusammenarbeit mit den sozialdemokratischen Funktionären noch verzichtet hatte, wurde die Sozialdemokratie seit Anfang 1917 ein aktiv mitagierender und zur Stützung des Systems unentbehrlich gewordener Bündnispartner. Damit wurden bereits im Kriege die Weichen für die Klassenzusammenarbeit in der Koalition der Jahre 1918 bis 1920 gestellt.

3. Der Übergang der Sozialdemokratischen Partei auf eine Position, die ihr die Balance im Spannungsfeld zwischen der nun erfolgten engeren Integration in den Staat und seine Institutionen einerseits und der unbedingt erforderlichen Rücksichtnahme auf die Stimmungen der Basis andererseits ermöglichen sollte. Unter dem Eindruck der in brodelnde Unruhe geratenen Arbeitermassen, die nach der Periode der passiv erduldeten Ausplünderung der Jahre 1914 bis 1916 ihr altes politisches Selbstbewusstsein sehr rasch zurückgewannen, vor der Wahl stehend, die Entwicklung entweder reaktionslos weiterlaufen zu lassen und damit eine Spaltung ähnlich wie in Deutschland zu riskieren, oder eine Anpassung an die neue Situation durch Überbordwerfen einiger nun schon zur Belastung gewordener Burgfriedenspositionen zu vollziehen, entschied sich die Sozialdemokratie, für die die erste Alternative nach ihrer gesamten Tradition nach Hainfeld einfach undenkbar war, für den zweiten Weg. Um den zweiten Weg mit Erfolg beschreiten zu können, waren zumindest vier Voraussetzungen nötig: a) Abkehr von der offen sozialpatriotischen Haltung der ersten beiden Kriegsjahre (Schlagwort des Parteivorstandes: »Bedauerliche Überspitzungen, die heute restlos überwunden sind«); b) Verstärkung der Friedenspropaganda (die trotz ihrer Forderung nach Verzicht auf Annexionen und Kontributionen mit dem neuen Regierungskurs in Einklang stand); c) Verschärfung der Kritik an bestimmten Auswüchsen des Systems, welche die Arbeiter besonders erregten (Willkürakte militärischer Betriebsleiter, Schlamperei und Unfähigkeit im Behördenapparat, durch Bekanntmachen von ungerechten Urteilen der Militärjustiz, durch Anprangerung von Schiebern und Kriegsgewinnlern usw.); d) Hinwendung zum Verbalradikalismus. Die wirksame Verquickung dieser Elemente bei elastisch dosierter Anwendung in Agitation und Propaganda war, da die Partei noch nicht an den Hebeln der Staatsmacht saß, vor dem Ende der Habsburgermonarchie

das einzige Mittel, das ihr zur provisorischen Überbrückung der Kluft zu den Arbeitermassen zur Verfügung stand. Da sich die Schwenkung nach links, zum Zentrismus hin, in den Monaten des Massenaufschwungs der Arbeiter in der ersten Jahreshälfte 1917 bewährte, verschaffte man ihr auf dem Parteitag im Oktober 1917 eine offizielle, unumkehrbare Grundlage. Dazu trug die von Otto Bauer formulierte »Erklärung der Linken« bei, die den Arbeitern zeigen sollte, »dass sie die Befriedigung ihrer politischen Bedürfnisse nicht außerhalb der Partei suchen müssen, sondern sie innerhalb der Partei finden können, indem sie sich um den marxistischen Flügel der Partei scharen.«[39] Damit erhielt die österreichische Sozialdemokratie im Laufe des Jahres 1917 definitiv jene Physiognomie, die sie bis zu ihrem Ende im Februar 1934 behalten sollte. Das in der Ersten Republik zu beobachtende charakteristische Auseinanderklaffen des Austromarxismus in linkes Wort und rechte Tat hat hier seine eigentliche Wurzel.

IV.

Das für die weitere Entwicklung der Klassenkämpfe in Österreich jedoch wichtigste Ereignis war der lawinenartig ablaufende Prozess der Radikalisierung der Massen um die Jahreswende 1916/17. Er vollzog sich spontan und unabhängig von der Politik des Parteivorstandes auf der unteren Ebene. Sein Anlass war zweifelsohne die katastrophale Versorgungssituation des berüchtigten Hungerwinters 1916/17, der eine ernste, einschneidende Verschlechterung der materiellen Lage der Volksmassen nach sich zog. Dazu kamen politische Impulse, die den Kampf der Arbeiter auf ein neues, höheres Niveau hoben: Zum einen die Fernwirkung der bürgerlich-demokratischen Revolution in Russland im März 1917, die die österreichischen Arbeiter mit zwingender Logik vor die Frage stellte, weshalb nicht auch in ihrem Land mehr getan wurde, als nur in Worten für den Frieden einzutreten, und zum anderen das mutige Auftreten Friedrich Adlers vor dem Ausnahmegericht im Mai 1917, das

---

39   O. B. [Otto Bauer]: Würzburg und Wien, in: *Der Kampf*, 10. Jg. (1917), Nr. 11/12, S. 327.

auf die Stimmung der Arbeiter weit größere Auswirkungen als das Attentat selbst hatte. Man kann ruhigen Gewissens behaupten, dass der am 19. und 20. Mai 1917 im Parteiorgan abgedruckte, sehr ausführliche Prozessbericht mehr zur politischen Orientierung der Arbeitermassen beitrug als sämtliche Artikel der *Arbeiter-Zeitung* seit dem August 1914 zusammengenommen.

Konzentrierter Ausdruck der Neuformierung des proletarischen Klassenbewusstseins war eine Streikwelle, die im Jänner 1917 in Neunkirchen und Ternitz einsetzte, im März das obersteirische Industriegebiet ergriff und im Mai im großen Aufstand der Wiener Metallarbeiter gipfelte. Auch wenn, rein statistisch genommen, die Zahl der Ausstände und der Streikenden 1917 geringer war als in den letzten Vorkriegsjahren (etwa den Jahren 1910 bis 1912), so war doch ihre Qualität und politische Bedeutung gewaltig gewachsen. Ein Streik im Kriege, unter den Bedingungen der Militarisierung der Betriebe und der Androhung strengster Vergeltungsmaßnahmen, musste ganz einfach eine andere Dimension annehmen als Lohnausstände in Friedenszeiten bei wirtschaftlicher Konjunktur. Konnte allein schon die Forderung der streikenden Arbeiter nach Verbesserung der Lebensmittelversorgung und nach Lohnerhöhungen in der krisenhaften Lage der Donaumonarchie im Frühjahr 1917 nichts weniger als ein Politikum ersten Ranges sein, so zeigten zwei andere Merkmale der Streikwelle deutlich an, dass nunmehr auch in Österreich eine revolutionäre Situation einzusetzen begann. Es wurde nämlich in den meisten der bestreikten Betriebe beinahe zur gleichen Zeit und unabhängig voneinander, d. h. ohne zentrale Steuerung durch die Gewerkschaften oder die Partei, die Forderung erhoben, Vertrauensmänner der Arbeiter mit der Lebensmittelverteilung oder deren Kontrolle zu beauftragen. Hier handelte es sich um den ersten Versuch, den in Russland praktizierten Rätegedanken – so wie die Arbeiter ihn mangels genauer Informationen und richtiger politischer Schulung verstanden – auf österreichische Verhältnisse zu übertragen, und auf einem Teilgebiet, dem der Approvisionierung, die unfähigen staatlichen Organe durch Organe der Arbeiter zu ersetzen. Aufgestellt wurde diese Forderung nicht etwa von den herkömmlichen Gewerkschafts-Vertrauensmännern, sondern von so genannten »Fabrikausschüssen« bzw. »Arbeiterausschüssen«, die von der streikenden Belegschaft selbst gewählt worden waren. Da durch die beispiellose sozialstrukturelle Umschichtung der industriellen Arbeiterschaft in den ersten Kriegsjahren, durch die massenhafte Einbeziehung von Frauen, Jugendlichen und ungelernten Arbeitern in den Produktionsprozess nur noch ein kleiner Teil der in den militarisierten Betrieben tätigen Arbeiter den Gewerkschaften angehörte, müssen die Fabrikausschüsse des Frühjahrsstreiks 1917 nicht nur als gegenüber der Gewerkschaftsführung relativ eigenständige Organe, sondern auch als Keim- und Vorformen der später im Jännerstreik 1918 offen proklamierten Arbeiterräte angesehen werden. Daran ändert auch die Tatsache nichts, dass das Kriegsministerium die Fabrikausschüsse vorerst akzeptiert und versucht hat, sie für die Durchhaltepolitik zu gewinnen.[40] Die Polizei- und Statthaltereiberichte verdeutlichen überdies, dass die streikenden Arbeiter ihren Unwillen über die Haltung der sozialdemokratischen Partei- und Gewerkschaftsführung offen kundtaten und den zu den Verhandlungen über die Wiederaufnahme der Arbeit beigezogenen Spitzenfunktionären »Verrat an der Sache der Arbeiterschaft« vorgeworfen wurde.[41]

Die nicht zu übersehende Unzufriedenheit der Arbeiter mit der Abwiegelungspolitik der Partei und die unerwarteten Schwierigkeiten, die sich den Gewerkschaftsführern bei ihren Bemühungen, die Streiks möglichst rasch beizulegen, entgegenstellten, versetzte den Parteivorstand in Alarmzustand. Er musste erkennen, dass er den Kontakt zur Masse der Betriebsarbeiterschaft weitgehend verloren hatte. In dieser Situation zeigte sich, dass die Sozialdemokratie nach ihrem Übergang auf zentristische Positionen imstande war, elastischer als zuvor zu reagieren und Initiativen zur Überbrückung der Kluft zu den Arbeitern zu ventilieren, selbst wenn damit ein gewisses Risiko verbunden war. In einer vertraulichen Beratung der sozialdemokratischen Parteivertretung, der Gewerkschaftskommission und des Wiener Vorstandes der Sozialdemokratie, die sich am 1. Juni 1917 mit dem eben beigelegten Wiener Metallarbeiterstreik beschäftigte, schlug niemand anderer als Karl Renner die

---

40 Emanuel Adler: Das Arbeitsrecht im Kriege, in: Ferdinand Hanusch/Emanuel Adler (Hg.): Die Regelung der Arbeitsverhältnisse im Kriege. Wien 1917, S. 132.
41 NÖLA, Präs. VIa, Zl. 2241 und 2874–11/1917.

Bildung von Arbeiterräten vor. Er sagte: »Wenn die Kraft der Arbeiterschaft auf einzelne Dinge verpufft wird, so wird im entscheidenden Moment nichts anderes *als das Chaos da sein.* Es handelt sich um ein rein organisatorisches Problem. *Man soll eine Art Arbeiterrat schaffen,* der über die Forderungen des Tages zu entscheiden hat, im Gegensatz zu den Gewerkschaften, deren Tätigkeit auf eine dauernde Politik gerichtet sein muss.«[42] Wenngleich Renners Versuchsballon noch vor seinem Aufsteigen platzte (offenbar aufgrund des Widerstands der Gewerkschaftsführer) und aus seinen Worten die Intention des Zurechtbiegens eines etwaigen Arbeiterrats zu einem reinen Beschwichtigungsmittel deutlich wurde, so zeigte der Plan doch, dass man sich in der Parteispitze des Ernstes der Lage bewusst war. Die zeitgerechte Einstellung auf die Linie, notfalls auch neue, bisher ungewohnte Formen der Kommunikation mit den Massen ins Auge zu fassen, erlaubte es der Partei im Jännerstreik 1918, den von den aufständischen Arbeitern autonom proklamierten Rätegedanken binnen kürzester Zeit aufzugreifen und mit der Parole der Bildung von Arbeiterräten die Flucht nach vorne anzutreten.

Das Wiedereinsetzen des Klassenkampfes »von unten« schlug sich für die Sozialdemokratische Partei in der (vordergründig) erfreulichen Tatsache eines starken Zustroms der Arbeiter in die Organisationen um. In der Hauptsache profitierten davon die Gewerkschaften, deren Mitgliederstand in Österreich von 108.739 im Jahre 1916 auf 213.321 im Jahr 1917 stieg und damit fast den Stand des letzten Vorkriegsjahres erreichte.[43] Es kehrten nicht nur jene Arbeiter in die Organisationen zurück, die in den ersten Kriegsjahren entweder aus Angst vor Drangsalierungen durch die Behörden oder aus Protest gegen die sozialpatriotische Haltung der Partei und der Gewerkschaftskommission ausgetreten waren, sondern es kam auch eine beträchtliche Zahl von bislang politisch indifferenten und nicht organisierten Proletariern hinzu. In den offiziö-

42 VGA, Karl Heinz: Die Geschichte der österreichischen Arbeiterräte, S. 8; Rolf Reventlow: Zwischen Alliierten und Bolschewiken. Arbeiterräte in Österreich 1918 bis 1923. Wien, Frankfurt/M, Zürich 1969, S. 32 (Hervorhebungen H. H.).
43 Fritz Klenner: Die österreichischen Gewerkschaften. Vergangenheit und Gegenwartsprobleme, Bd. 1. Wien 1951, S. 464f.

sen sozialdemokratischen Selbstdarstellungen wird dieses Phänomen als Resultat einer vollinhaltlichen Billigung und Genugtuung über die nunmehrige »Kühnheit« der Parteipolitik durch die Arbeitermassen angesehen. Jacques Hannak schrieb, dass die Sozialdemokratie seit der Jahreswende 1916/17 die »Trägerin des tiefsten Bedürfnisses der Massen« wurde.[44] Selbstverständlich war für den Rückstrom der Arbeitermassen in die Organisationen das veränderte Bild, das die Partei der Öffentlichkeit im Jahr 1917 mit ihrer pazifistischen Propaganda und der Wendung zum Zentrismus bot, eine der Ursachen. Der Hauptgrund ist aber darin zu suchen, dass das Einsetzen einer revolutionären Situation in Österreich, die tiefe gesamtgesellschaftliche Krise und die Erfahrungen der Massen bei den Streikkämpfen des Frühjahrs 1917 unter der Arbeiterschaft ein spontanes Interesse am Prinzip der Organisiertheit überhaupt wieder aufleben ließen. Man erkannte, dass Erfolge an der Streikfront nur dann zu erreichen waren, wenn man sich von der Taktik des isolierten Einzelgefechts abkehrte und die Kämpfe auf der Grundlage eines einheitlichen, solidarischen, organisierten und disziplinierten Handelns in Angriff nahm. Da in Österreich nicht zwei oder mehrere konkurrierende sozialistische Parteien existierten, mussten sich die Blicke der Arbeiter natürlicherweise den sozialdemokratischen Partei- und Gewerkschaftsorganisationen zuwenden. Keineswegs aber war der Mitgliederzustrom Ausdruck eines völligen Einverständnisses der Arbeiter mit der modifizierten Parteipolitik, der die Entfremdung zwischen Führung und Massen mit einem Schlag aus der Welt schaffte. Das Dilemma bestand darin, dass die Wendung zum Zentrismus, welche die Sozialdemokratie aufgrund der Radikalisierung der Arbeiter in den Fabriken mehr oder minder gezwungenermaßen vorgenommen hatte, durch die Rasanz, mit der sich die Dinge nun entwickelten, sehr rasch eingeholt und überholt war, dass die Partei dem nun auf der Tagesordnung stehenden und von der industriellen Arbeiterschaft autonom und ohne Schützenhilfe seitens der Partei- und Gewerkschaftsführung vollzogenen Übergang auf außerparlamentarische Massenkämpfe mit größtem Un-

---

44 Jacques Hannak: Im Sturme eines Jahrhunderts. Eine volkstümliche Geschichte der Sozialistischen Partei Österreichs. Wien 1952, S. 212.

behagen gegenüberstand, und damit der spontanen Bewegung an der Basis erneut einen Schritt nachhinkte. Wenn nämlich die in die Organisationen zurückströmenden Arbeitermassen der festen Überzeugung waren, von ihrer Führung ebenso entschiedene, kraftvolle Handlungen erwarten zu können, die sie selbst zu geben bereit waren, so wurden sie genau hier enttäuscht. Die Klassenverhältnisse im Österreich des Jahres 1917 verlangten nach einer Partei, welche die im Stuttgarter und Baseler Manifest beschworenen Pflichten endlich einzulösen gewillt war: den Massen das Vorhandensein einer revolutionären Situation aufzuzeigen, zu erläutern, wie umfassend und tiefgehend sie ist, das Bewusstsein und die Entschlossenheit des Proletariats zu wecken, ihm zu helfen, zu revolutionären Aktionen zu schreiten und der revolutionären Situation entsprechende Formen der Organisation für die Tätigkeit in dieser Richtung zu schaffen. Die österreichische Sozialdemokratie war keine derartige Partei. Ihr 1917 erfolgter Übergang auf radikalere Formen des politischen Stils war eine, ihre praktische Tätigkeit aber eine ganz andere Sache. Diese zur Attitüde des Verbalradikalismus gänzlich gegenläufige Tendenz wurde den Arbeitermassen im Herbst 1917 instinktiv bewusst.

Die in der Dokumentensammlung von Rudolf Neck abgedruckten Polizei- und Stadthaltereiberichte über die Stimmung der Arbeiter in den Betrieben zeigen, dass die alten Gewerkschafts-Vertrauensmänner »jeden Einfluss auf die Massen verloren« hatten, sie als »Agenten der Behörde betrachtet« wurden, die die »Aufgabe hätten, die Arbeiter mit leeren Worten hintan zu halten und zu vertrösten«,[45] dass der »größte Teil der Arbeiterschaft mit der Tätigkeit« der Sozialdemokratischen Partei und der Gewerkschaften »nicht zufrieden« war und das, »was die Partei bis jetzt getan hat, nicht das ist, was die Arbeiterschaft will«.[46] Ein Bericht über einen Streik in der k. k. Staatsbahnwerkstätte in Knittelfeld schloss mit den Worten: »Wenn heute die sozialdemokratische Partei, *welche in gewissem Sinne sicherlich mit der Regierung geht*, die Macht

---

45 Rudolf Neck (Hg.): Arbeiterschaft und Staat im Ersten Weltkrieg 1914–1918 (A. Quellen), I. Der Staat, Bd. 2 (1917–1918). Wien 1968 (Veröffentlichungen der Arbeitsgemeinschaft für Geschichte der Arbeiterbewegung in Österreich, Bd. 4), S. 60f.
46 Ebd., S. 54.

über diese unzufriedenen Massen verliert, dann ist auch die Ruhe schwer aufrecht zu halten.«[47]

Von einem Nachlassen der Spannung zwischen Parteiführung und Basis konnte also auch nach dem Übergang auf zentristische Positionen und trotz des starken Mitgliederzustroms keine Rede sein. Im Gegenteil: die Kluft wurde von Monat zu Monat bedrohlicher, und sie beschwor im November und Dezember 1917, als unter dem Einfluss der Oktoberrevolution in Russland die Radikalisierung der Basis eine weitere Eskalation erfuhr, die Gefahr des völligen Aus-der-Hand-Gleitens der erregten Arbeitermassen herauf. Wenn Rudolf Hilferding 1919 in einem Artikel darauf hinwies, dass Räte als Kampforgane revolutionärer Bewegungen dann auftreten, wenn die traditionellen Arbeiterorganisationen versagen,[48] dann trifft seine Bemerkung mit der Ergänzung, dass der Komplex »Konflikt zwischen Führung und Massen« mit den Elementen »Objektive Verschlechterung der sozialökonomischen Lager der Arbeiter«, »Vorbild der russischen Sowjets« und »Propaganda der Linksradikalen für die Räteidee« engstens verzahnt war, auch für die Situation in Österreich am Vorabend des großen Jännerstreiks zu.

V.

Der Jännerausstand 1918 als der bedeutendste politische Massenstreik in der gesamten Geschichte der österreichischen Arbeiterbewegung kann hier nur unter dem Gesichtspunkt der Ausformung des Rätesystems behandelt werden. Er war der Höhepunkt eines umfassenden Prozesses der sozialen und politischen Konfrontation, der, betrachtet man ihn nicht nach seinen kargen Resultaten, sondern nach seinen von den Massen getragenen Intentionen, im Kern auf die Veränderung gesellschaftlicher Strukturen und Institutionen abzielte. Unter diesen Umständen wurde die Fähigkeit des bestehenden Systems, den auftretenden Konflikt aufzunehmen und zu lösen, entscheidend, was wiederum vom konkreten

---

47 Ebd., S. 23 (Hervorhebungen H. H.).
48 Zit. nach: Wilfried Gottschalch: Parlamentarismus und Rätedemokratie. Berlin 1968, S. 32.

Verhalten der herrschenden ökonomischen und politischen Kräfte, einschließlich des Staatsapparats, und ihrer gesellschaftlichen Gegenspieler abhängt.[49] Die Frage, warum es trotz Vorhandenseins einer objektiv revolutionären Situation gelingen konnte, die grandiose Kampfaktion der österreichischen Arbeiterklasse so relativ rasch zu beenden, wirft die Frage nach dem Scheitern sozialrevolutionärer Bestrebungen während der Epoche 1917 bis 1920 insgesamt auf. Eine den Kern des Problems treffende Antwort gab bereits kurz nach Beilegung des Jännerstreiks der deutsche Botschafter in Wien, Graf Wedel. Aus seiner Sicht war es ein »glücklicher Umstand, dass der radikalen Richtung, die unter den Massen die Oberhand hat, die notwendige Führung«, mit anderen Worten: die revolutionäre Organisation, »fehlte«.[50] Eine weitere wesentliche Ursache war die, dass sich der Widerstand der Arbeiter gegen die Fortsetzung des Krieges und ihre Protestbereitschaft gegen das Herrschaftssystem in revolutionären *Stimmungen* niederschlug. Stimmungen der Unzufriedenheit, der Empörung und des instinktiven Wunsches nach einer Änderung der Lage sind aber etwas ganz anderes als das klare Bewusstsein von der Notwendigkeit der revolutionären Machtergreifung. Eine solche Einsicht war nur bei einer verschwindenden Minderheit der streikenden Arbeiter vorhanden. Die Erkenntnis von der bewussten, organisierten Aktion mit dem Ziel, Österreich aus dem imperialistischen Krieg herauszuführen und die heiß ersehnten demokratischen und sozialen Veränderungen auf revolutionärem Wege zu erreichen, hätte den Massen nur eine revolutionäre Partei vermitteln können. Da eine solche nicht existierte, erwies sich der Wille der sozialdemokratischen Parteiführung als stärker als die Stimmung von hunderttausenden streikenden Arbeiter. Die Kraft des Parteivorstandes, die im Jänner 1918 alle Widerstände aus dem eigenen Anhängerlager überwand, resultierte aus dem Bündnis mit der kaiserlichen Regierung. Beide Partner einte dasselbe strategische Ziel: die Steigerung des Kampfes bis zur Revolution um jeden Preis

---

49   Reinhard Hoffmann: Streik als gesellschaftsverändernde Praxis, in: Dieter Schneider (Hg.): Zur Theorie und Praxis des Streiks. Frankfurt/M. 1971, S. 241f.
50   Deutschland im Ersten Weltkrieg, Bd. 3 (November 1917 bis November 1918). Berlin ²1970, S. 145.

zu vermeiden. Die Regierung als Repräsentant der herrschenden Klassen in Österreich stand in den Jännertagen mit ihrem gesamten Machtapparat hinter der Sozialdemokratie und unterstützte sie. Da weder der eine noch der andere Partner der Bewegung aus eigener Kraft hätte Herr werden können, sondern für diesen Zweck ein gemeinsames, koordiniertes Handeln nötig war, kam es auch sehr bald zu einer Übereinstimmung in den taktischen Details. Wie das Zusammenspiel ablief, hat Roman Rosdolsky eindringlich geschildert.[51]

Bekanntlich sind die vagen und verklausulierten Zusagen der Regierung auf das Vier-Punkte-Forderungsprogramm des Parteivorstandes, mit denen man den Streikabbruch begründete, später in keiner Weise erfüllt worden. Der Krieg im Osten endete zwar im März 1918 mit einem Frieden, doch es war kein annexionsloser »Ehrenfrieden des Einverständnisses«, wie ihn die streikenden Arbeiter verlangt hatten, sondern ein gegenüber Sowjetrussland unverhohlener Raubfriede; die Militarisierung der Betriebe blieb ebenso bis zum Zusammenbruch Österreich-Ungarns bestehen wie das Privilegienwahlrecht in den Ländern und Gemeinden; von einer Reorganisation oder gar Verbesserung der Lebensmittelversorgung war nichts zu bemerken.

So kann man als reales Resultat des großen Jännerstreiks nur die Institutionalisierung der Arbeiterräte anrühren. Sie entstanden am 15. Jänner 1918 in Wiener Neustadt und Ternitz spontan als ein autonomes Organ der Selbsthilfe der Arbeiter zur lückenlosen, disziplinierten Durchführung des Ausstands, in dem mit der linksradikalen Strömung sympathisierende Vertrauensleute wirkten. Der Parteizentrale in Wien war bewusst, dass das Räteprinzip als solches eine potenziell revolutionäre, gegen die Partei- und Gewerkschaftsspitze zielende Stoßrichtung gewinnen konnte – dann nämlich, wenn man die Dinge dem Selbstlauf überließ. Es wäre für den Parteivorstand sinnlos, ja höchst gefährlich gewesen, sich durch Ignorieren oder gar Bekämpfen der elementar entstandenen Rätebewegung in einen offenen Gegensatz zu den streikenden Massen zu bringen. Er

---

51 Roman Rosdolsky: Studien über revolutionäre Taktik. Zwei unveröffentlichte Arbeiten über die II. Internationale und die österreichische Sozialdemokratie. Berlin 1973.

übernahm deshalb schon am 16. Jänner 1918 die Parole der Bildung von »Streikkomitees« (was anfänglich nur ein Synonym für »Arbeiterrat« bedeutete), weil er entschlossen war, von nun an mit der ganzen Kraft seines nach wie vor perfekt funktionierenden Organisationsapparat auf den Wahlverlauf Einfluss zu nehmen und darauf vertrauen konnte, auf diese Weise den Einfluss der unerfahrenen und der Masse der Arbeiter kaum bekannten Linksradikalen zurückzudrängen. Vor allem aber ergriff der Parteivorstand die Initiative für die Bildung von Räteorganen, weil er erkannte, dass die Losung »Arbeiterrat« große Popularität genoss, und er seinem Ziel, den Streik möglichst rasch und friedlich beizulegen, auf keinen Fall durch einsame Beschlüsse von oben, die dann das Image des Diktatorischen getragen hätten, näher kommen konnte. Er brauchte einen Transmissionsmechanismus, dem die Masse der Streikenden aufgrund der Tatsachen, dass er frei und demokratisch aus ihrer Mitte gewählt wurde, volles Vertrauen entgegenbrachte, und der auf der anderen Seite imstande war, seine politische Linie vor den Arbeitern zu vertreten und zu decken. Als am 17. Jänner die Wahlen in den Arbeiterrat in den Wiener Bezirken durchgeführt wurden, erschienen alle nur irgendwie abkömmlichen Partei- und Gewerkschaftsfunktionäre in den Versammlungen, um dort zu sprechen, den Wahlvorgang regulierend zu beobachten und die Arbeiter auf das eigene Vierpunkteprogramm festzulegen. Der Erfolg dieses Kraftakts der sozialdemokratischen Führung, die, um die Massenbewegung »vor einem Misserfolg« und einer »nutzlosen Katastrophe zu bewahren«[52], im Jännerstreik plötzlich all ihre Energien zurückgewann, blieb nicht aus. In Favoriten wurden in den dreizehnköpfigen Arbeiterratsausschuss des Bezirks nicht weniger als drei hohe Funktionäre, Reumann, Sigl und Pölzer gewählt;[53] in den anderen Bezirken stellten sich die »Exekutivkomitees« eindeutig auf den Boden der Vierpunkteforderungen, was als erster realer Erfolg für die Bemühungen des Parteivorstandes anzusehen war, die Massenaktion in

---

52 Um Friede, Freiheit und Recht! Der Jännerausstand des innerösterreichischen Proletariats. Wien 1918, S. 12. Diese Darstellung des Jännerstreiks wurde von Karl Renner im Auftrag des sozialdemokratischen Parteivorstands verfasst.
53 Ebd., S. 13.

die Bahnen der Verhandlungen und Kompromisse mit der Regierung zu lenken. Der in Geheimverhandlungen mit Ministerpräsident Seidler und den betroffenen Ministerien bereits abgesprochene modus procedendi für den Streikabbruch lief nämlich darauf hinaus, erstens »Forderungen aufzustellen, durch deren (wenn auch nicht volle) Erfüllung den Arbeitern die Einstellung des Streiks ermöglicht würde«,[54] und zweitens den Arbeiterrat vor den Massen als jene Instanz fungieren zu lassen, die die Verhandlungsergebnisse zu sanktionieren und den Streikenden plausibel zu machen hatte. Beschloss nun der Wiener Arbeiterrat als ein von den Streikenden gewähltes Gremium den Abbruch der Ausstandsbewegung, so konnte man auch gegenüber nach wie vor kampfgewillten Arbeitern viel besser als auf der Grundlage reiner Parteivorstandsaufrufe argumentieren: »Nicht wir, die Führer, haben den Streikabbruch proklamiert, sondern das von euch selbst gewählte Organ, dessen Entscheidungen ihr nur diszipliniert befolgen müsst!« So geschah es auch. In der Nacht zum 20. Jänner beschloss der Wiener Arbeiterrat, nachdem sich die Aristokraten in der Regierung zu der bühnenwirksamen Geste herabgelassen hatten, ihre Antwort auf die Vierpunkteforderungen einer Delegation von Betriebsarbeitern zu deren »alleiniger Entscheidung« zu unterbreiten, die Beendigung des Ausstands. Trotz weiterer flankierender Maßnahmen wie der Verhaftung der linksradikalen »Unruhestifter« war der Unwille der Arbeiter über den Streikabbruch groß. Aber auch er äußerte sich nicht in Form eines bewussten Ziehens von Konsequenzen, sondern mehr in Form verärgerter Stimmungen und eines zeitweiligen Absinkens der Autorität der Partei. Diesem Zustand suchte man durch die Permanentmachung der Institution des Arbeiterrats und dem damit verbundenen Ausbau der organisatorischen Verbindungen »in die Tiefe« entgegenzuwirken.

Durch die Erkenntnisse des Jännerstreiks erfuhr der Klassenkampf »von oben« weitere Modifikationen. Die alte, grobe, undifferenziert zuschlagende Taktik der Streikbekämpfung wurde endgültig durch eine elastische, die Solidarität und Einheit der Arbeiter möglichst auseinanderdividierende Vorgangsweise abgelöst. Man verstand auch sehr

---

54   Rosdolsky: Studien über revolutionäre Taktik, S. 132.

wohl zwischen dem Arbeiterrat als zentraler Instanz, in der der Einfluss der Partei- und Gewerkschaftsführung schon rein statutenmäßig abgesichert war, und den Arbeiterräten auf Betriebsebene, die vor allem im Industriegebiet des südlichen Wiener Beckens noch ein gewisses Maß an Autonomie besaßen, zu unterscheiden. Während man den Wiener Arbeiterrat vereinsrechtlich akzeptierte und ihm gegenüber demonstrative Verhandlungsbereitschaft erkennen ließ, blieb man gegenüber den Arbeiterräten in den Betrieben, da diese nicht immer mit den Beschwichtigungsbestrebungen des Parteivorstandes übereinstimmten, hart und unnachgiebig. Kriegsminister Stöger-Steiner verbot in einem Erlass vom 11. April 1918 den militärischen Leitern kategorisch, die »Arbeiter- und Revolutionsräte« als Vertreter der Arbeiterschaft in den Betrieben anzuerkennen und sich mit ihnen »in was immer für Verhandlungen einzulassen«.[55] Die neuen Richtlinien fanden dort, wo taktisch flexible Unternehmer an der Spitze standen, erfolgreichen Niederschlag.

Ein hochinteressantes Dokument vom 22. April 1918 gibt Auskunft darüber, wie die Direktion der Daimler Motorenwerke in Wiener Neustadt die radikalen Elemente im Betrieb bekämpfte und mit welchen Methoden sie sich ihrer nach dem Ende des Jännerstreiks entledigte. Es hieß darin: »Nach dem Jännerausstand […] wurden bald die altbewährten, gemäßigten Vertrauensmänner gestürzt und durch radikale Elemente ersetzt. Dieser Gefahr wurde sofort entsprechend entgegengetreten. Die militärische Leitung versagte nicht nur die Anerkennung einer solchen Arbeitervertretung, sie lehnte jeden Empfang rundweg ab, die Arbeiter hatten mit ihren mannigfaltigen Anliegen an dieser Stelle keine Fürbitter. Die Direktion musste notgedrungen die radikalen Vertrauensmänner mit ihren Anliegen für die Arbeiter anhören, verfolgte jedoch eine äußerst gesunde Taktik, um diese unbequemen Leute abzuschütteln … Den Fürsprachen der alten Vertrauensmänner trug die Direktion stets in wohlwollendster Weise Rechnung, die Leute erreichten mit ihren Bitten etwas – anders die Bolschewikileute. Vorsprachen dieser Elemente endigten zumeist mit einem Hinauswurfe. Die Arbeiter sahen bald durch das ›Nichtserreichen‹ die Unfähigkeit der den meis-

---

55 NÖLA, Präs. P.–VII, Zl. 2043–1/1918, Arbeiter- und Revolutionsräte, Bildung.

ten aufoktroyierten neuen Vertrauensmänner ein – in einer sehr aufgeregten Versammlung erfolgte bereits nach einem Monat der Sturz und die vormaligen bewährten Vertrauensleute wurden wieder an die Spitze gestellt.«[56] Hier wird an einem kleinen Beispiel deutlich, wie vielfältig die Möglichkeiten des Klassenkampfes »von oben« sind und mit welcher Raffinesse er umsetzbar ist.

Nach dem letzten Aufbäumen im Juni 1918, als 40.000 Wiener Metallarbeiter gegen eine Kürzung der Brotration in den Streik traten, kam es im Sommer und Herbst zu einer vorübergehenden Abschwächung der revolutionären Situation. Diese Etappe, die in der einschlägigen Literatur durchwegs unterschätzt wird, hatte eine für die Politik der Sozialdemokratie und die Haltung der Arbeitermassen in der Novemberrevolution präformierende Bedeutung. Obwohl die Krise des herrschenden Systems anhielt, ja von Woche zu Woche akuter wurde, trat in diesen Monaten deshalb eine Ebbe ein, weil auf der anderen Seite der Klassenkampffront, bei den Volksmassen und bei der Arbeiterschaft, Symptome der Ermattung die Überhand gewannen. Die physische und psychische Erschöpfung des Proletariats nach vier Jahren Krieg, Hunger und Not wurde nun so groß, dass sie nicht mehr in Protestbewegungen mündete, sondern in Stimmungen der Resignation und des Wartens auf ein Ende des Schreckens umschlug. Der Sozialdemokratie gelang es nach Überwindung der kritischsten Phase (Ende Jänner/Anfang Februar 1918), die Verbindung zu den Arbeitern in den Betrieben wieder enger zu knüpfen und eine sukzessive Verbesserung des Verhältnisses zu jenen Teilen des Industrieproletariats herbeizuführen, die seit dem Frühjahr 1917 mit der Haltung ihrer Führer unzufrieden und für radikale Propaganda empfänglich gewesen waren. Die totale Absenz des Einflusses der im Gefängnis sitzenden Linksradikalen begünstigte dies ebenso wie die Tatsache, dass scharfe innere Klassenkonflikte für einige Zeit ausblieben und vom Problem des offen sichtbaren Verfalls Österreich-Ungarns in nationale Einzelstaaten überdeckt wurden. Genau in dieser Frage vollzog die Sozialdemokratie im Sommer und Herbst 1918 jene Weichenstellung, die es ihr nicht nur ermöglichte, die Arbeiter wieder enger um ihr Programm zu scharen,

---

56 Neck: Arbeiterschaft und Staat, Bd. 2, S. 464.

sondern sie auch im November 1918 zur politischen Führungsposition im Staate befähigen sollte. Sie warf die großösterreichische Reichsidee, mit der sie – egal ob gewollt oder ungewollt – dem habsburgischen Imperialismus die Mauer gemacht hatte, spät, aber doch noch rechtzeitig über Bord und stellte sich auf den Boden des Selbstbestimmungsrechts der Nationen. Wenn Otto Bauer bemerkte, dass die geschichtliche Bedeutung des von ihm erarbeiteten Nationalitätenprogramms der Linken darin bestanden habe, »die Partei auf die Aufgaben der Zukunft vorzubereiten, in der ihr die *Führung der Nation* zufallen musste«,[57] so ist dem ebenso beizupflichten, wie der Einschätzung Walter Goldingers, wonach die Sozialdemokratie im Herbst 1918 (neben anderen Ursachen) auch deshalb in den Vordergrund trat, weil sie sich »als einzige« unter allen österreichischen Parteien »Gedanken für den Fall einer Niederlage« Österreich-Ungarns gemacht hatte.[58] Das Fallenlassen der Idee des »übernationalen Staates« und die Umorientierung auf die Freiheit der Separation der Völker des Habsburgerreiches – übrigens der einzige wirkliche Bruch, den die Sozialdemokratie an der Schwelle zur Republik mit ihrer Vergangenheit vollzog – gestattete es ihr, im November 1918 die Führungsrolle an sich zu reißen und zum Hegemon der bürgerlich-demokratischen Umwälzung zu werden.

VI.

Die Eigentümlichkeit der Klassenkampfsituation des November 1918 bestand darin, dass das bürgerliche Lager, unter psychischer Schockwirkung durch das plötzliche Verschwinden des monarchischen Obrigkeitsstaates, und der gewohnten Herrschaftsmittel weitgehend entblößt, das Gesetz des Handelns der Sozialdemokratie überlassen musste, ja sie sogar inständig bat, das Ruder in die Hand zu nehmen und »zu retten, was zu retten sei«.[59] Die außerordentliche Machteinbuße der besitzenden Klas-

---

57 Bauer: Die österreichische Revolution, S. 82 (Hervorhebung H. H.).
58 Walter Goldinger: Geschichte der Republik Österreich. Wien 1962, S. 12.
59 Karl Seitz: Vor zehn Jahren, in: *Der Kampf*, 21. Jg. (1928), Nr. 11, S. 517–520, hier S. 518.

sen, die in den Novembertagen ohne Einvernehmen mit der Sozialdemokratischen Partei keine eigenständigen Schritte zu unternehmen wagten, schlug sich bei den Arbeitermassen in einer Hochstimmung über den vermeintlich leichten Sieg über die Kräfte der alten Herrschaft nieder. Zu keinem Zeitpunkt der revolutionären Periode 1917 bis 1920 war die Konkordanz zwischen Partei und Massen größer als im November 1918, zogen doch die Errungenschaften der ersten Phase der österreichischen Revolution (Wiederherstellung aller Grund- und Freiheitsrechte der Staatsbürger, Fall des Privilegienwahlrechts in den Ländern und Gemeinden, Wahlrecht nach dem Proportionalsystem für die Nationalversammlung einschließlich des Frauenwahlrechts, Aufhebung der Militarisierung der Betriebe, Wiederherstellung der Freizügigkeit, rascher Ausbau des Arbeits- und Sozialrechts, Verschwinden der alten kaiserlichen Armee, an deren Stelle die von Anhängern der Sozialdemokratischen Partei dominierte Volkswehr trat usw.) einen starken und spürbaren Machtzuwachs für die Arbeiterklasse nach sich. Faktisch unbehelligt von Widerständen innerhalb und außerhalb ihrer Reihen konnte die Sozialdemokratie in raschem Tempo ihr Programm der Durchsetzung bürgerlich-demokratischer Verhältnisse durchziehen, ein Programm, über das sie unter keinen Umständen hinauszugehen gewillt war und durch das, wie Otto Bauer selbst eingestand, die Bourgeoisie die ökonomische Macht behielt. Folgerichtig verlief die Novemberrevolution in Österreich – ganz im Gegensatz zu Deutschland, wo sich der Höhepunkt der revolutionären Situation mit dem Zusammenbruch des monarchischen Systems zeitlich deckte – ohne scharfe Klassenkonfrontation und ohne kataklysmische Zusammenstöße. Eine Diskussion um die Grundfrage jener Tage, die Alternative zwischen bürgerlicher und proletarischer Demokratie, zwischen Rätesystem und Nationalversammlung, war unter der Masse der Arbeiter und Volkswehrleute überhaupt nicht virulent. Sie begann erst, als die Weichen in Richtung parlamentarischer Demokratie bereits mehr oder minder unverrückbar gestellt waren.

Die relative Ruhe und Disziplin der Arbeiterschaft in der ersten Phase der österreichischen Revolution endete im Februar/März 1919 durch die Verschärfung der materiellen Not der Massen, durch die Aufzehrung der Lebensmittelvorräte, die Teuerung und die horrend wachsende Arbeitslosigkeit. Die Euphorie über die politischen Errungenschaften des November 1918 verschwand, Hungerdemonstrationen und Protestaktionen, die, wie in Linz und Graz, in blutigen Zusammenstößen mit den Sicherheitsorganen mündeten, häuften sich, der Einfluss der Kommunisten wuchs. In dieser Situation vereinigte sich das Drängen der Arbeiterschaft nach energischem Ausbau des Rätesystems mit der Erkenntnis der Parteiführung, dass man die Radikalisierung der Massen nur dann in Grenzen halten konnte, wenn man den Weg der politischen Aufwertung und Mobilmachung von basisnahen Organisationen beschritt, die imstande waren, Richtungskämpfe innerhalb der Arbeiterklasse nicht auf der Straße, sondern in einem »Parlament proletarischer Demokratie« zur Austragung bringen zu lassen. Therese Schlesinger gestand im April 1919 ein, dass sich die Sozialdemokratie gezwungen sah, das Rätesystem auszubauen, weil die österreichische Arbeiterschaft »der Diskussionen und Kompromisse mit den Gegner gründlich überdrüssig« geworden war, »seit sie sich die Macht zuzutrauen begonnen hat, diesen ihren gerechten Willen aufzuzwingen«.[60] Mit der Öffnung des Arbeiterrats für alle, die »in der Beseitigung der kapitalistischen Produktionsweise das Ziel und im Klassenkampf das Mittel der Emanzipation des arbeitenden Volkes erkennen«, wurden von der Partei zwei Ziele ins Auge gefasst: 1. den schnell wachsenden Einfluss der Kommunisten in geordnete Bahnen zu lenken, und 2. gegenüber den bürgerlichen Parteien ein von den Massen getragenes Druckmittel zu schaffen, um jene sozialen Reformen durchsetzen zu können, die nun bei Strafe gemeinsamen Untergangs auf der Tagesordnung standen. Als Ende März 1919 nach Ausrufung der ungarischen Räterepublik die revolutionäre Nachkriegskrise ihrem Höhepunkt zustrebte und ein Eisenbahnerstreik die Koalitionsregierung in eine fast schon verzweifelt zu nennende Lage brachte, schrieb die *Arbeiter-Zeitung* in drohendem Ton: »Denn im letzten Grunde geht auch dieser Streik aus derselben Quelle hervor, wie alle anderen sozialen Kämpfe unserer Zeit: daraus, *dass die kapitalistische Ordnung den Volksmassen unerträglich geworden ist,* dass die Volksmassen nach neuer Ordnung

---

[60] Therese Schlesinger: Das Rätesystem in Deutschösterreich, in: *Der Kampf*, 12. Jg. (1919), Nr. 4, S. 177–182, hier S. 182.

ihrer Arbeit, nach Selbstregierung in ihren Betrieben drängen. *Wehe dem Staat, der diesem unwiderstehlichen Drang nicht rechtzeitig und klug nachzugeben versteht.*«[61]

Die Rätebewegung wurde nach der im März 1919 erfolgten Organisationsreform eine Massenbewegung neuen Typs, an deren Geschichte sich die wellenartig abfolgenden Klassenkämpfe der zweiten, sozialrevolutionären Phase der österreichischen Revolution (Februar bis Juli 1919 mit dem April als Höhepunkt) und der dritten Phase des Wiedererstarkens des bürgerlichen Lagers (August 1919 bis Juni 1920) exakt ablesen lassen. Ohne auf sie näher eingehen zu können, soll zum Abschluss noch ein Aspekt, die von zahlreichen wirklichen oder vermeintlichen Übergriffen begleitete Tätigkeit der Räteorgane im Ernährungs- und Wohnungswesen, herausgegriffen werden. War es doch gerade dieser Aktivitätsbereich der Arbeiter- und Soldatenräte, in dem sich die Klassenkonfrontation am unmittelbarsten umsetzte, und der daher für das politische Klima der gesamten demokratischen Periode der Ersten Republik nachhaltige Wirkungen haben sollte. Die besitzenden Klassen haben die politische Seite der Rätebewegung, d.h. die von der Sozialdemokratischen Partei betriebene Strategie, die örtlich zersplitterten Arbeiterräte zusammenzufassen, sie organisatorisch zu vereinheitlichen, sie für alle sozialistischen Strömungen zu öffnen, Urwahlen durchzuführen und den Arbeiterrat zu einer Körperschaft auszubauen, der im Rahmen der Arbeiterklasse formell das höchste Entscheidungsrecht in allen politischen Fragen, folglich auch in der Frage »Räterepublik – ja oder nein?«, bekam, zwar nicht mit Begeisterung, aber doch ohne größere Besorgnis betrachtet. Bereitete doch die sozialdemokratische Majorität in den Arbeiterräten, wie Friedrich Adler es ausdrückte, den Kommunisten »immer wieder eine Niederlage nach der anderen«,[62] und wurde doch, wie Otto Bauer später schrieb, der erfolgreiche »Abwehrkampf gegen den Kommunismus auf dem Boden der Arbeiterräte geführt«.[63] Ein durch

---

61 *Arbeiter-Zeitung*, 28.3.1919, S. 1 (Hervorhebungen H.H.).
62 Protokoll des sozialdemokratischen Parteitages 1924. Abgehalten in Salzburg vom 31. Oktober bis 3. November 1924. Wien 1924, S. 212.
63 Bauer: Die österreichische Revolution, S. 151.

und durch bürgerliches Presseorgan wie das *Neue Wiener Tagblatt* gab in einem Kommentar zur zweiten Reichskonferenz der Arbeiterräte Anfang Juni 1919 mit Genugtuung zu, dass kein bürgerlicher Volkswirt oder Politiker durchschlagendere Argumente gegen den Bolschewismus vorbringen könnte, als die sozialdemokratischen Arbeiterräte auf der Wiener Reichskonferenz«.[64]

Bereits zwiespältiger war die Haltung in der Frage der Kontroll- und Mitwirkungsrechte der Räteorgane im Versorgungswesen. Einerseits begriff das gut geschulte und erfahrene altösterreichische Beamtentum, dass 1918/19 nicht die Zeit war, gegenüber den erregten Arbeitermassen die harte Hand hervorzukehren. Es kam daher den fordernden Arbeiter- und Soldatenräten mit Geschmeidigkeit, ja oft Jovialität entgegen, trat mit ihnen in ernsthafte Verhandlungen ein und suchte ihren Aktionsdrang im Approvisionierungswesen in partnerschaftliche Bahnen von Verhandlungen und Kompromissen bei Anerkennung der formalen Oberhoheit des Behördenapparats zu lenken.[65] Die gesellschaftlichen Verhältnisse von 1918/19 mussten aber unvermeidlich zu eigendynamischen Weiterungen über vereinbarte »Wirkungsbereiche« und »Kompetenzaufteilungen« hinausführen. Die österreichischen Arbeiter waren 1919 zutiefst davon überzeugt, dass endlich eine andere Epoche angebrochen, »ihre Zeit« gekommen sei, und sie waren nicht mehr bereit, sich in irgendeiner Weise gängeln zu lassen und gegenüber dem Besitzbürgertum eine dienende Rolle zu spielen. Wenn daher Arbeiterräte, unzufrieden mit der hinhaltenden Taktik der Beamten und unter dem enormen Druck der darbenden und empörten Massen stehend, aus dem System der bloßen Mitwirkung und Kontrolle ausbrachen und Taten setzten, die mit dem viel zitierten Terminus »Übergriff« zu umschreiben waren, wenn sie also

---

64 *Neues Wiener Tagblatt*, 1.7.1919.
65 Siehe dazu: Anton Staudinger: Rätebewegung und Approvisionierungswesen in Oberösterreich. Zur Einbindung der oberösterreichischen Arbeiter- und Soldatenräte in den behördlichen Ernährungsdienst in der Anfangsphase der österreichischen Republik, in: Isabella Ackerl/Walter Hummelberger/Hans Mommsen (Hg.): Politik und Gesellschaft im alten und neuen Österreich. Festschrift für Rudolf Neck zum 60. Geburtstag, Bd. 2. Wien 1981, S. 66–82.

Kriegsgewinnlern und Schiebern großen Stils die gehorteten Lebensmittel aus den Wohnungen ausräumten, die Bestände nach ihrem Gutdünken an Armenküchen, Kinderfürsorgestellen oder Spitäler verteilten, im Rahmen des Wohnungsanforderungsgesetzes Großwohnungen visitierten und Zwangseinquartierungen bedürftiger Personen durchsetzten, Delogierungen verhinderten usw., dann gewann »Klassenkampf« für die Beteiligten in der Tat eine physisch greifbare Dimension. Obwohl die Übergriffe eher die Ausnahme als die Regel waren, die Räteorgane zum überwiegenden Teil auf der Stufe der Mitwirkungs- und Kontrollfunktion verharrten, ihre exekutiv Tätigkeit im Ernährungs- und Wohnungswesen nur wenige Monate, im Sommer und Frühherbst 1919, wirklich effektiv war, und sie keine Anstalten machten, sich als Machtorgane an die Stelle der etablierten Behörden zu setzen, so erfüllte doch diese Sphäre der Räteaktivitäten die herrschenden Klassen mit Angst und Schrecken. Die Gegenbewegung der christlichsozial dominierten Bauern- sowie Bürger- und Ständeräte, die eine Gleichstellung und paritätische Repräsentanz in den Kriegswucher- und Wohnungskommissionen forderten und auch zugesprochen erhielten, der Rücklauf der revolutionären Situation im Herbst 1919, die Konsolidierung der parlamentarischen Demokratie, das Erstarken des Bürgertums, das wieder gewonnene Selbstbewusstsein des Beamtenapparats – all das führte schließlich dazu, dass die Arbeiterräte aus dem staatlichen Wirtschafts- und Sozialbereich ab der Jahreswende 1919/20 endgültig wieder hinausgedrängt wurden. Vergessen hat man die nach gehorteten Lebensmittel fahndenden, die Schleichhandelsbestände an die Notleidenden verteilenden, freien Wohnraum zur Anzeige bringenden, willkürliche Delogierungen durch die Hausherren verhindernden Räteorgane der österreichischen Revolution als eine wahrlich einmalige Erscheinung in der Geschichte unseres Landes, die sich in die beste Tradition dessen einreiht, was man gesunde Initiative erwachter und selbstbewusster Arbeitermassen nennen kann, aber nicht.

Protestierte die Sozialdemokratie in den zwanziger und dreißiger Jahren gegen die Umtriebe der Heimwehren, die Umpolitisierung des Bundesheeres, die Waffensuchen der Polizei in Parteilokalen und die Maßnahmen der Regierung, die auf eine Schwächung der Positionen der Arbeiterbewegung abzielten und die Demokratie aushöhlten, so erhielt sie regelmäßig zur Antwort, dass sie es gewesen sei, die mit Gewaltmethoden angefangen habe, dass ihre Arbeiter- und Soldatenräte 1919 einen unerträglichen Terror gegen das wehrlose Bürgertum ausgeübt hätten. Der Terror von rechts wurde also als natürliche Antwort auf den Terror von links, der als erster da gewesen sei, hingestellt. Eine ganze Reihe von Historikern, die die Ursprünge der faschistischen Bewegung zum Gegenstand ihrer Untersuchungen machten, vertritt diese These, wobei die Dinge bisweilen so herauskommen, als ob es den Faschismus gar nicht gegeben hätte, wenn nicht die Arbeiterbewegung am Ende des Weltkriegs das Bürgertum und die kleinbürgerlichen Massen durch radikales Auftreten so erschreckt hätte. Die Frage, ob sich ein Hitler oder Mussolini, oder in Österreich ein Starhemberg oder Fey, hätten verhindern lassen, wenn sich die Linke 1918/19 anders, ruhiger, versöhnlicher verhalten hätte, kann angesichts der Tatsache, dass die Geschichte nun einmal eine ununterbrochene Abfolge von Aktion und Reaktion ist und die Revolutionierung der Arbeitermassen mit dem gleichen Recht als Antwort auf den unerbittlichen Klassenkampf »von oben« im Ersten Weltkrieg angesehen werden kann, bestenfalls ein Objekt der Spekulation in stillen Gelehrtenmußestunden sein. Historische Erkenntnisse, wie sie z. B. bei Francis L. Carsten in einer seiner letzten Studien niedergelegt sind,[66] zeigen, dass der Faschismus 1918/19 nicht aus dem Nichts begann, sondern seine gesellschaftlichen und ideologischen Grundlagen tief in das 19. Jahrhundert zurückreichten, und dass es für die Stärke einer faschistischen Bewegung im nationalen Maßstab auch gar nicht auf den Grad der Radikalität ankam, den die Arbeiterbewegung 1918/19 erreichte. Niemand konnte dem sozialdemokratischen Parteivorstand und der Führung des Arbeiterrats mit Friedrich Adler an der Spitze guten Gewissens absprechen, dass sie sich nicht vehement den Versuchen einer Ausrufung der Räterepublik entgegengestellt hätten und die bürgerlich-demokratische Ordnung vor dem »Versinken in bolschewistische Anarchien« mit Erfolg verteidigten. Bei all den radikalen Begleiterscheinungen, die in revolutionären Zeiten unvermeidlich sind, fand in

---

[66] Francis L. Carsten: Faschismus in Österreich. Von Schönerer zu Hitler. München 1977.

Österreich keine Expropriation der Exproprivateure statt, und die Grundlagen der Macht der besitzenden Klassen wurden durch die Aktionen der Sozialdemokratie und des Arbeiterrats nicht angetastet. Während also der so genannte »linke Terror« von 1918/19 keine Rätediktatur, sondern eine parlamentarisch-demokratische Republik auf der Basis einer unverändert kapitalistischen Wirtschaftsordnung nach sich zog, führte der Terror von rechts sehr wohl zu einer Diktatur, zur politischen Entrechtung und Verfolgung der Organisationen der Arbeiterschaft und damit einer ganzen Gesellschaftsklasse.

Das Studium der Klassenkämpfe und Massenbewegungen der revolutionären Periode 1917 bis 1920, jener Achsenzeit der österreichischen Geschichte, bietet nicht nur die Möglichkeit, zur exemplarischen Bereicherung der Theorie der Ursachen und Folgen verschärfter Klassenauseinandersetzung einen Beitrag zu leisten, sondern erlaubt es uns auch, über die Verfolgung ihrer Rückkopplungseffekte zu einer präziseren Erfassung der Vorgeschichte wie der Nachwirkungen der österreichischen Revolution zu gelangen. Zwei Desiderata der zeitgeschichtlichen Forschung, die Analyse der Inhalte, Formen und Methoden des Klassenkampfes »von oben« im Ersten Weltkrieg und in der Ersten Republik, könnten dadurch aufgefüllt werden.

Die Revolutionäre: Der Formierungsprozess der Linksradikalen im Epochenjahr 1917

Als 1917 die große innenpolitische Wende eintrat, gab es in Österreich nur eine einzige Gruppe, die bestrebt war, die Krise mit dem Ziel eines revolutionären Kampfes der Arbeitermassen zum Sturz der alten Herrschaft auszunützen: die kleine, aber aktive Organisation der Linksradikalen. Ihr Haupthindernis bestand darin, dass vor 1914 innerhalb des Spektrums der österreichischen sozialdemokratischen Bewegung keine ausgeprägte Linksströmung vorhanden war. Im Gegensatz zu Russland, wo die Bolschewiki als eigenständige Partei seit 1903 bestanden und in jahrelangen, scharfen Auseinandersetzungen mit den verschiedensten antirevolutionären Richtungen, im harten Kampf gegen den Zarismus und im Feuer der Revolution von 1905 so reiche Erfahrungen gesammelt hatten, dass sie schließlich imstande waren, die kapitalistische Ordnung aus den Angeln zu heben, und im Unterschied zu Deutschland, wo sich bereits vor dem Ersten Weltkrieg ein marxistischer Flügel herausgebildet hatte, der in Karl Liebknecht, Rosa Luxemburg, Clara Zetkin, Franz Mehring und anderen noch dazu Persönlichkeiten besaß, die den Massen bekannt waren und hohes Ansehen genossen, existierte in Österreich etwas Vergleichbares nicht. Der Weg, den die Linksradikalen in den Jahren des Weltkriegs zurücklegen mussten, war daher mühsam und mit enormen Hindernissen verbunden.

Anfänge

Die einzige lokale Organisation der österreichischen Sozialdemokratie vor 1914, die mit einem gewissen Recht als Vorläuferin der linksradikalen Bewegung bezeichnet werden kann, wirkte in der nordböhmischen Stadt Reichenberg (Liberec). Der Führer der »Reichenberger Linken« war Karl Kreibich, später Mitbegründer und langjähriger hoher Funktionär der Kommunistischen Partei der Tschechoslowakei. Die »Reichenberger

Linke« hatte, begünstigt durch die geographische Nähe, Beziehungen zum linken Flügel der SPD, zu Karl Liebknecht und Rosa Luxemburg, unterhalten und Ende Juli 1914 in ihrem Organ *Vorwärts* einen energischen Protest gegen das Ultimatum Österreich-Ungarns an Serbien veröffentlicht. Aufgrund dieses Artikels wurde der *Vorwärts*, in Deutschböhmen das einzige sozialdemokratische Tagblatt, am 28. Juli 1914 behördlich verboten.[67] Die »Reichenberger Linke« war für die Bewegung in Österreich insofern von Bedeutung, als zwei ihrer Anhänger, das Ehepaar Josef und Isa Strasser, während des Krieges nach Wien übersiedelten, dem Verein »Karl Marx« beitraten und den Linksradikalen nahe standen. Josef Strasser, dessen Schriften zur Nationalitätenfrage von Lenin hoch eingeschätzt wurden,[68] vollzog allerdings erst Anfang 1919 den Bruch mit der Sozialdemokratie, als er der KPÖ beitrat.[69]

Der eigentliche Ausgangspunkt der Gruppe der Linksradikalen war die sozialdemokratische Jugendorganisation, insbesondere die Wiener Ortsgruppen Leopoldstadt und Ottakring des *Verbands jugendlicher Arbeiter* (VJA). Einzelne Mitglieder der beiden Ortsgruppen begannen schon im September 1914 mit illegaler Propaganda. Sie gaben ein hektographiertes Flugblatt in Form eines Gedichts heraus: »Gegen die chauvinistische Hetze der Arbeiter-Zeitung«.[70] Auch die Erklärung von Karl Liebknecht, der am 2. Dezember 1914 im deutschen Reichstag als einziges Mitglied der SPD-Fraktion gegen die Kriegskredite gestimmt hatte, wurde als Flugblatt verbreitet.[71] In geheimen Zirkeln studierten opposi-

---

67 Joachim Böhm: Die österreichische Sozialdemokratie (DSAPÖ) im Ersten Weltkrieg. Dissertation Martin-Luther-Universität zu Halle Wittenberg 1964, S. 101.
68 Josef Strasser: Der Arbeiter und die Nation. Reichenberg 1912 (2. vermehrte Auflage). Lenin schrieb im Februar 1913 an Maxim Gorki: »Es gibt zwei gute sozialdemokratische Broschüren zur nationalen Frage: von Strasser und von Pannekoek.« Siehe: W. I. Lenin: Briefe, Bd. 3. November 1910–Juli 1914. Berlin 1967, S. 166.
69 Isa Strasser: Land ohne Schlaf. Wien, Frankfurt/M., Zürich 1970, S. 8f.
70 Herbert Steiner: Die arbeitende Jugend und ihre Organisation. Aus den Anfängen bis zur Gründung der 1. Republik. Manuskript, S. 79 (im Besitz des Verfassers).
71 Richard Schüller: Geschichte der kommunistischen Jugendinternationale, Bd. 1: Von den Anfängen der proletarischen Jugendbewegung bis zur Gründung der kommunistischen Jugendinternationale. Berlin 1931, S. 165.

tionelle Jugendliche die von der Gruppe »Internationale« in Deutschland (Karl Liebknecht, Rosa Luxemburg, Franz Mehring, Wilhelm Pieck u. a.) formulierten Leitsätze. Anhänger der linksradikalen Richtung waren in der Ortsgruppe Leopoldstadt Otto Pfeffer und Max Lazarowitsch, in Ottakring die beiden Bildungsbeiräte Anna Strömer und Franz Koritschoner, und in Favoriten Leopold Kulcsar, Berta Pölz, Wilhelm Weigant und Leo Rothziegel.[72] Die beiden führenden Persönlichkeiten dieses Kreises waren Koritschoner[73] und Rothziegel.[74]

Die linksradikale Bewegung war 1914/15 noch sehr klein und zur Gänze auf Wien beschränkt. Politisch gesehen repräsentierte sie den äußersten linken Flügel der Sozialdemokratischen Partei, ähnlich wie Karl

---

72 Wolfgang Neugebauer: Bauvolk der kommenden Welt. Geschichte der sozialistischen Jugendbewegung in Österreich. Wien 1975, S. 97.
73 Über ihn siehe: Herbert Steiner: Franz Koritschoner, in: Gerhard Botz u. a. (Hg.): Bewegung und Klasse. Studien zur österreichischen Arbeitergeschichte. Wien, München, Zürich 1978, S. 159–174. Franz Koritschoner wurde 1892 in wohlhabenden Verhältnissen in Wien (sein Großvater gehörte zu den Mitbegründern der Länderbank) geboren. Von Beruf Bankbeamter, leitete er vor 1914 die Länderbankfiliale am Nepomuk-Berger-Platz in Wien-Ottakring. Er kündigte nach dem Kriegsausbruch diese Stelle und wurde Berufsrevolutionär. Ab 1919 gehörte Koritschoner zu den führenden Funktionären der KPÖ. Von 1929 an war er im Apparat der Roten Gewerkschaftsinternationale (Profintern) in Moskau tätig. 1936 wurde er verhaftet und bis 1941 in verschiedenen Lagern gefangen gehalten. Am 7. April 1941 schoben die Behörden der UdSSR am Grenzübergang Brest-Litowsk Koritschoner gemeinsam mit 14 anderen Personen nach Deutschland ab. Die Gestapo brachte ihn als Sonderhäftling nach Wien in ihre Zentrale auf dem Morzinplatz, dann in das Polizeigefangenenhaus, später ins Landesgericht und zeitweise, aufgrund seines schlechten Gesundheitszustandes, in das Inquisitenspital. Am 3. Juni 1941 erfolgte seine Überstellung in das Konzentrationslager Auschwitz, wo man ihn am 9. Juni 1941 ermordete. Koritschoner wurde nach dem 20. Parteitag der KPdSU 1956 politisch rehabilitiert, juristisch durch Erkenntnis der Staatsanwaltschaft der UdSSR im Mai 1991. Siehe dazu: Barry McLoughlin/Hans Schafranek/Walter Szevera: Aufbruch – Hoffnung – Endstation. Österreicherinnen und Österreicher in der Sowjetunion 1925–1945. Wien 1997, S. 471–490.
74 Über ihn siehe: Hans Hautmann: Leo Rothziegel (1892–1919). Das Leben eines österreichischen Revolutionärs, in: *Weg und Ziel*, 36. Jg. (1978), Nr. 7–8, S. 287–290, Teil 2, Nr. 9, S. 333–336, Teil 3, Nr. 10, S. 377–379.

Liebknecht und seine Kampfgefährten in Deutschland. Sie erfüllte vorerst, ebenso wie die um Friedrich Adler gescharte »Linke«, die Funktion einer innerparteilichen Opposition und kritisierte den Sozialpatriotismus der Parteimehrheit, ohne aber selbst klare Vorstellungen von der einzuschlagenden Strategie und Taktik zur Erreichung ihrer Ziele zu haben. Der Prozess der Differenzierung vom zentristischen Gedankengut der »Linken« um Friedrich Adler, Robert Danneberg, Max Adler, Therese Schlesinger, Gabriele Proft u. a. hatte noch nicht eingesetzt, was der Umstand beweist, dass die Linksradikalen bis zum Sommer 1916 die von der Sozialdemokratie vertretene These der »national-kulturellen Autonomie« für die Völker des Habsburgerreiches teilten und sie erst nach einer scharfen Rüge Lenins fallen ließen.[75]

In einer anderen Frage waren aber unter dem Einfluss der Zimmerwalder Konferenz (September 1915) bereits Ansätze zu einer Trennung vom Zentrismus zu erkennen. Im Unterschied zu den »Linken« begannen die Linksradikalen als erste und einzige sozialistische Gruppierung *illegale* Formen des politischen Wirkens in die Praxis umzusetzen. Im Winter 1915/16 gründete sich ein geheimes »Aktionskomitee der Linksradikalen«, dem Franz Koritschoner, Anna Strömer, Max Lazarowitsch, Karl Maurer sowie die beiden russischen Emigranten Leo Pjatigorski und Matthäus Kasarnowski angehörten.[76] Als Friedrich Adler im März 1916 den Bildungsverein »Karl Marx« als Organisationszentrum der Parteilinken reaktivierte, trat ihm das »Aktionskomitee« bei und verband auf diese Weise legale mit illegaler Arbeit. In kurzer Zeit gelang es, die Zahl linksradikaler Anhänger im Verein »Karl Marx« von zehn auf 22 Personen zu erhöhen.[77]

---

75 Franz K. [Koritschoner]: Lenin und Österreich, in: *Die Rote Fahne*, 21. 1. 1925, S. 18.
76 Hans Hautmann: Die Anfänge der linksradikalen Bewegung und der Kommunistischen Partei Deutschösterreichs 1916–1919. Wien 1970 (Veröffentlichungen der Arbeitsgemeinschaft für Geschichte der Arbeiterbewegung in Österreich, Bd. 7), S. 5.
77 Böhm: Sozialdemokratie, S. 119.

Verbindung zu Lenin

Einen starken Impuls für die Entwicklung der Linksradikalen gab die Konferenz von Kienthal im April 1916. Das »Aktionskomitee« entsandte Franz Koritschoner als Delegierten in die Schweiz, wo er mit Lenin Kontakt aufnahm. Karl Radek vermittelte in Kienthal Koritschoner die Fühlungnahme zur Gruppe der Bremer Linksradikalen unter Johann Knief. Von dort bekam die Opposition in Österreich in der Folgezeit die Bremer *Arbeiterpolitik* zugesandt, die Ende 1916 von immerhin schon 220 Abonnenten bezogen wurde.[78]

Die Verbindung von Koritschoner mit Lenin blieb auch nach Kienthal aufrecht. Schon im Jänner 1916 hatte das Organ der Zimmerwalder Linken, der *Vorbote*, den Artikel Koritschoners »Opportunistische und radikale Tendenzen in der Sozialdemokratie Österreichs« veröffentlicht.[79] Im Sommer 1916 verfasste Koritschoner über Ersuchen Lenins den Artikel »Aus dem Leben der österreichischen Sozialdemokratie«, der in der Zeitschrift *Sbornik Sozialdemokrata* in Genf erschien und von Lenin als »sehr gut und kurz« gelobt wurde.[80] Am 14. Oktober 1916 schrieb Lenin in einem Brief an Bucharin über Franz Koritschoner: »Sehr gefreut habe ich mich auch über die Bekanntschaft mit Franz: mit ihm ist offensichtlich im Sinne bolschewistischer Propaganda ernsthaft gearbeitet worden; hier haben Sie wahrscheinlich ein großes Verdienst. Dieser Mensch bemüht sich, in die Sache einzudringen, und erweckt große Hoffnungen.«[81]

Im Verein »Karl Marx«

Das Hauptfeld der Tätigkeit der Linksradikalen im Jahr 1916 war der Bildungsverein »Karl Marx«. Hier suchten sie Friedrich Adler und seine Anhänger, die sich nicht entschließen konnten, über den Rahmen des Vereins hinaus einen ernsthaften, organisierten Kampf gegen die rechte

---

78 Steiner: Franz Koritschoner, S. 166.
79 Ebd., S. 159.
80 W. I. Lenin: Briefe, Bd. 4: August 1914 – Oktober 1917. Berlin 1967, S. 288.
81 Ebd., S. 306f.

Parteimehrheit zu führen, zu illegalen Formen der Agitation zu bewegen. Im September 1916 brachte Franz Koritschoner Vorschläge über die Plattform einer anzustrebenden Vereinigung aller oppositionellen Sozialdemokraten Wiens und Wiener Neustadts ein.[82] Danach sollten *legale* Zirkel zur Verbreitung theoretischen Wissens unter den Arbeitern geschaffen, erlaubte oppositionelle Literatur verbreitet und eine eigene Zeitschrift gegründet werden; *illegal* sollten Flugblätter und Broschüren herausgegeben und die Manifeste der Zimmerwalder und Kienthaler Konferenz verbreitet werden; die Mitglieder sollten verpflichtet sein, gegen die Politik des Parteivorstandes in allen Partei- und Gewerkschaftsorganisationen aufzutreten und an allen Massenbewegungen teilzunehmen, um ihre Ausbreitung zu fördern und sie für einen zielstrebigen Klassenkampf auszunutzen.[83]

Für die 3. Reichskonferenz der Sozialdemokratie im November 1916 hatten die Linksradikalen einen Vierpunkteantrag mit folgendem Inhalt vorbereitet: 1. Verweigerung der Kriegskredite; 2. Ablehnung jeder Arbeitsgemeinschaft mit den bürgerlichen Parteien und jeglichen »ministeriellen Experimenten«; 3. Eintritt in alle Volksbewegungen, um sie für den Kampf des Proletariats nutzbar zu machen, und Benützung des Krieges zur Aufrüttelung der proletarischen Massen zum Sturz des kapitalistischen Systems; 4. Abbruch aller Beziehungen zu den sozialpatriotischen Parteien der ehemaligen II. Internationale und Beitritt zu dem in Zimmerwald gebildeten Internationalen Büro der Linken.[84] Diese Pläne und Vorschläge der Linksradikalen wurden durch das Attentat Friedrich Adlers und den Abbruch der Beziehungen, der von den Zentristen ausging, hinfällig.

Der zweite Boden der Linksradikalen war der *Verband jugendlicher Arbeiter*. Hier wirkte für ihre politische Tätigkeit begünstigend, dass das zu Beginn des Krieges in die Schweiz verlegte Büro der sozialistischen

---

[82] Leopold Hornik: Die Zimmerwalder Linke und die Linksradikalen in Österreich (Ein Beitrag zur Geschichte der österreichischen Arbeiterbewegung im Ersten Weltkrieg), in: Weg und Ziel, 13. Jg. (1955), Nr. 9, S. 655–668, hier S. 660.
[83] Hautmann: Die verlorene Räterepublik, S. 228f.
[84] DÖW 4351, Johann Sündermann: Lebenserinnerungen, o. D., S. 113.

Jugendinternationale unter Leitung Willi Münzenbergs einen überaus aktiven Kampf gegen die rechten Mehrheitsparteien führte. Das internationale Sekretariat in Zürich sandte an die oppositionellen Gruppen aller sozialdemokratischen Parteien eine Flut illegaler Flugblätter, Aufrufe und Broschüren sowie ihre Zeitschrift *Jugend-Internationale*, zu deren Mitarbeitern auch Lenin und Karl Liebknecht gehörten.[85]

Die Linksradikalen und das Attentat Friedrich Adlers

Der Wendepunkt für die linksradikale Bewegung kam Ende 1916 im Gefolge des Attentats Friedrich Adlers auf Ministerpräsident Graf Stürgkh. Franz Koritschoner berichtete später, dass sich die Linksradikalen aus Empörung über die offizielle Stellungnahme des Parteivorstands mit Friedrich Adlers Aktion anfänglich voll und ganz solidarisierten.[86] Erst ein Brief, den Lenin am 25. Oktober 1916 an Franz Koritschoner sandte, brachte Klärung. Darin charakterisierte der Führer der russischen Bolschewiki trotz Fehlens näherer Informationen zutreffend Adlers Motive für die Tat und gab den Linksradikalen wichtige Ratschläge für ihre künftige Arbeit. Lenin nannte das Attentat die »Verzweiflungstat eines Kautskyaners«, der »sich nicht mit der Idee der Spaltung versöhnen« konnte und »die schwere Arbeit der Tätigkeit gegen die Partei« nicht auf sich nehmen wollte: »Wir aber, die Revolutionäre, wir dürfen nicht verzweifeln. Wir fürchten nicht die Spaltung. Im Gegenteil: wir erkennen die Notwendigkeit der Spaltung, wir erklären den Massen, warum Spaltung kommen muss und soll, wir rufen zur Arbeit gegen die alte Partei: zum revolutionären Massenkampf.«[87]

Zur Frage des individuellen Terrors aus marxistischer Sicht schrieb Lenin: »Was die politische Beurteilung der Tat betrifft, so bleiben wir natürlich bei unserer alten, durch jahrzehntelange Erfahrungen bestätigten Überzeugung, dass individuelle terroristische Attentate *un-*

---

85 Neugebauer: Bauvolk, S. 109f.
86 Franz Koritschoner: Zur Geschichte der Kommunistischen Partei Österreichs, in: *Die Rote Fahne*, 4.11.1928, S. 5.
87 W. I. Lenin: Briefe, Bd. 4, S. 310f.

zweckmäßige Mittel des politischen Kampfes sind. ›Killing is no murder‹, schrieb unsere alte ›Iskra‹ über Attentate, wir sind *gar nicht gegen* politischen Mord[88] (es ist einfach niederträchtig, was die Opportunisten, *Vorwärts*[89] und Wiener *Arbeiter-Zeitung* in diesem Sinne Lakaienhaftes schreiben), aber als revolutionäre Taktik sind individuelle Attentate unzweckmäßig und schädlich. Nur Massenbewegung kann als wirklicher politischer Kampf angesehen werden [...]. Es wäre sehr gut, wenn sich irgendeine linke Gruppe findet, die ein Flugblatt in Wien publiziert und darin den Arbeitern ihre Ansicht mitteilt: in schärfster Weise das Lakaientum der Wiener *Arbeiter-Zeitung* und des *Vorwärts* geißelt, Adlers Tat moralisch rechtfertigt (›killing is no murder‹), aber als *Lehre* für die Arbeiter sagt: kein Terrorismus, aber systematische, aufopfernde Arbeit der revolutionären Propaganda und Agitation, Demonstrationen usw. usw. *gegen* die lakaienhafte opportunistische Partei, *gegen* die Imperialisten, *gegen* die eigenen Regierungen, *gegen* den Krieg – das ist nötig.«[90]

Die kaiserliche Regierung nahm das Attentat Friedrich Adlers zum Anlass, den Bildungsverein »Karl Marx« aufzulösen und Hausdurchsuchungen bei seinen Mitgliedern durchzuführen. Versuche der Linksradikalen, gemeinsam mit den übrig gebliebenen sozialdemokratischen Linken ein neues legales Zentrum zu schaffen, stießen auf Ablehnung. Das beschleunigte den Prozess der Emanzipation von der Strömung des Zentrismus, denn die Linksradikalen mussten nun ihre Politik der Verbindung von legaler mit illegaler Arbeit in eigenen Organisationen fortsetzen.

Zu diesem Zweck reaktivierte man Ende 1916 den ehemaligen *Verein sozialistischer Handelsakademiker* als legalen wissenschaftlichen Verein

---

88   Wer über diese Worte Lenins entsetzt ist, der sei an das Attentat auf Reinhard Heydrich erinnert. Wem würde es einfallen, ein solches »Killing« prinzipiell zu verwerfen und sich darüber moralisch zu entrüsten? Die These von der Berechtigung des Tyrannenmordes gibt es seit zweitausendfünfhundert Jahren.

89   Der *Vorwärts* war seit 1891 das Zentralorgan der Sozialdemokratischen Partei Deutschlands und im Ersten Weltkrieg Sprachrohr der sozialchauvinistischen Durchhalte- und Burgfriedenspolitik des Parteivorstandes unter Friedrich Ebert.

90   W. I. Lenin: Briefe, Bd. 4, S. 309f. (Hervorhebungen im Original). Siehe dazu auch: Leopold Hornik: Lenin und das Attentat Friedrich Adlers, in: *Weg und Ziel*, 28. Jg. (1970), Sondernummer zum 100. Geburtstag Lenins, S. 22–25.

»Bildung«.[91] Im Dezember 1916 gründete sich ein »Aktionskomitee der linksradikalen Arbeiterjugend«, das seinen legal getarnten Sitz im Vereinslokal der *Freien Vereinigung sozialistischer Studenten* in Wien-Neubau hatte.[92] Ebenfalls Ende 1916 gelang es den Linksradikalen, ihre erste Demonstration zu initiieren. Favoritner Arbeiterfrauen zogen vor das Wiener Rathaus und forderten Frieden und Brot. Diese Demonstration wurde von der bürgerlichen Presse in eine »Huldigungskundgebung« für den christlichsozialen Bürgermeister Weiskirchner umgefälscht.[93]

Die Wende und ihre Folgen

Die innere Krise des Habsburgerreiches, die die Regierung und die Sozialdemokratie zu einer Änderung ihres Kurses zwang, ermutigte die Linksradikalen zu entschiedenerem Auftreten. Erstmals musste die Sozialdemokratische Partei mit einer gewissen Beunruhigung das Vorhandensein revolutionärer Tendenzen unter ihren Mitgliedern registrieren. Am 3. Jänner 1917 kam es bei einer Friedensversammlung in Hernals zu einem Zwischenfall, als Franz Koritschoner mit zwölf jungen Anhängern die Ausführungen des Parteireferenten Karl Volkert durch Zwischenrufe unterbrach und in einer Wortmeldung die Haltung des Parteivorstandes scharf kritisierte. Volkert erregte das so sehr, dass er die Fassung verlor und zu schreien begann; einige seiner Genossen trugen den »unreifen Zimmerwaldern« Ohrfeigen an.[94] Auch die *Arbeiter-Zeitung* reagierte sichtlich nervös, als sie in ihrem Bericht von der Versammlung Koritschoner als Störenfried namentlich nannte.[95] Als die Polizei den Führer der Linksradikalen dem k. k. Militäranwalt anzeigte und gegen ihn die Untersuchung nach § 327 Militärstrafgesetz (»Handlung gegen die Kriegsmacht des Staates«) eingeleitet wurde, behaupteten die Kommunisten später, dass dies aufgrund der Denunziation in der *Arbeiter-Zeitung* er-

---

91 Hornik: Zimmerwalder Linke, S. 662.
92 Steiner: Die arbeitende Jugend, S. 79f.
93 Hornik: Zimmerwalder Linke, S. 660.
94 Neck (Hg.): Arbeiterschaft und Staat, Bd. 1, S. 201.
95 *Arbeiter-Zeitung*, 6.1.1917, S. 8.

folgt wäre. Aus den Akten ist jedoch ersichtlich, dass bereits unmittelbar nach Schluss der Versammlung der beobachtende Polizeibeamte den Namen des Zwischenrufers in Erfahrung bringen konnte.[96] Koritschoner gelang es beim Verhör, den Vorwurf »aufrührerischen« Wirkens zu zerstreuen und einer Militärgerichtsverhandlung zu entgehen.[97]

Die Linksradikalen konnten also Ende 1916 auf dem Weg der Herausbildung einer politisch eigenständigen Organisation, die den Sozialpatriotismus und Zentrismus gleichermaßen bekämpfte, erste Erfolge erzielen. Der nächste notwendige Schritt, die Aufnahme von Verbindungen zur Arbeiterschaft in den Betrieben, sollte aber erst 1917 gelingen.

Revolutionärer Aufschwung

Die durch den Hungerwinter 1916/17 hervorgerufene Streikwelle der ArbeiterInnen und die Nachricht von der russischen Revolution des März 1917 gaben den Linksradikalen weiteren Auftrieb. Am schnellsten wuchsen die revolutionären Tendenzen in den Wiener Ortsgruppen des *Verbands jugendlicher Arbeiter* (VJA), wo es der linksradikalen Richtung im Frühjahr 1917 sogar gelang, vorübergehend die Mehrheit zu erobern. Auf der Wiener Kreiskonferenz des VJA am 22. April 1917 wurde mit fast Zweidrittelmehrheit (76:38) eine von den Linksradikalen eingebrachte Resolution angenommen, in der »denjenigen Genossen, die den Krieg moralisch stützen, die mit den Feinden des Proletariats Burgfrieden geschlossen haben«,[98] der Kampf angesagt wurde. Auch bei der Neuwahl des Wiener Kreisausschusses des VJA erreichten die Linksradikalen mit acht Vertretern eine knappe Majorität.[99]

Der parteitreue gesamtösterreichische Verbandsvorstand unter Karl Honay trat sofort gegen diese gefährliche Entwicklung auf und lehnte es

---

96 Neck (Hg.): Arbeiterschaft und Staat, Bd. 1, S. 201.
97 Neck (Hg.): Arbeiterschaft und Staat, Bd. 2, S. 73f. Bei politischen Delikten unterstanden seit Kriegsausbruch 1914 auch alle Zivilpersonen im Hinterland der österreichischen Reichshälfte der Militärgerichtsbarkeit.
98 Karl Heinz: Kampf und Aufstieg. Die Geschichte der sozialistischen Jugendbewegung Österreichs. Wien 1932, S. 116.
99 Neugebauer: Bauvolk, S. 100.

ab, die Beschlüsse der Wiener Kreiskonferenz den anderen Organisationen zur Kenntnis zu bringen. Nach einigen administrativen Winkelzügen konnten diese Kräfte am 5. August 1917 bei einer erneuten Wiener Kreiskonferenz für ihre Linie eine Mehrheit von einer Stimme erzielen. Damit war der Wiener VJA wieder in der Hand der Partei; die acht linksradikalen Vertreter der Wiener Leitung mussten zurücktreten, wobei sie ankündigten, dass sie »unter Ablehnung aller Kompromissvorschläge den Kampf gegen den Verbandsvorstand *in den Gruppen selbst*« aufnehmen würden.[100]

Daraufhin erfolgten disziplinarische Sanktionen. Im Oktober 1917 wurde Franz Koritschoner aus seiner Funktion als Bildungsbeirat der Ortsgruppe Ottakring nach einer Kampfabstimmung entfernt; die Ortsgruppe Leopoldstadt unter Otto Pfeffer erklärte Honay für ausgeschlossen; die Ortsgruppe Favoriten trat aus Protest gegen diese Maßnahmen von selbst aus dem VJA aus.[101] Die ausgeschlossenen linksradikalen Jugendgruppen setzten ihre Tätigkeit fort und gründeten Anfang Dezember 1917 den »Verein der arbeitenden Jugend Wiens«, der legal über die Vereine »Bildung« und die »Freie Vereinigung sozialistischer Studenten« wirkte.[102]

Die verstärkte Aktivität der Linksradikalen im Frühjahr 1917 fand auch außerhalb der Parteiorganisationen ihren Niederschlag. Anlässlich des Prozesses gegen Friedrich Adler demonstrierten vor dem Gerichtsgebäude 200 ihrer Anhänger; im Verhandlungssaal riefen nach der Urteilsverkündung linksradikale Jugendliche »Hoch Adler!« und »Hoch die Revolution!« Die Polizei nahm vier Personen fest.[103] In einem Flugblatt, das nach Beendigung des Prozesses in Wien verbreitet wurde, richteten die Linksradikalen an die ArbeiterInnen den Appell, für die Befreiung Friedrich Adlers einzutreten und »seinen Kampf gegen den Verrat der Parteimehrheit« fortzusetzen.[104] Ende Mai 1917 schalteten sich die Linksradikalen in die großen Wiener Metallarbeiterstreiks ein und

---

100 Arbeiterjugend und Klassenkampf. Von einem linksradikalen Jugendgenossen, in: Der Kampf, 11. Jg. (1918), Nr. 8, S. 575–589, hier S. 587 (Hervorhebung H. H.).
101 Neugebauer: Bauvolk, S. 102.
102 Hornik: Zimmerwalder Linke, S. 665.
103 Neck (Hg.): Arbeiterschaft und Staat, Bd. 1, S. 316.
104 Hautmann: Geschichte der Rätebewegung, S. 145.

verteilten vor dem Arsenal Flugblätter. Darin riefen sie die Streikenden auf, den sofortigen Beginn von Friedensverhandlungen zu fordern. An einer Stelle hieß es: »Lernet Russisch, lernet von Petersburg!«

Die Konferenz von St. Egyden

Eine qualitativ neue Stufe ihrer Entwicklung erreichte die linksradikale Bewegung im Sommer 1917. Es gelang ihr, in Großbetrieben, vor allem in den Rüstungs- und Munitionsfabriken des Wiener Beckens, Fuß zu fassen. Einige Vertrauensmänner der Arbeiter, die mit der Politik der Sozialdemokratie unzufrieden waren, nahmen von sich aus Kontakt zu den Linksradikalen auf (z. B. Eduard Schönfeld). Insbesondere ein Ereignis jener Sommermonate war es, das das Wiener-Neustädter Industriegebiet in der Folgezeit zu einem starken Zentrum der Linksradikalen machte: das Explosionsunglück in den Munitionsmagazinen in Großmittel-Blumau im Steinfeld am 17. Juni 1917, bei dem viele Arbeiterinnen und Arbeiter ums Leben kamen und dessen nähere Umstände von den Militärbehörden vertuscht wurden. Als kurz danach in Wöllersdorf ein Streik der Elektriker des Werkes ausbrach, wurde erstmals ein Vertreter der Linksradikalen dem Streikkomitee beigezogen. Der Ausstand endete mit einem vollen Erfolg der Arbeiter.[105]

Um den geänderten Verhältnissen Rechnung zu tragen und die erfolgversprechenden, aber vorerst noch sporadischen Verbindungen zur Industriearbeiterschaft auf eine feste Grundlage zu stellen, berief das Aktionskomitee der Linksradikalen eine geheime Konferenz ihrer Anhänger ein. Sie fand am 9. September 1917 in St. Egyden im Föhrenwald statt, einer kleinen Station der Südbahn im Steinfeld zwischen Wiener Neustadt und Neunkirchen. Es erschienen 35 Delegierte, darunter die Arbeiter Urbanek, Buchleitner und Wandera aus den Daimler-Motorenwerken in Wiener Neustadt, Zehnder, Tschocher und Richter aus den Schoeller-Werken in Ternitz, Wedam als Vertreter der Wöllersdorfer Munitionsfabrik sowie aus Wien Delegierte der Flugzeugfabrik Warchalowski in Ottakring, von Goerz aus Favoriten und von der Glühlampen-

---

105 Hornik: Zimmerwalder Linke, S. 664.

fabrik Kremenezky aus der Brigittenau.[106] Neben Franz Koritschoner, Anna Strömer und anderen waren die linksradikalen Jugendlichen und Studenten ebenfalls durch Delegierte vertreten. Zum Vorsitzenden der Konferenz wurde der Sekretär der Bezirkskrankenkasse von Wiener Neustadt und Umgebung, Eduard Schönfeld, ein energischer, bei den ArbeiterInnen bekannter und angesehener Funktionär, gewählt.

In St. Egyden bildeten sowohl die von Lenin konzipierte Resolution von Kienthal als auch die Plattform der Zimmerwalder Linken die Diskussionsgrundlage. Alle Teilnehmer stellten sich vorbehaltlos auf den Boden dieser Beschlüsse und verpflichteten sich, für sie unter der Arbeiterschaft zu wirken. Neben grundsätzlichen Fragen der allgemeinen Orientierung wurde auch die Lage im Wiener-Neustädter Gebiet besprochen und die Notwendigkeit der Verstärkung der Verbindungen mit den Betrieben hervorgehoben. Im Mittelpunkt der Konferenz stand die Erörterung der Möglichkeiten und Erfolgsaussichten eines politischen Generalstreiks. Es wurde beschlossen, dafür eine intensive Vorarbeit zu leisten und mit der systematischen Agitation für außerparlamentarische Massenaktionen einzusetzen. Zu diesem Zweck wurde die Bremer *Arbeiterpolitik* in den Industriebezirken Wiener Neustadt und Neunkirchen illegal verbreitet. Zuletzt wählte die Konferenz eine siebenköpfige Leitung.[107]

Die Kräftekonzentration von St. Egyden ermöglichte den Linksradikalen die Anknüpfung von Verbindungen zu einer Reihe weiterer Großbetriebe. Im Herbst 1917 traten Arbeitervertrauensmänner des Traisentals (Eisenwerk St. Aegyd, Feilenfabrik Hohenberg, Stahlgießerei Traisen, Firma Neumann in Marktl) dem Aktionskomitee bei. Auch im Wiener Arsenal und in den Floridsdorfer Fiat-Werken schlossen sich Arbeiter den Linksradikalen an.[108]

Das Jahr 1917 mit seinem Einsetzen einer revolutionären Krise formte also die Linksradikalen, eine Gruppe, die bis dahin über die Schwelle

---

106 Ebd. Dazu auch: Anna Hornik: 40 Jahre Jännerstreik, in: *Weg und Ziel*, 16. Jg. (1958), Nr. 1, S. 46–51, hier S. 46. Anna Hornik, die Ehefrau von Leopold Hornik, ist die hier schon mehrfach genannte Anna Strömer.
107 Ebd.
108 Hornik: Zimmerwalder Linke, S. 665.

des internen Organisationsgefüges der Sozialdemokratischen Partei noch nicht hinausgekommen war, zu einer politisch autonomen Organisation um, welche die Sozialdemokratie nun auch schon von außen, als *selbständige* Kraft mit einem revolutionären Programm, bekämpfte.

Am Vorabend des Jännerstreiks

Die Nachricht vom Sieg der Oktoberrevolution in Russland gab der linksradikalen Bewegung den bis dahin mächtigsten Ansporn. Im November und Dezember 1917 traf sie Maßnahmen, deren Ziel die Verbreiterung der Anhängerbasis war. In Wien hatten schon seit einiger Zeit kleine linke Splittergruppen existiert, die teilweise von den Linksradikalen unabhängig tätig gewesen waren. Die russische Oktoberrevolution bewirkte, dass die Meinungsverschiedenheiten, die es zwischen den Anhängern Koritschoners und den Führern dieser Splittergruppen gab, in den Hintergrund traten und damit der Weg für die Vereinigung in einer einzigen Organisation frei wurde.

Es waren drei Gruppen, die sich Ende 1917 den Linksradikalen anschlossen: die Syndikalisten unter Leo Rothziegel, die Gruppe um Arnold Baral, die zum Anarchismus tendiert hatte, und eine radikale Fraktion der jüdischen sozialistischen Arbeiterpartei *Poale Zion* unter Michael Kohn-Eber.[109] Weiteren Zuwachs erhielten die Linksradikalen durch oppositionelle Mitglieder der sozialdemokratischen Mittelschülerorganisation, die in das illegale Kommunikationssystem eingegliedert wurden und aus Tarngründen die Verteilung von Flugblättern sowie Kurierdienste übertragen bekamen. Zu ihnen zählten Richard Schüller, Paul Lazarsfeld, Ernst Papanek, Leopold Grünwald und Ludwig Wagner.[110]

Die hervorragendste Persönlichkeit dieser Splittergruppen war Leo Rothziegel, ein 1892 in Wien geborener Schriftsetzer. Rothziegel hatte schon seit Kriegsbeginn Kontakt zu den Linksradikalen gehabt und in Versammlungen des Vereins »Karl Marx« sowie in der Ortsgruppe Favoriten der VJA im Sinne der Bekämpfung des Burgfriedens gewirkt. Im

---

109 Hautmann: Die verlorene Räterepublik, S. 39f.
110 Ebd., S. 65.

Mai 1917 war es Rothziegel gewesen, der die Flugblätter der Linksradikalen anlässlich des Adler-Prozesses und des Metallarbeiterstreiks hergestellt hatte. Da er in der Hilfsdienstkompanie des Infanterieregiments Nr. 49 in Wien eingerückt war, machte er wegen seiner revolutionären Aktivitäten mehrmals mit dem Garnisonsarrest Bekanntschaft. Im Dezember 1917 freigelassen, beschloss Rothziegel, in den Untergrund zu gehen. Er beschaffte sich falsche Papiere, desertierte von seiner Einheit und widmete sich ganz den Vorbereitungen der Linksradikalen für die geplante große Streikaktion.[111]

Am 30. Dezember 1917 schließlich bildeten die nun vereinten revolutionären Gruppen ein illegales Komitee, das sich »Arbeiterrat« nannte und das von Koritschoner und Rothziegel geleitet wurde.[112] Rothziegel, der als Soldat Kontakte zu radikal gesinnten Militärangehörigen geknüpft hatte, gelang es, den Zugsführer Johannes Wertheim, den Korporal Haller, den Leutnant Fränkel und den Oberleutnant Egon Erwin Kisch beizuziehen. Das illegale Komitee erweiterte sich so zu einem »Arbeiter- und Soldatenrat«. Egon Erwin Kisch, der seit 1917 zum Kriegspressequartier in Wien abkommandiert war, beschrieb in einem Manuskript aus dem Nachlass, das 1985 veröffentlicht wurde, wie er sich an den Aktivitäten des »Arbeiter- und Soldatenrats« beteiligte und im Untergrund politische Arbeit leistete.[113] Franz Koritschoner äußerte sich über die Tätigkeit des »Arbeiter- und Soldatenrats«: »In allen Werkstätten begann unsere Agitation für den Massenstreik, in allen Kasernen unsere Werbearbeit. Schaffung von Arbeiterräten, Entsendung von Arbeiterräten als Friedenskommission, sofortiger Frieden mit Sowjetrussland, Waffenstillstand an allen Fronten, das waren die Forderungen, welche wir erhoben.«[114]

Anna Strömer-Hornik berichtet, dass sich die im »Arbeiter- und Soldatenrat« vereinten Gruppen entschlossen hatten, Ende Jänner 1918

111 Hautmann: Leo Rothziegel, S. 289.
112 Der Jännerstreik 1918, in: *Die Rote Fahne*, 15.1.1928, S. 5.
113 Egon Erwin Kisch: Kriegspropaganda und ihr Widerspiel, in: ders.: Läuse auf dem Markt. Vermischte Prosa. Berlin, Weimar 1985 (Gesammelte Werke in Einzelausgaben, Bd. 10), S. 38–60.
114 Franz Koritschoner: Der Jännerstreik und seine Vorgeschichte, in: *Theorie und Praxis* (Zeitschrift des VSStÖ), Nr. 2/3, Wien 1970, S. 10 (Nachdruck).

den großen Streik in ihren Hochburgen Wiener Neustadt, Neunkirchen und Ternitz auszulösen.[115] Der vorgesehene Termin wurde aber durch die sich überstürzenden Ereignisse in den ersten Tagen des Jahres 1918 hinfällig. Die dramatische Zuspitzung der Brester Friedensverhandlungen und die umherschwirrenden Gerüchte von einer bevorstehenden Kürzung der Mehlration, die am 10. Jänner 1918 in einer Meldung der *Arbeiter-Zeitung* ihre helle Empörung auslösende Bestätigung fanden, veranlasste die linksradikalen Arbeitervertrauensmänner von Wiener Neustadt und Ternitz, sich für einen früheren Streikbeginn bereit zu halten.[116] Die Leitung des »Arbeiter- und Soldatenrats« in Wien beschloss, sofort ein Flugblatt herauszugeben, das die Vereinheitlichung des zu erwartenden Streikausbruchs ermöglichen sollte. Es wurde von Franz Koritschoner und Leo Rothziegel verfasst. Rothziegel stellte es selbst in einer kleinen Druckerei in Wien-Leopoldstadt in den Nachtstunden her, wo ihm der ahnungslose Besitzer für ein Entgelt von 150 Kronen seine Maschinen überlassen hatte.[117] In der Nacht vom 12. zum 13. Jänner 1918 fand die Polizei den Aufruf »Arbeitendes Volk!«, inhaltlich ein Musterbeispiel eines revolutionären Flugblatts, in mehreren Wiener Bezirken an Hausmauern und Geschäftsläden aufgeklebt.[118] In den Tagen danach verbreitete man es auch in den niederösterreichischen Industriegebieten. Sein aufrüttelnder Effekt war groß, und die revolutionäre Massenaktion des Jännerstreiks wurde Wirklichkeit.

Fazit

Die Geschichte der linksradikalen Bewegung in Österreich ist ein Beispiel dafür, dass es auch kleinen Gruppen gelingen kann, eine Massenwirksamkeit zu entfalten. Nicht die Zahl ihrer Anhänger war ausschlaggebend,

---

115 Hornik: 40 Jahre Jännerstreik, S. 46.
116 Der Januaraufstand der österreichischen Arbeiterschaft und der Verrat der sozialpatriotischen Führer. Zürich 1918, S. 8.
117 NÖLA, Präs., P.–VII, Zl. 1498/1918, Rothziegel Leo, Pöck Max und Mathilde, Hochverrat.
118 Neck: Arbeiterschaft und Staat, Bd. 2, S. 192f.

sondern die Konsequenz, mit der die Linksradikalen schon zu einer Zeit, als das Aufbrechen von Klassenkämpfen noch ein unerreichbar fernes Ziel schien, im Sinne der praktischen Umsetzung der Prinzipien des revolutionären Marxismus wirkten.

Gewiss waren für die Radikalisierung der österreichischen Arbeiterklasse seit Frühjahr 1917 in erster Linie ökonomische und soziale Ursachen verantwortlich. Politische und emotionelle Motive wie Enttäuschung über die Haltung der Partei- und Gewerkschaftsführung sowie Begeisterung für das revolutionäre Russland waren unter der Masse der IndustriearbeiterInnen ebenfalls tief verwurzelt, sie fanden aber in Form zielklarer revolutionärer Schlussfolgerungen nur bei einer Minderheit, nur im klassenbewusstesten Teil des österreichischen Proletariats, Eingang. Das ermöglicht zu haben, war allerdings *ausschließlich* das Verdienst der Linksradikalen und Ergebnis ihres Loslösungsprozesses vom reformistischen und zentristischen Ideengut. Ohne ihre unermüdliche Propaganda wäre es sicherlich nicht zur Umwandlung des am 14. Jänner 1918 in Wiener Neustadt ausgebrochenen Ausstands in einen so lawinenartig anschwellenden Massenstreik mit ausgeprägt politischem Charakter gekommen.

Zugleich zeigte aber die große Aktion des Jänner 1918, dass die Linksradikalen zwar stark genug waren, um über ihre Verbindungsleute in den Betrieben bei der Auslösung des Streiks eine entscheidende Rolle zu spielen, sie aber zahlenmäßig zu schwach und politisch zu wenig geschult und erfahren waren, um den Jännerausstand zu leiten und zum Sieg – der in der damaligen konkreten Situation nur durch den Sturz der Regierung, durch die Überzeugung der Masse der Arbeiterklasse von der Notwendigkeit einer revolutionären Umwälzung zu erreichen war – führen zu können. Einerlei, eines steht nach den Erfahrungen des Wirkens der Linksradikalen fest: Die kommunistische Bewegung ist eine, die sich mit den *arbeitenden* Menschen verbindet und deren Interessen verficht, oder sie ist nichts.

Mit den Herrschenden »russisch« reden.
Die Auswirkungen der Oktoberrevolution auf Österreich

Der Preußenkönig Friedrich II. gab einmal bei einem Parademanöver seiner Truppen dem kommandierenden General, als der die bewundernswerte Exaktheit der Bewegungen der Soldaten und das marionettenhafte Befolgen aller Befehle herausstrich, zur Antwort: »Nicht dies, sondern dass die Kerle uns nicht totschießen, ist das Merkwürdigste.« Das Rätsel ist also nicht, warum Revolutionen ausbrechen, sondern warum Menschen generationenlang die Zustände ertragen, gegen die sie schließlich aufstehen.

Die Revolution, die am 7. November 1917 in Russland siegte, war eine sozialistische Revolution. Ihre Ursachen sind nicht erklärbar, wenn man sich nicht vor Augen hält, was vorher geschah und wogegen sie sich wandte. Die imperialistischen Bourgeoisien der Großmächte, für die es – wie Karl Kraus es einmal ausdrückte – »zuzeiten notwendig ist, Absatzgebiete in Schlachtfelder zu verwandeln, damit aus diesen wieder Absatzgebiete werden«, hatten im August 1914 die Menschheit in eine noch nie dagewesene Katastrophe gestürzt. Es war ein Krieg im Interesse der nach Expansion gierenden ökonomischen Eliten gegen die Interessen der Volksmassen, in dem der dem Imperialismus inhärente Drang nach Gewalt, seine Brutalität und Menschenverachtung orgiastisch zum Ausbruch kam. Die Oktoberrevolution war der Versuch, diesen Zustand zu beenden, den Teufelskreis von Ausbeutung, Imperialismus und Krieg zu durchbrechen und die Grundlagen einer gesellschaftlichen Ordnung, die Derartiges hervorgebracht hatte, aus der Welt zu schaffen. Gerade dadurch blieb ihre Wirkung nicht auf Russland beschränkt, sondern strahlte über die Grenzen hinweg in andere Länder aus. Eines dieser Länder war Österreich, das besonders tief und nachhaltig von den Ereignissen in Russland beeinflusst wurde.

Februarrevolution

Bekanntlich hat Russland zwischen 1905 und 1917 nicht weniger als drei Revolutionen erlebt. Schon die erste Revolution des Jahres 1905 übte auf Österreich eine stärkere Wirkung aus als auf andere europäische Länder, weil die innere Lage im Zarenreich jener in der Habsburgermonarchie ähnelte. Beide waren Vielvölkerstaaten, in denen das herrschende »Staatsvolk« ökonomische wie politische Privilegien genoss und die nationalen Unabhängigkeitsbestrebungen der anderen Völkerschaften niederhielt. In beiden Ländern behaupteten sich hartnäckig überkommene feudale Strukturen, war der obrigkeitsstaatliche Charakter des Regimes besonders ausgeprägt. Der revolutionäre Funke aus Russland sprang daher auf einen Boden, der sich hier leichter entzündete als anderswo. Eine große Massenbewegung der ArbeiterInnenschaft, ausgelöst von der russischen Revolution, erzwang damals in Österreich die Einführung des allgemeinen Wahlrechts.

Größer und tiefgreifender war der Einfluss der zweiten russischen Revolution im Februar (März) 1917, die die zaristische Selbstherrschaft stürzte. Auch sie traf in Österreich erneut auf Bedingungen, die ihre revolutionierende Wirkung ermöglichten und besonders verstärkten. Der Erste Weltkrieg hatte alle Gegensätze, die im Habsburgerreich seit langem bestanden, extrem verschärft. Die Massen litten im dritten Kriegsjahr an katastrophalem Lebensmittelmangel, an der Teuerung und Desorganisation der Versorgung sowie an der Knebelung ihrer Rechte, die sich in der Beseitigung des Parlaments, der Unterstellung kriegswichtiger Betriebe unter militärisches Kommando und Ausdehnung der Militärgerichtsbarkeit auf alle politischen Delikte äußerte. Die nationalen und sozialen Spannungen spitzten sich im berüchtigten Hungerwinter 1916/17 immer mehr zu. Aus dem Krieg, in dem die herrschenden Klassen in Österreich die Möglichkeit gesehen hatten, einen Ausweg aus ihren wachsenden Schwierigkeiten zu finden und sozial- wie nationalrevolutionäre Bestrebungen ein für alle Mal zu unterdrücken, war für Österreich-Ungarn ein Kampf auf Leben und Tod geworden, in dem nicht nur der Thron der Habsburger und die Existenz des multinationalen Staates selbst schon auf dem Spiel standen, sondern darüber hinaus bereits der Bestand des Systems imperialistischer Herrschaft schlechthin.

In diese Situation platzte die Nachricht vom Sturz des Zaren und vom Sieg der bürgerlich-demokratischen Revolution in Russland, der die den Krieg bereits gründlich hassenden werktätigen Massen aufhorchen ließ. Zeigte ihnen das russische Beispiel doch, dass es auch unter den Bedingungen eines kriegsdiktatorischen Regimes möglich war, die Dynasten zu verjagen und demokratische Freiheiten zu erkämpfen, wenn man sich auf seine eigenen Kräfte besann. Es war daher nur folgerichtig, dass die seit Kriegsbeginn durch die verlogenen Losungen von der »Vaterlandsverteidigung« und vom »Burgfrieden« desorientierten österreichischen ArbeiterInnen in Bewegung kamen und im Gefolge der nun einsetzenden großen Streikaktionen ihr Selbstbewusstsein zurückgewannen. Die Parolen »Machen wir es so wie in Russland!« und »Wir müssen mit unseren Herrschenden auch ›russisch‹ reden!« wurden unter ihnen populär.

Die Bourgeoisie in der Defensive

Lehrreich ist, wie die herrschenden Schichten in Österreich auf die Zusammenballung der Widersprüche zu einer revolutionären Krise reagierten. Bis dahin hatte sich das Proletariat gegenüber der Bourgeoisie in einer äußerst ungünstigen Lage befunden. Das Kapital übte auf der ganzen Welt die Macht aus, in seinen Händen befanden sich die durch jahrhundertelange Traditionen geheiligten Instrumente zur Durchsetzung und Behauptung der Herrschaft. Das Proletariat hingegen war nicht nur eine ökonomisch ausgebeutete, sondern auch eine erniedrigte, materiell und geistig benachteiligte Klasse gewesen. Damit war es schon mit der russischen Februarrevolution des Jahres 1917 vorbei. Jetzt begann sich das Kräfteverhältnis zwischen den einander feindlich gegenüberstehenden Hauptklassen zugunsten des Proletariats zu verändern. Es ging zum Angriff über und drängte die Bourgeoisie in die Defensive.

Die kaiserliche Regierung sah sich somit im Frühjahr 1917 gezwungen, zu lavieren, die Linie des »harten« Kriegsabsolutismus zu verlassen, einen flexibleren Kurs einzuschlagen und den Massen eine Reihe von Zugeständnissen zu machen. Das österreichische Parlament wurde nach dreijähriger Zwangspause wieder einberufen und eine Amnestie für politische Häftlinge verkündet. Man gestand den ArbeiterInnen in den militarisierten Betrieben der Rüstungs- und Schwerindustrie die Bildung von »Beschwerdekommissionen« zu, gewährte Lohnerhöhungen und soziale Verbesserungen. Dazu zählten der Mieterschutz, das Verbot der Nachtarbeit im Bäckergewerbe, die Erhöhung der Krankengelder und Unterhaltsbeiträge u. a. m. In einzelnen Betrieben gründeten die ArbeiterInnen im Frühjahr 1917 spontan »Fabrikausschüsse« mit dem Ziel, eine gerechtere Verteilung der Lebensmittel zu erreichen. Das war der erste Versuch, nach dem Vorbild der russischen Sowjets den Rätegedanken – so wie ihn die ArbeiterInnen mangels genauer Information damals verstanden – auf österreichische Verhältnisse zu übertragen, auf einem Teilgebiet, dem der Lebensmittelversorgung, die unfähigen und durch Korruption schon zersetzten staatlichen Organe durch Organe der ArbeiterInnen zu ersetzen.

»Heraus mit dem Frieden!«

Am größten war jedoch die Wirkung der dritten russischen Revolution, der sozialistischen Oktoberrevolution. Denn sie zeigte, dass es der Arbeiterklasse möglich war, die Macht zu erobern. Sie erst hat den von den Volksmassen in allen kriegführenden Ländern so heißersehnten Friedensschluss in den Bereich des Realisierbaren gerückt. Und sie hat schließlich demonstriert, dass die Arbeiter- und Soldatenräte nicht nur Kampforgane zur Erringung vermehrter Mitspracherechte sein können, sondern auch Machtorgane, Träger einer proletarischen Staatsmacht.

Die Revolution der Bolschewiki hatte in Österreich die Sympathie der Werktätigen, weil sie die Losung »Frieden« auf ihren Fahnen trug, die in der damaligen Situation die weitaus stärkste Triebkraft für jede Massenbewegung war. Gleichzeitig spornte sie innerhalb der klassenbewussten ArbeiterInnenschaft den revolutionären, sozialistischen Kampfgeist enorm an. Das äußerte sich bereits auf der großen Friedenskundgebung der österreichischen Sozialdemokratie, die am 11. November 1917 im Wiener Konzerthaus und auf dem benachbarten Platz des Eislaufvereins stattfand. Die ArbeiterInnen zogen mit Transparenten zum Konzerthaus mit Aufschriften wie: »Gebt uns den Frieden wieder, sonst legen wir die Arbeit nieder«, »Wir wollen Frieden und Brot«, »Nieder mit den Kriegshetzern« und »Wir wollen den sozialistischen Verständigungsfrieden«. Die Versammlung selbst lief in erregter Atmosphäre ab. So oft die sozialdemokratischen Redner das Wort »russische Revolution« auch nur in den Mund nahmen, ertönten brausende Hochrufe, und sie wurden mit Beifall und Rufen wie »Revolution!«, »Wir kommen wieder!« und »Generalstreik!« überschüttet. Nach Schluss der Kundgebung zogen Gruppen von ArbeiterInnen durch die Innere Stadt und riefen »Nieder mit dem Krieg!«, »Nieder mit dem Militarismus!«, »Heraus mit dem demokratischen Frieden!« und »Hoch die russische Revolution!«

Jännerstreik

Die Begeisterung der österreichischen ArbeiterInnen über den Sieg ihrer russischen Klassengenossen, ihr wiedergewonnenes Selbstbewusstsein, ihre Mobilisierung und Aktivierung brachte neben den vorhandenen Widersprüchen ein neues gegensätzliches Moment aufs Tapet. Weil die sozialdemokratische Parteiführung auch nach der russischen Oktoberrevolution der kaiserlichen Regierung ihre Unterstützung lieh und damit außerstande war, die Hoffnung der ArbeiterInnen nach Ingangsetzung kraftvoller Antikriegsaktionen einzulösen, kam es zwischen ihr und den nun in Aufbruchsstimmung befindlichen ArbeiterInnenmassen zur Kollision. Die innere Krise in Österreich verschärfte sich rapide und ging Ende Dezember 1917 unter dem Eindruck der Friedensverhandlungen von Brest-Litowsk in eine akut revolutionäre Situation über. Da sich die Verhandlungen von Brest, die in der *Arbeiter-Zeitung* im Wortlaut nachzulesen waren und die von den österreichischen ArbeiterInnen mit höchster Spannung verfolgt wurden, durch die erpresserischen annexionistischen Aspirationen Deutschlands noch dazu unerwartet in die Länge zogen, stieg in Österreich die Unruhe von Tag zu Tag.

Am 14. Jänner 1918 kam es zur Explosion. In Wiener Neustadt legte die Belegschaft der Daimler-Motoren-Werke die Arbeit nieder. Binnen weniger Tage weitete sich der Streik auf ganz Österreich aus. Am Höhepunkt der Bewegung, am 19. Jänner, befanden sich in der Habsburgermonarchie

750.000 ArbeiterInnen im Ausstand (in Österreich einschließlich Krakau, Brünn, Mährisch-Ostrau und Triest 550.000, in Budapest und anderen ungarischen Städten 200.000). Der Jännerstreik war nicht nur die bedeutendste revolutionäre Streikaktion in der gesamten Geschichte der österreichischen ArbeiterInnenbewegung, nicht nur ein durch und durch politischer Streik, ein Streik für den Frieden, sondern darüber hinaus der Höhepunkt der sozialen und politischen Konfrontation zwischen den herrschenden Klassen und den Volksmassen in Österreich. Bis zum Ende des Ersten Weltkriegs war er neben der russischen Revolution die größte Erhebung der ArbeiterInnenschaft in ganz Europa.

Überall bildeten sich nach russischem Vorbild Arbeiterräte zur Führung des Ausstands. Im Jänner 1918 waren die objektiven Bedingungen für eine revolutionäre Veränderung herangereift, der kaiserliche Herrschaftsapparat, ja das gesamte Gesellschaftssystem standen am Rande des Abgrundes. In einem von Kaiser Karl an Außenminister Graf Czernin am 17. Jänner nach Brest-Litowsk gesandten Telegramm hieß es: »Ich muss nochmals eindringlichst versichern, dass das ganze Schicksal der Monarchie und der Dynastie von dem möglichst baldigen Friedensschluss in Brest-Litowsk abhängt […]. Kommt der Friede nicht zustande, so ist hier die Revolution, auch wenn noch so viel zu essen ist. Dies ist eine ernste Warnung in ernster Zeit.« Nur aufgrund der intensiven Bemühungen der sozialdemokratischen Parteispitze, gegen deren Willen der Ausstand ausgebrochen war und die den Kampf um die Staatsmacht nicht zu führen gewillt war, gelang es entgegen heftigen Protesten der Arbeiter, die grandiose Streikbewegung beizulegen und sie auf papierene Kompromissergebnisse zu begrenzen. Diese ernüchternde Erfahrung war für die revolutionären Kräfte der entscheidende Anstoß, mit dem Reformismus zu brechen und eine neue, eine kommunistische Partei zu gründen, die am 3. November 1918 ins Leben trat.

Auch in den Streitkräften Österreich-Ungarns fand die Oktoberrevolution tiefen Widerhall. Die Soldaten an der Ostfront weigerten sich weiterzukämpfen und verbrüderten sich mit ihren russischen Kameraden. Österreichische Kriegsgefangene in Russland erklärten sich bereit, die Sowjetmacht in ihrem Kampf gegen die innere und äußere Konterrevolution zu unterstützen und wurden Kommunisten. Zu ihnen zählten Persönlichkeiten wie Johann Koplenig, Gottlieb Fiala, Karl Tomann, Heinrich Brodnig, Gilbert Melcher, Gregor Kersche, Josef und Anna Grün, die nach ihrer Rückkehr nach Österreich in der KPÖ an führender Stelle tätig waren. Im Februar 1918 kam es zum Aufstand der Matrosen von Cattaro, deren Ziele von den Prinzipien der Oktoberrevolution (demokratischer Frieden ohne Annexionen und Kontributionen, Erklärung des Selbstbestimmungsrechts der Völker bis zum Recht auf Bildung eigener, unabhängiger Staaten) stark beeinflusst waren. Im Mai 1918 meuterten in mehreren Garnisonen Österreich-Ungarns Ersatztruppenkörper der kaiserlichen Armee, deren Träger, fast durchwegs aus Russland heimgekehrte Kriegsgefangene und – wie es in einer Kundmachung des Generalobersten Rhemen hieß – »von den bolschewikischen Ideen so besessen, dass sie den seiner Majestät geleisteten Treueid schmählich vergaßen«, standrechtlich erschossen wurden.

Revolutionäre Nachkriegskrise

Wenn man von den Auswirkungen der Oktoberrevolution auf Österreich spricht, so wäre es primitiv und falsch, sich darunter einen »Export der Revolution« in Form von »Zersetzungsarbeit« irgendwelcher AgitatorInnen vorzustellen. Der revolutionäre Aufschwung in Österreich in den Jahren 1917 und 1918 war das Ergebnis der Zuspitzung aller Widersprüche im Inneren unseres Landes, die unabhängig vom Wunsch oder Willen einzelner Personen, Parteien oder Klassen erfolgte. Die Wirkung der sozialistischen Oktoberrevolution bestand darin, dass sie die bereits vorhandene Krise in Österreich verstärkte und den Kampf der ArbeiterInnen auf eine neue, qualitativ höhere Stufe hob. Der Einfluss blieb daher nicht auf die Tage und Wochen nach dem 7. November 1917 beschränkt, sondern erstreckte sich über einen längeren Zeitraum, im Grunde genommen und unmittelbar ablesbar bis zum Ende der revolutionären Nachkriegskrise in Österreich im Herbst 1920. Ohne das russische Revolutionsbeispiel und die ebenso vom sozialrevolutionären Impetus getragenen Räterepubliken in Ungarn und München des Frühjahrs 1919, die wie Damoklesschwerter über den besitzenden Klassen schwebten und sie zu Zugeständnissen zwangen, wären die wesentlichen politischen und sozialen Errungenschaften der Umwälzung in Österreich (Ausrufung der Republik, Erweiterung der demokratischen Rechte für die Volksmassen, starke Stellung der Arbeiter- und Soldatenräte, Achtstundentag, Arbeitslosenunterstützung, Arbeiterurlaubsgesetz, Betriebsrätegesetz, Gründung der Arbeiterkammern) in dem Umfang und der Tiefe nicht möglich gewesen.

Wenn wir uns heute eingestehen müssen, dass der erste Anlauf einer sozialistischen Umwälzung letztlich scheiterte, dann heißt das nicht, dass er der letzte war. Der Übergang vom Feudalismus zum Kapitalismus dauerte Jahrhunderte und benötigte mehrere revolutionäre Anläufe. Alles spricht dafür, dass es sich beim Übergang zum Sozialismus genauso verhält, und nichts spricht dagegen, warum es ausgerechnet hier ein »einmal und nie wieder« geben soll. Die Perpetuierung des jetzigen Zustands wird früher oder später die Suche nach einem grundsätzlichen Systemwechsel wieder auf die Tagesordnung setzen, wobei klar ist, dass sich die Methoden, Strukturen und Abfolgen revolutionärer Veränderungen künftig im Vergleich zu früher beträchtlich unterscheiden werden. Der 7. November 1917 in Russland als Ergebnis einer konkreten historischen Situation und politischen Konstellation ist in der Art, wie er über die Bühne ging, nicht wiederholbar. Sein Inhalt wird aber weiterhin historischen Bestand haben, weil ohne einen politischen Machtwechsel, ohne die Überführung der Schlüsselpositionen der Wirtschaft aus dem privatkapitalistischen Besitz in das Eigentum der Produzenten an eine echte antikapitalistische Alternative, eine Überwindung der Klassenteilung nicht zu denken ist.

Die Oktoberrevolution war der erste und bisher bedeutendste Anstoß für eine antikapitalistische und sozialistische Alternative. Eine Würdigung ihrer epochalen Bedeutung muss die Kritik ihrer Mängel, Unterlassungen und Deformationserscheinungen einschließen, sie muss aber auch ihren gewaltigen Schatz an Erfahrungen und positiven Errungenschaften für ein künftiges Ringen um eine sozialistische Perspektive auswerten. Nur durch deren Aneignung und Einfließen in das Traditionsverständnis wird es heute und in Zukunft linken, emanzipatorischen, fortschrittsbewussten Kräften möglich sein, das fortzuführen, wofür vor hundert Jahren der Grundstein gelegt wurde.

Der Jännerstreik 1918 und das Entstehen der Arbeiterräte

Am Montag, dem 14. Jänner 1918, um 8 Uhr früh, legte die Belegschaft der Daimler-Motorenwerke in Wiener Neustadt geschlossen die Arbeit nieder, um gegen die Kürzung der Mehlquote zu protestieren.[119] Sie versammelte sich im Fabrikhof, und eine Delegation sprach bei der Unternehmensleitung vor. Ferdinand Porsche, damals einer der beiden Direktoren der Daimlerwerke, versprach, sofort zum Ernährungsminister nach Wien zu fahren, um ihm die Wünsche der Arbeiter bekannt zu geben. Seine Aufforderung aber, einstweilen die Arbeit fortzusetzen, wurde von der Streikversammlung einstimmig abgelehnt, und sie beschloss, zum Rathausplatz zu ziehen. Der Marschkolonne der Belegschaft der Daimlerwerke schlossen sich die Arbeiter der Lokomotivfabrik, der Radiatorenwerke, der Flugzeugfabrik, der Munitionswerke G. Rath und der Lichtenwörther Arbeiter an.[120] Die zunächst 6000, am Nachmittag bereits 10.000 vor dem Rathaus versammelten Arbeiter gaben dem Stadtrat ihre Forderungen bekannt. Es wurde die Statthalterei und das Ernährungsministerium antelefoniert, positive Antworten, die Kürzung der Mehlration zurückzunehmen, erfolgten jedoch nicht. Ernährungsminister Höfer versprach bloß, am 15. Jänner in Wien eine Streikdelegation zu empfangen.

Am Nachmittag des 14. Jänner verbreiteten die Linksradikalen auch in Wiener Neustadt ihr Flugblatt »Arbeitendes Volk!«, in dem zur Bildung

---

119 Der Jännerstreik wird hier vornehmlich unter den Gesichtspunkten der Entstehung der Arbeiterräte und der Darlegung der sozialdemokratischen Beschwichtigungsmethoden behandelt, fußend auf einem Kapitel aus der vom Autor verfassten Geschichte der Rätebewegung (Hautmann: Geschichte der Rätebewegung, S. 153–176). Siehe dazu auch: Jänner 1918 – Österreichs Arbeiterschaft in Aufruhr, in: Hans Hautmann: Von der Permanenz des Klassenkampfes und den Schurkereien der Mächtigen. Aufsätze und Referate für die Alfred Klahr Gesellschaft. Wien 2013 (Quellen & Studien, Sonderband 16), S. 203–212.

120 *Arbeiter-Zeitung*, 16. 1. 1918, S. 4.

von Arbeiterräten nach russischem Vorbild aufgerufen wurde. Sozialdemokratische Vertrauensleute und Gewerkschaftsfunktionäre erklärten den Behörden, dass der Streik gegen ihren Willen ausgebrochen sei, sie die Arbeiter nicht mehr in der Hand hätten und sie bei Ablehnung, die Quotenkürzung rückgängig zu machen, keinerlei Verantwortung für die Folgen übernehmen könnten.[121] Als die Streikenden vom Rathausplatz nach stundenlangem vergeblichem Warten abzuziehen begannen, kam es zu erregten Szenen. Sämtliche Fensterscheiben des Rathauses wurden zertrümmert. Am Abend des 14. Jänner setzte das Kriegsministerium über Ersuchen der Fabriksdirektoren, die für den 15. Jänner Demolierungen und Sabotageakte befürchteten, 200 Mann Militär und zwei Maschinengewehrzüge von Wien nach Wiener Neustadt in Marsch.[122]

Die erste Nachricht vom Streikausbruch erhielt der sozialdemokratische Parteivorstand in Wien am Abend des 14. Jänner durch einen Kurier aus Wiener Neustadt. Die Partei schien, ebenso wie die kaiserliche Regierung, zu diesem Zeitpunkt die Ausstandsbewegung noch unterschätzt und für ein lokal begrenztes Ereignis mit ausschließlich ökonomischen Ursachen gehalten zu haben. Karl Renner, dessen Wahlkreis das Gebiet südliches Wiener Becken war, wurde beauftragt, sich um die Angelegenheit zu kümmern.[123]

Am Morgen des 15. Jänner traf eine zwölfköpfige Arbeiterdelegation in Begleitung von vier Direktoren der bestreikten Wiener Neustädter Fabriken in Wien ein. Sie wurden von Renner empfangen und zu Minister Höfer ins Parlament geführt. Bei den Verhandlungen stellte sich bald heraus, dass die Frage der Kürzung der Mehlration nicht mehr die entscheidende war. Der Führer der Wiener Neustädter Abordnung erklärte, dass die erste und hauptsächliche Forderung der Streikenden der Abschluss des Friedens sei, was alle Delegationsmitglieder bekräftigten. Er-

---

121 Neck (Hg.): Arbeiterschaft und Staat, Bd. 2, S. 197f.
122 Richard Georg Plaschka/Horst Haselsteiner/Arnold Suppan: Innere Front, Militärassistenz, Widerstand und Umsturz in der Donaumonarchie 1918, Bd. 1: Zwischen Streik und Meuterei. Wien 1974, S. 78.
123 Um Friede, Freiheit und Recht! Der Jännerausstand des innerösterreichischen Proletariats. Wien 1918, S. 8.

nährungsminister Höfer antwortete mit einer Schilderung der trostlosen Verhältnisse auf dem Lebensmittelsektor und versprach, einen Beamten nach Wiener Neustadt zu entsenden, um die dortige Lage »zu prüfen«. Die Verhandlungen endeten also ohne greifbares Ergebnis.

Am selben Dienstag, dem 15. Jänner 1918, vollzog sich die rasche Verwandlung des Ausstands in einen politischen Massenstreik. Die wichtigste Ursache dafür war im Zusammenwirken mit der Agitation der Linksradikalen im südlichen Wiener Becken das Bekanntwerden der provokatorischen Rede General Hoffmanns in Brest-Litowsk, worüber die *Arbeiter-Zeitung* am 15. Jänner berichtete. Am Morgen standen die Schoellerwerke in Ternitz still. Die Streikenden marschierten gemeinsam nach Wimpassing, wo sich ihnen die Belegschaften der Gummifabrik und aller anderen Betriebe anschlossen, und von da nach Neunkirchen, wo ebenfalls sofort sämtliche Betriebe in den Ausstand traten. Auch im Triestingtal (Enzesfeld-Hirtenberg, Leobersdorf), in Wöllersdorf und in St. Pölten setzte im Lauf des 15. Jänner der Streik ein.[124] Die am Hauptplatz von Neunkirchen versammelten Arbeiter und Arbeiterinnen erhoben nur eine einzige Forderung: den sofortigen Friedensschluss, »um der Not und den unerträglichen Verhältnissen […] ein Ende zu machen.«[125]

In Wiener Neustadt, wo am 15. Jänner der Streik lückenlos geworden war, fanden mehrere Versammlungen statt, in denen die Arbeiter aus ihrer Mitte Beauftragte für die Leitung der Ausstandsbewegung durch Zuruf und Akklamation wählten. Damit war Wiener Neustadt zur Geburtsstätte der Rätebewegung in Österreich geworden, obwohl die Bezeichnung »Arbeiterrat« erst einige Tage später allgemeine Verwendung finden sollte. Im Wiener Neustädter Arbeiterrat hatten die Linksradikalen bedeutenden Einfluss, zwei ihrer Anhänger, Eduard Schönfeld und Anton Urbanek, gehörten der Leitung an. Sie stellten die Verbindung mit den Wiener Linksradikalen her und organisierten einen Kurierdienst, über den die Wiener Betriebe und das obersteirische Industriegebiet zum Anschluss an den Streik aufgefordert wurden.[126] Auch in Ternitz bildete sich

---

124 Neck (Hg.): Arbeiterschaft und Staat, Bd. 2, S. 199ff.
125 Ebd., S. 202.
126 Hornik: 40 Jahre Jännerstreik, S. 47.

am 16. Jänner in analoger Form wie in Wiener Neustadt ein Arbeiterrat als Streikleitung,[127] in dem der Linksradikale Ferdinand Zehnder die führende Rolle spielte.

Endgültige Gewissheit, dass die Bewegung an den Grundfesten des österreichischen Staates rüttelte und die Dinge nunmehr auf des Messers Schneide standen, erhielten die Regierung und die Sozialdemokratische Partei, als am 16. Jänner Karl Renner und Oberst Wallerstorfer als Vertreter des Ernährungsamts in Wiener Neustadt über die Verhandlungen mit Minister Höfer Bericht erstatteten. Der Versuch, durch Zugeständnisse – drei Waggons mit Speck und Kondenmilch wurden Wiener Neustädter Arbeitern in Aussicht gestellt – einen Einbruch in die Streikfront zu erzielen, stieß auf eine Mauer der Ablehnung.[128] Die Frage der Lebensmittelversorgung trat völlig in den Hintergrund. Alle Vertrauensmänner der Wiener Neustädter Arbeiter versicherten, dass von einem Ende des Streiks keine Rede sein könne, solange nicht positive Ergebnisse der Friedensverhandlungen von Brest-Litowsk vorlägen. Bestürzt ob der disziplinierten, harten und dennoch ruhigen Entschlossenheit, mit der die streikenden Arbeiter ihren Willen zum Ausdruck brachten, aufs Ganze zu gehen, eilte Karl Renner am Abend des 16. Jänner nach Wien zurück, wo er den Parteivorstand unverzüglich von der Brisanz der Situation in Kenntnis setzte.

Antwort des Parteivorstands. Übergreifen des Streiks auf Wien

Als am 15. Jänner 1918 feststand, dass die Streikbewegung kein auf Wiener Neustadt begrenztes Ereignis mehr war, traf in Wien der Parteivorstand der österreichischen Sozialdemokratie die ersten Vorkehrungen, »um die Bewegung zu erfassen, zu leiten und vor Missdeutung wie vor Abirrungen zu schützen.«[129] Er beschloss, am 16. Jänner in der *Arbeiter-*

---

127 Ebd., S. 48.
128 Der Januaraufstand der österreichischen Arbeiterschaft und der Verrat der sozialpatriotischen Führer. Zürich 1918, S. 9. Diese noch vor Kriegsende in der Schweiz erschienene Broschüre stellt die Ereignisse während des Jännerstreiks aus der Sicht der Linksradikalen dar. Der/die Verfasser/in ist unbekannt.
129 Um Friede, Freiheit und Recht!, S. 9.

Zeitung ein Manifest zu veröffentlichen, um – wie Otto Bauer schrieb – die »sich ungeregelt von Betrieb zu Betrieb, von Ort zu Ort« ausbreitende Bewegung »zu vereinheitlichen und ihr ein politisches Ziel zu geben.«[130] Victor Adler und Karl Seitz sprachen am 15. Jänner, 21.30 Uhr, bei Ministerpräsident Ernst Seidler vor. Nach Darstellung von Renner und Bauer hätten die beiden Parteiführer im Verlauf der Besprechung erreicht, Seidler eine Weisung an die Zensurstelle über die Freigabe des Manifests in den Parteiorganen aufzuzwingen.

Etwas anders stellte Seidler den Inhalt dieses Quasi-Ultimatums da, als er an Graf Czernin nach Brest-Litowsk telegrafierte: »Artikel in ›Arbeiter-Zeitung‹ [vom 16. Jänner 1918, H. H.] war weder Toggenburg [Minister des Inneren, H. H.] noch mir vorgelegt worden. Er war uns aber in später Abendstunde [des 15. Jänner, H. H.] avisiert und als *Preis für Einwirkung der sozialdemokratischen Führer auf Streikbewegung bezeichnet.* Toggenburg erteilte der Ministerialkommission Auftrag, Artikel womöglich nicht ganz zu konfiszieren, wohl aber zu zensurieren.«[131] »Preis für Einwirkung« konnte nur bedeuten, dass Victor Adler und Karl Seitz dem Ministerpräsidenten für die Freigabe der notwendigen Aufrufe des Parteivorstandes in der Presse auch eine Leistung zusagten. Worin diese bestand, wurde später noch deutlich.

Das Manifest der Parteivertretung und des Abgeordnetenklubs der österreichischen Sozialdemokratie an die Arbeiter und Arbeiterinnen vom 16. Jänner 1918 war die schärfste und radikalste Stellungnahme der Partei während des gesamten Krieges. Einleitend wurde die Organisation des Verpflegungsdienstes als durch die »Selbstsucht der besitzenden Klassen« und die »Unzulänglichkeit der bürokratischen Verwaltung verpfuscht und verdorben« bezeichnet. Danach folgte eine harte Kritik an den »herrschenden Klassen Österreich-Ungarns«, welche immer von der ausschließlichen Notwendigkeit der Landesverteidigung und ihrer Friedensbereitschaft gesprochen hätten, nun aber, da »Russland von uns gar nichts verlangt«, weiterhin auf Eroberungen im Osten bestünden. Das Manifest endete mit den Worten: »Für die schleunigste Beendigung des Krieges!

---

130 Bauer: Die österreichische Revolution, S. 76.
131 Rosdolsky: Studien über revolutionäre Taktik, S. 128 (Hervorhebung H. H.).

Für den Frieden ohne offene und ohne unverhüllte Eroberungen! Für den Frieden auf der Grundlage des unverfälschten Selbstbestimmungsrechtes der Völker!« Bemerkenswert ist, dass das Manifest des Parteivorstandes mit keinem Wort den bereits ausgebrochenen Streik erwähnte und nur davon sprach, dass »die Verpflegungsschwierigkeiten der jüngsten Zeit in weiten Kreisen der Arbeiterschaft große Beunruhigung hervorgerufen« hätten.[132] Eine Solidarisierung mit den streikenden Arbeitern bzw. eine Erklärung, dass man für den Streik Verständnis zeige oder gar die Methode des Massenausstands zur Erreichung der Ziele des Manifests billige, erfolgte nicht.

Dennoch war die Wirkung des Manifestes groß, besonders auf jene Arbeiter, die bis dahin nur gerüchteweise von den Ereignissen in Wiener Neustadt, Ternitz und Neunkirchen gehört hatten. Otto Bauer schrieb: »Der niederösterreichische Streik hätte wohl auch ohne dieses Manifest Wiener Betriebe mitgerissen; das Manifest aber vereinheitlichte die ganze Bewegung.«[133]

Am Morgen des 16. Jänner griff die Bewegung tatsächlich auf Wien über. Die ersten Betriebe, die in den Ausstand traten, waren das Arsenal (15.000 Arbeiter) und die Fiatwerke in Floridsdorf (2000 Arbeiter).[134] Für den Streikbeschluss beider Betriebe waren noch die Aufforderung von Kurieren aus Wiener Neustadt und der Einfluss, den hier die Wiener Linksradikalen besaßen, ausschlaggebend. Dass sich im Lauf des 16. Jänner mit atemberaubender Schnelligkeit nahezu alle wichtigen Wiener Fabriken dem Streik anschlossen, war hingegen schon auf das Manifest in der *Arbeiter-Zeitung* zurückzuführen. Am Abend dieses Tages befanden sich in Wien bereits 84.300 Arbeiter und Arbeiterinnen im Ausstand.[135]

In den Wiener Arbeiterheimen und vielen Gastwirtschaften versammelten sich die Streikenden; sie fassten einmütig den Beschluss, im

---

132 *Arbeiter-Zeitung*, 16. 1. 1918, S. 1.
133 Bauer: Die österreichische Revolution, S. 76.
134 NÖLA, Präs., P.–Via, Zl. 421 bis 2635/1918, Wien, Streikbewegung, hier Zl. 421 und 421–2.
135 Ebd., Nr. 421/4.

Ausstand zu verharren, um den Friedensschluss zu erzwingen. In der Brigittenau forderten die Kundgebungsteilnehmer, dass die Regierung einer Arbeiterdelegation Zutritt zu den Friedensverhandlungen von Brest-Litowsk gewähren solle. In Floridsdorf wählten die Belegschaften aller sechzig bestreikten Betriebe im Arbeiterheim ein »Permanenzkomitee« zur Leitung des Ausstands.[136] Auf den Straßen kam es zu Demonstrationen. Aus Favoriten bewegte sich ein Zug von tausenden Arbeitern gegen die Stadtmitte. Die Menge besetzte die Geleise der Straßenbahn und brachte den Verkehr zum Stillstand. Berittene Sicherheitswache stellte sich den Menschenmassen entgegen, und es gelang ihr in den Abendstunden, die Menge zu zerstreuen.[137]

Am 16. Jänner drohte die Streikbewegung auch auf die Eisenbahner überzugreifen. In Wien versammelte sich die Exekutive, um über die Situation zu beraten. Der Parteivorstand riet von einem Streikbeschluss dringendst ab; erst nach heftigen Debatten schloss sich dem die Eisenbahner-Exekutive an. Das fahrende Personal blieb im Dienst; es gelang allerdings nicht, die Arbeiter der Hauptwerkstätten der Südbahn, Nordbahn, Ostbahn und Nordwestbahn vom Ausstand zurückzuhalten.[138]

In Niederösterreich wuchs der Streik am 16. Jänner weiter an. Im Bezirk Mödling, im Traisental und in Stockerau streikten alle Betriebe. Die Zahl der Streikenden betrug am Abend schon über 70.000, Wien dazu addiert über 150.000. Der k. u. k. Herrschaftsapparat sah sich der dynamischen Ausbreitung der Bewegung völlig machtlos gegenüber. Kaiser Karl sandte unter dem Eindruck dieses Tages am 17. Jänner an Außenminister Ottokar Graf Czernin nach Brest-Litowsk ein Telegramm, in dem es hieß: »Ich muss nochmals eindringlich versichern, dass das *ganze Schicksal der Monarchie und der Dynastie* von dem möglichst baldigen Friedensschluss in Brest-Litowsk abhängt. Für Kurland, Livland und polnische Träumereien können wir hier nicht die Situa-

---

136 Um Friede, Freiheit und Recht!, S. 6.
137 NÖLA, Präs., P.–Via, Zl. 421–4/1918.
138 Ernst Winkler: Der große Jänner-Streik 1918. Ein Kampf für Brot, Frieden und Freiheit, hg. von der SPÖ-Landesorganisation Niederösterreich. o. O. [Wien] o. J. [1968], S. 4.

tion umwerfen. Kommt der Friede nicht zustande, *so ist hier die Revolution*, wenn auch noch so viel zu essen ist. Dies ist eine ernste Warnung in ernster Zeit.«[139]

Der deutsche Botschafter in Wien, Graf Wedel, musste am 17. Jänner 1918 nach Berlin melden, die »Unruhen in Österreich« hätten an Ausmaß und Schärfe derart zugenommen, dass »die Lage als sehr ernst bezeichnet werden« müsse. Über die sozialdemokratischen Parteiführer berichtete er, dass diese zwar den Anspruch der Arbeiter, auf die Friedensverhandlungen Einfluss zu nehmen, abzuschwächen suchten und »vor Ausschreitungen warnen, aber die Massen nicht mehr ganz in der Hand« hätten.[140]

Als am Abend des 16. Jänner der aus Wiener Neustadt zurückgekehrte Karl Renner dem Parteivorstand, der seit 15. Jänner in Permanenz tagte, Bericht erstattete, entschloss sich die Sozialdemokratische Partei, einen weiteren Schritt in Richtung des »Auffangens« der spontan entstandenen und sich stürmisch ausdehnenden Bewegung zu tun. Sie formulierten einen Forderungskatalog, um »der unmittelbaren Aktion der Massen ein festes, sofort erreichbares Ziel zu geben und sie derart vor einem Misserfolg, die Bevölkerung selbst vor einer nutzlosen Katastrophe zu bewahren.«[141] Über den Inhalt der Forderungen wurde Ministerpräsident Seidler am späten Abend des 16. Jänner durch Karl Seitz informiert.[142] Laut Bericht von Baron Müller an Czernin wurde dabei ein Einvernehmen mit dem Zweck erzielt, »Forderungen aufzustellen, *durch deren (wenn auch nicht volle) Erfüllung den Arbeitern die Einstellung des Streiks ermöglicht würde.*«[143]

Am Morgen des 17. Jänner veröffentlichte die *Arbeiter-Zeitung* die folgende »Erklärung des Parteivorstandes«:

---

139   Zit. nach Gustav Gratz/Richard Schüller: Der wirtschaftliche Zusammenbruch Österreich-Ungarns. Die Tragödie der Erschöpfung. Wien 1930, S. 139f. (Hervorhebungen H. H.).
140   Zit. in: Deutschland im Ersten Weltkrieg, Bd. 3: November 1917 bis November 1918. Berlin ²1970, S. 144.
141   Um Friede, Freiheit und Recht!, S. 12.
142   Ebd.
143   Zit. bei: Rosdolsky: Studien, S. 132 (Hervorhebungen im Original).

»In vielen Betrieben in Wien und Niederösterreich ist gestern die Arbeit eingestellt worden. Diese Arbeitseinstellung ist das Ergebnis einer *elementaren Bewegung*, die ohne Zutun der politischen und der gewerkschaftlichen Organisation eingesetzt hat, einerseits infolge der Nachrichten über den Verlauf der *Friedensverhandlungen* in Brest-Litowsk, andererseits infolge der jüngsten Maßregeln auf dem Gebiete des Verpflegungsdienstes.

Die Parteivertretung hält eine Beruhigung der Arbeitermassen unter den folgenden Voraussetzungen für möglich:

1. Wenn die Regierung vollkommen beruhigende Zusicherungen darüber geben kann, *daß sie die Friedensverhandlungen in Brest-Litowsk nicht an irgend welchen territorialen Forderungen scheitern lassen wird*; daß sie die Hindernisse, die dem Friedensschluß entgegenstehen, durch vorbehaltlose Anerkennung des unverfälschten, demokratischen Selbstbestimmungsrechtes der umstrittenen Länder aus dem Wege räumen wird; wenn die Regierung die Vertrauensmänner der Arbeiterschaft über den Stand der Friedensverhandlungen freimütig unterrichtet, sie ständig über die Verhandlungen im laufenden hält und ihnen den gebührenden Einfluß auf den Gang der Verhandlungen nicht verweigert.

2. Wenn die Regierung einer gründlichen *Reorganisation des Verpflegungsdienstes* zustimmt, insbesondere der Gleichstellung der Selbstversorger mit der übrigen Bevölkerung und dem Verbot des Mahlens auf private Rechnung. Ohne uns darüber zu täuschen, daß auch diese Maßregeln nicht eine plötzliche Verbesserung des Verpflegungsdienstes herbeiführen können, glauben wir doch, daß sie die Arbeitermassen wenigstens darüber beruhigen würden, daß in Zukunft die vorhandenen Vorräte möglichst gleichmäßig verteilt werden.

3. Wenn die Regierung einwilligt, die Gemeindevertretungen, deren Beherrschung durch die am Lebensmittelwucher interessierten Klassen jede zweckmäßige Verpflegungspolitik unmöglich macht, zu demokratisieren, also unverzüglich die Einführung des *allgemeinen gleichen und direkten Wahlrechts für die Gemeindevertretungen* den gesetzgebenden Körperschaften vorzuschlagen.

4. *Wenn die Regierung einwilligt, die Entrechtung der Arbeiter durch die Militarisierung der Betriebe aufzuheben.*«[144]
Weiters wurden die Arbeiter der Lebensmittelindustrie, des Bergbaus, der Eisenbahn, Straßenbahn und der Gas- und Elektrizitätswerke eindringlich gebeten, die Arbeit nicht einzustellen. Zuletzt appellierte der Parteivorstand, Ruhe und Ordnung aufrechtzuerhalten und »Straßenexzesse« zu vermeiden. Über die Wirkung der Erklärung und die Erfüllung der vier Forderungen wird noch zu sprechen sein. Von unmittelbarer Bedeutung für die Geschichte der Rätebewegung in Österreich wurde jedoch eine Passage des Aufrufs, die folgendermaßen lautete: »Um die Bewegung in geregelte Bahnen zu lenken, fordern wir die Vertrauensmänner der streikenden Arbeiter auf, sich heute Donnerstag um 9 Uhr vormittags in den Parteilokalen der betreffenden Bezirke einzufinden und dort Bezirkskomitees zu wählen, die für die ordnungsgemäße Regelung des Ausstandes Sorge tragen sollen.«[145]

Damit hatte sich der Parteivorstand entschieden, die nicht mehr zu vermeidende Flucht nach vorne anzutreten. Am 16. Jänner 1918 war die Rätebewegung in Wiener Neustadt und Umgebung bereits Tatsache und nicht mehr rückgängig zu machen; ähnliche Bestrebungen waren bei den Wiener Streikversammlungen dieses Tages, so in Floridsdorf, zu bemerken gewesen. Die sozialdemokratischen Parteiführer wussten, dass unter den im südlichen Wiener Becken schon entstandenen Räten die linksradikale Strömung Einfluss besaß und das Räteprinzip als solches eine potenziell revolutionäre, gegen die Partei- und Gewerkschaftsspitze zielende Stoßrichtung gewinnen konnte – dann nämlich, wenn man die Dinge dem Selbstlauf überließ. Es wäre für den Parteivorstand höchst gefährlich gewesen, sich durch Ignorieren oder strikte Nichtunterstützung der elementar entstandenen Rätebewegung in einen offenen Gegensatz zu den streikenden Arbeitern zu bringen. Er übernahm deshalb die Parole der Bildung von »Streikkomitees« (was anfangs nur ein Synonym für »Arbeiterrat« bedeutete), weil er entschlossen war, von nun an mit der ganzen Kraft seiner nach wie vor perfekt funktio-

---

144 *Arbeiter-Zeitung*, 17.1.1918, S. 1 (Hervorhebungen im Original).
145 Ebd.

nierenden Organisation auf den Wahlverlauf Einfluss zu nehmen und darauf vertrauen konnte, auf diese Weise den Wirkungskreis der unerfahrenen und der Masse der Arbeiter kaum bekannten linksradikalen Führer einzuengen. Vor allem aber ergriff der Parteivorstand die Initiative für die Bildung einer neuen Organisation vom Typus der Räte, weil er erkannte, dass die Losung »Arbeiterrat« große Popularität genoss und er seinem Ziel, den Streik möglichst rasch und friedlich beizulegen, auf keinen Fall durch einsame Beschlüsse »von oben«, die dann das Image des Diktatorischen getragen hätten, näher kommen würde. Er brauchte einen Transmissionsmechanismus, dem die Masse der Streikenden auf Grund der Tatsache, dass er frei und demokratisch aus ihrer Mitte gewählt wurde, volles Vertrauen entgegenbrachte und der auf der anderen Seite imstande war, seine Intentionen zu decken und vor den Arbeitern zu vertreten. Hier sollte sich der Parteivorstand nicht täuschen.

Die Bildung des Arbeiterrats in Wien

Am Vormittag des Donnerstag, 17. Jänner 1918, versammelten sich in Wien die streikenden Arbeiter in Parteilokalen und Gaststätten, um im Einklang mit dem Parteivorstandsaufruf ihre »Bezirkskomitees« zu wählen. Als gerade in diesen Stunden eine zwölfköpfige Abordnung des Wiener Neustädter Arbeiterrats in Wien eintraf, fand sie im Parteihaus leere Zimmer vor. Alle nur irgendwie abkömmlichen sozialdemokratischen Partei- und Gewerkschaftsfunktionäre waren zu den Versammlungen gegangen, um dort zu sprechen, die Wahlen zu beobachten und die Arbeiter auf das Vierpunkteprogramm festzulegen. Die Zahl der Versammlungen ging in die Hunderte.[146] Allein in Favoriten gab es deren 53. Hier zeigte sich zum ersten Mal jenes Phänomen, das für die gesamte sechsjährige Geschichte der Rätebewegung in Österreich charakteristisch bleiben sollte, nämlich das Faktum, dass der Parteivorstand zusätzlich zu den in Urwahlen gewählten Arbeiterratsmitgliedern zahlreiche Mandate beanspruchte und sich auch verschaffte. Das Prinzip der Ko-

---

146 Um Friede, Freiheit und Recht!, S. 13.

optierung höchster sozialdemokratischer Funktionäre in die leitenden Gremien des Arbeiterrats wurde später statutenmäßig verankert, womit der politische Einfluss voll abgesichert blieb. In Favoriten wurden am 17. Jänner in den dreizehngliedrigen Bezirksausschuss nicht weniger als drei hohe Funktionäre, Reumann, Sigl und Pölzer, gewählt.[147] In anderen Wiener Bezirken kam zwar der Führungsanspruch von Mitgliedern leitender Parteigremien bei den Wahlen weniger offen zum Ausdruck, die dortigen Exekutivkomitees stellten sich aber eindeutig auf den Boden der Vierpunkteforderungen, was als erster realer Erfolg für die Bemühungen des Parteivorstandes anzusehen war, die Massenaktion in die Bahnen der Verhandlungen und Kompromisse mit der Regierung zu lenken. Das Vierpunkteprogramm enthielt nämlich keine Forderungen, die die österreichische Regierung nicht hätte annehmen können, und sie wurden in einer Form herangetragen, die den Ministern erkennen ließ, dass der Parteivorstand kein allzu großes Gewicht auf buchstäbliche Erfüllung legen würde.[148]

Die am Vormittag des 17. Jänner in Wien gewählten Bezirksausschüsse beschlossen, von nun an täglich zu festgesetzten Zeiten zusammenzutreffen, um alle anfallenden Fragen zu beraten. Ihre Mitglieder erhielten Legitimationen und verpflichteten sich, den streikenden Arbeitern regelmäßig Bericht zu erstatten. Am Nachmittag des 17. Jänner veranstalteten die gewählten Aktionskomitees unter tätiger Mitwirkung sozialdemokratischer Partei- und Gewerkschaftsfunktionäre eine Reihe von Massenversammlungen, deren Ziel es war, die Zustimmung aller streikenden Arbeiter für das Vierpunkteprogramm des Parteivorstandes zu erreichen. In einigen Versammlungen gelang dies, in anderen waren jedoch weitergehende Forderungen wie der Achtstundentag, die Haftentlassung Friedrich Adlers und die Beendigung des Regimes der militärischen Betriebsleiter zu vernehmen.[149] Obwohl der Parteivorstand mit seinen politischen Absichten bei den Wiener Rätewahlen des 17. Jänner

147 Ebd.
148 Vgl. Jan Opočenský: Umsturz in Mitteleuropa. Der Zusammenbruch Österreich-Ungarns und die Geburt der kleinen Entente. Hellerau bei Dresden 1931, S. 75.
149 Um Friede, Freiheit und Recht!, S. 14.

zweifellos einen Erfolg verbuchen konnte und an diesem Tag die Bewegung erstmals wieder in den Griff zu bekommen begann, war der Ausgang des Jännerstreiks noch längst nicht entschieden. Die Linksradikalen antworteten nämlich auf die vier Punkte umgehend und stellten in dem am 17. Jänner 1918 hergestellten und verbreiteten Flugblatt »Das Volk steht auf!« eigene, weit darüber hinausgehende Forderungen auf. Darin hieß es:

»Die russischen Arbeiter und Soldaten haben mit den schärfsten Mitteln des Klassenkampfes, mit Massenstreik, Meuterei und Straßenkampf, nicht nur für ihre *eigene* Freiheit gestritten – nein! Sie haben ihr Blut vergossen für die Befreiung *aller* Völker der Erde von den Leiden des Krieges, vom Joche des Kapitalismus! Aber ihre Kräfte allein reichen nicht hin, dieses gewaltige Werk zu vollenden! Die Arbeiter der anderen Länder müssen sich um die rote Fahne der russischen Revolution scharen! Vor allem sind wir österreichischen Proletarier berufen, die Revolution vor der gewalttätigen Hinterlist unserer Regierung zu retten.

Darum fordern wir:

1. Die Friedensdelegierten sind vom Volk zu wählen!
2. An allen Fronten ist sofort Waffenstillstand zu schließen.
3. Kriegsleistungsgesetz und Militarisierung der Betriebe sind sofort aufzuheben! Alle Beschränkungen des Koalitionsrechtes und der politischen Freiheit sind abzuschaffen!
4. Friedrich Adler und alle anderen politischen Gefangenen sind sofort freizulassen!

Mißtraut jenen patriotischen ›Arbeiterführern‹, die Euch seit dem ersten Tage des Krieges verraten und Euch jetzt Eure Streikgelder vorenthalten! Hört nicht auf Ihre Beschwichtigungsreden, sondern bleibt fest im Streite für unser Ziel! […]

Ihr andern aber, steht nicht länger abseits! Heraus aus allen Werkstätten! Dreht nicht länger mehr Mordgranaten! Hervor aus den Bergwerken ans Tageslicht! Laßt alle Räder stille stehen – Eisenbahn und Straßenbahn! Schart Euch zusammen an Straßen und Plätzen! Wählt Arbeiterräte, so wie in Rußland – und der Massengewalt des Proletariats wird der Sieg gehören!

Proletarier aller Länder, vereinigt Euch!«[150]
Die Ausbreitung der Ausstandsbewegung hielt auch am 17. Jänner unvermindert an. Sie griff auf Krakau und damit erstmals auf andere Kronländer und Nationalitäten über. In Wien belief sich die Zahl der Streikenden am Abend auf 100.700.[151] In Niederösterreich stieg die Zahl auf 86.700.[152] Am 17. Jänner trat auch die Steiermark in die Bewegung ein. In Graz und bei Böhler-Kapfenberg befanden sich über 20.000 Arbeiter im Streik.[153] Die Gesamtzahl betrug am Abend des 17. Jänner an die 210.000.

Für den sozialdemokratischen Parteivorstand galt es nun, die gewählten Wiener Bezirkskomitees zentral zusammenzufassen und möglichst schnell politisch wirksam werden zu lassen. Nach einer Sitzung am Abend des 17. Jänner wurden folgende Direktive beschlossen: »Es ist ein Arbeiterrat für Wien zusammenzustellen, der aus den Exekutiven der Bezirke, der Gewerkschaftskommission, dem Parteivorstand, dem Frauenreichskomitee und dem Wiener Ausschuß bestehen soll. Ferner ein Permanenzkomitee, bestehend aus dem Parteivorstand, der Gewerkschaftskommission und dem Wiener Ausschuß.«[154] Dieser Beschluss brachte offen zum Ausdruck, dass die Parteibürokratie gewillt war, sich im Arbeiterrat das überragende und letztlich entscheidende Gewicht zu verschaffen. Die Trennung zwischen »Permanenzkomitee«, das ein reines Organ der höchsten Funktionäre war, und »Arbeiterrat«, wo diese Funktionäre formell bloß als Mitglieder figurieren sollten, hatte den Zweck, die künftigen Aktionen des Parteivorstandes in Richtung auf rasche Beendigung des Ausstandes vor den Arbeitern zu verschleiern. Karl Renner bemerkte dazu: »Das Permanenzkomitee wollte damit die letzte Entscheidung über Ausstand und Arbeitsaufnahme in die Hände der Vertrauensmänner der Werkstätten selbst legen.«[155]

---

150   Neck (Hg.): Arbeiterschaft und Staat, Bd. 2, S. 3; Ludwig Brügel: Geschichte der österreichischen Sozialdemokratie, Bd. 5. Wien 1925, S. 336 (Hervorhebungen im Original).
151   NÖLA, Präs., P.–Via, Zl. 422–8/1918.
152   NÖLA, Präs., P.–Via, Zl. 567 und 568/1918, Streikbewegung allgemein.
153   Neck (Hg.): Arbeiterschaft und Staat, Bd. 2, S. 265.
154   VGA, Heinz: Die Geschichte der österreichischen Arbeiterräte, S. 5.
155   Um Friede, Freiheit und Recht, S. 14f.

Was konnten diese Worte bedeuten? Doch nur, dass das »Permanenzkomitee« (sprich der Parteivorstand), dessen Mitglieder hinter verschlossenen Türen die Taktik zur Beilegung des Jännerstreiks im Einverständnis mit den kaiserlichen Behörden aushandelten, im Wiener Arbeiterrat den Exekutor seiner Beschlüsse ansah. Da der Wiener Arbeiterrat im Gegensatz zum Wiener Neustädter, der tatsächlich ein autonomes Basisorgan der streikenden Arbeiter war, unter strikter Einflussnahme und Kontrolle der sozialdemokratischen Funktionäre gebildet wurde, sie sich noch dazu auch rein mandatsmäßig ein überaus starkes Gewicht in ihm verschafft hatten, durfte der Parteivorstand sich seiner als Vollstrecker seines Willens sicher sein. Beschloss nun der Wiener Arbeiterrat als ein von den Streikenden gewähltes Gremium den Abbruch der Ausstandsbewegung, so konnte man auch gegenüber nach wie vor kampfgewillten Arbeitern viel besser als auf der Grundlage reiner Parteivorstandsaufrufe argumentieren: »Nicht wir, die Führer, haben den Streikabbruch proklamiert, sondern das von Euch selbst gewählte Organ, dessen Entscheidung Ihr nun diszipliniert befolgen müßt!« Genauso sollten die Dinge auch ablaufen. Noch aber war es nicht so weit. Der Parteivorstand musste zunächst eine Antwort der Regierung auf die vier Punkte erhalten, um den von ihm gewünschten Mechanismus überhaupt erst in Gang bringen zu können.

Verhandlungen mit der Regierung und weitere Ausdehnung der Bewegung

Am Morgen des Freitag, 18. Jänner 1918, gab die *Arbeiter-Zeitung* bekannt, dass der Parteivorstand Verhandlungen mit der Regierung über die vier Forderungen Frieden, Verbesserung der Ernährungssituation, Demokratisierung des Gemeindewahlrechts und Aufhebung der Militarisierung der Betriebe eingeleitet habe. Gleichzeitig wurden die Mitglieder aller in Wien am Vorabend gewählten Bezirksarbeiterräte aufgefordert, sich um 18 Uhr im Eisenbahnerheim Margareten zu versammeln.[156]

Die beiden Meldungen standen in einem inneren Zusammenhang.

---

156 *Arbeiter-Zeitung*, 18.1.1918, S. 1.

Wenn der Parteivorstand die gewissermaßen konstituierende Sitzung des zentralen Wiener Arbeiterrats einberief, so musste sich bei den Verhandlungen mit der Regierung bereits ein »Licht am Ende des Tunnels« abgezeichnet haben. In der Tat hatte am späten Abend des 17. Jänner die für den Ausgang des Jännerstreiks wohl entscheidende Zusammenkunft stattgefunden. Um 21 Uhr begaben sich Victor Adler, Karl Renner, Karl Seitz und Wilhelm Ellenbogen zu Sektionschef Baron Flotow ins Ministerium des Äußeren. Dort wurde ihnen vertraulich der Inhalt eines Telegramms von Czernin aus Brest-Litowsk bekanntgegeben, in dem von der festen Entschlossenheit des Ministers, mit Russland zu einem Frieden zu gelangen, die Rede war. Victor Adler dankte für diese »unbedingte beruhigend klingende Mitteilung« und setzte fort: »Es genüge aber nicht, daß sie hinausgingen und den Leuten erklärten, daß sie [die Parteiführer, H. H.] beruhigt worden seien; es müßten draußen Tatsachen mitgeteilt werden können, die auf die Massen wirken. Und heute wirke nur: primo eine positive günstige Nachricht aus Brest, oder secundo eine Zusicherung, daß die Verhandlungen nicht an Polen scheitern könnten […] Für den schleppenden Gang der Friedensverhandlungen mache man unsere Regierung verantwortlich, die die polnische Königskrone dem Kaiser sichern wolle. Die Bewegung *sei ohne Zutun der Abgeordneten entstanden; sie bemühten sich, alles in den Bahnen der Ordnung zu halten.*«[157]

Im weiteren Verlauf der Beratung, die zwei Stunden dauerte, nach den Worten Flotows »in der urbansten Form« ablief, und über deren Inhalt die sozialdemokratischen Führer strikte Geheimhaltung zusagten, erwähnte Seitz die »übermenschliche Arbeit«, die vom Parteivorstand geleistet worden wäre, um die Eisenbahner vom Ausstand zurückzuhalten;[158] Victor Adler bezeichnete es als ein »Glück, daß der Ausstand nur Niederösterreich und die Alpenländer treffe und nach Böhmen und Mähren nicht hinübergegriffen hätte.«[159] Zum Schluss wiederholte Victor Adler, dass die sozialdemokratischen Führer »ihr Möglichstes zur Beruhigung der Arbeiter bereits getan haben und tun werden, daß aber nur eine posi-

---

157 Zit. bei: Rosdolsky: Studien, S. 143 (Hervorhebungen H. H.).
158 Ebd.
159 Ebd., S. 145.

tive gute Nachricht aus Brest die Situation retten könne.«[160] Er regte an, dass Graf Czernin weitere Äußerungen abgeben möge.

»Weitere Äußerungen« konnten nach dem essentiellen Inhalt der Beratungen mit Flotow nur bedeuten: *weitergehende* und diesmal *öffentliche* Äußerungen. Czernin kam der Aufforderung seitens Victor Adlers umgehend nach. Er ließ am 18. Jänner über das Telegraphenbüro folgende Erklärung verbreiten: »Ich hafte und bürge [...] dafür, daß der Friede unsererseits nicht an Eroberungsabsichten scheitern wird [...]. Wir wollen nichts von Russland, weder Gebietsabtretungen noch Kriegsentschädigungen. Wir wollen nur ein fremdnachbarliches, auf sicherer Grundlage beruhendes Verhältnis, das von Dauer ist und auf gegenseitigem Vertrauen ruht.«[161] Damit hatte die Sozialdemokratie etwas in die Hand bekommen, das sich für die Beschwichtigung der Arbeiter propagandistisch weit besser verwerten ließ als die bisherigen Regierungskundgebungen.

Parallel zu den Geheimverhandlungen mit dem Ministerium des Äußeren liefen am 17., 18. und 19. Jänner intensive parlamentarische Beratungen mit Regierungsmitgliedern. Sie dienten vor allem der Erörterung der drei anderen Punkte des sozialdemokratischen Forderungskatalogs. Ernährungsminister Höfer besuchte am Vormittag des 18. Jänner eine Versammlung von Vertrauensmännern der Metallarbeiter, wo er versprach, künftig eine gerechtere Verteilung der vorhandenen Lebensmittel herbeizuführen.[162] Im Budgetausschuss des Abgeordnetenhauses antwortete der Minister des Inneren, Graf Toggenburg, auf eine Rede von Karl Seitz, in der eine »klare« und »vertrauenserweckende« Erklärung der Regierung gefordert wurde, dass der »Wille, zum Frieden zu kommen, ein rücksichtslos aufrichtiger ist, so aufrichtig, als es überhaupt von irgendeiner Seite gewünscht werden kann.«[163]

Die Streikkurve blieb am 18. Jänner nach wie vor steil ansteigend. In Wien schlossen sich die Arbeiter von Klein- und Kleinstbetrieben der

---

160 Ebd., S. 146.
161 *Mitteilungen an die Arbeiter*, 19.1.1918, S. 1.
162 Ebd., S. 1.
163 Ebd., S. 3.

verschiedensten Branchen, Schneider und Verkäuferinnen hochfeudaler Modesalons der Innenstadt sowie die Arbeiter und Angestellten des k. k. Münzamtes und der k. u. k. Hof- und Staatsdruckerei dem Ausstand an.[164] Trotz wiederholten Abratens des sozialdemokratischen »Permanenzkomitees« beschlossen die Buchdrucker, die Arbeit in allen Betrieben einzustellen. Ab 19. Jänner erschienen in Wien mit Ausnahme eines Blattes, den anstelle der *Arbeiter-Zeitung* herausgegebenen *Mitteilungen an die Arbeiter*, keine Zeitungen mehr. Die Zahl der Streikenden betrug am Abend des 18. Jänner in Wien 106.000.[165] In Niederösterreich weitete sich der Ausstand auf so gut wie alle Bezirke aus: die Zahl der Streikenden stieg innerhalb eines Tages von 86.765 auf 122.652.[166] In der Steiermark kamen zu Graz alle Industriebetriebe des Mur- und Mürztales hinzu. In Oberösterreich traten Linz und Steyr ein, auch zwei große Industriebetriebe in Brünn schlossen sich der Bewegung an.[167] Und dann kam aus Budapest die Nachricht, dass auch hier seit den Morgenstunden des 18. Jänner alle Industriebetriebe feierten, der Straßenbahnverkehr eingestellt war und die meisten Geschäfte geschlossen waren.[168]

Die gewaltige Ausdehnung des Streiks am 18. Jänner führte dazu, dass in den Polizei- und Statthaltereiberichten von nun an nur mehr grobe Schätzzahlen angegeben werden konnten. Am 10. Februar 1918 nannte der Minister des Inneren in einem Vortrag an Kaiser Karl eine Gesamtziffer von 550.000,[169] was gewiss zu niedrig als zu hoch gegriffen war und sich außerdem nur auf die österreichische Reichshälfte beziehen konnte. Ernst Winkler gibt in seiner Broschüre sogar eine Zahl von »weit über eine Million« an.[170] Am wahrscheinlichsten erscheint für den 19. Jänner 1918, dem Höhepunkt des Ausstands, eine Zahl von etwa 750.000: österreichische Länder einschließlich Krakau, Brünn,

---

164 NÖLA, Präs., P.–Via, Zl. 423–11/1918.
165 Ebd., Nr. 423/12.
166 NÖLA, Präs., P.–Via, Zl. 567 und 568/1918.
167 *Mitteilungen an die Arbeiter*, 19. 1. 1918, S. 2.
168 Ebd.
169 Neck (Hg.): Arbeiterschaft und Staat, Bd. 2, S. 381.
170 Winkler: Jänner-Streik, S. 6.

Mährisch-Ostrau, Triest 550.000, Ungarn (Budapest und Provinzstädte) mindestens 200.000.[171]

Am 18. Jänner, um 18 Uhr, trat im Eisenbahnerheim Margareten der Wiener Arbeiterrat zu seiner ersten Sitzung zusammen. Renner schrieb: »Viele der so gewählten Vertrauenspersonen waren in engeren Parteikreisen noch ganz unbekannt, viele neue Leute. Das Vertrauen der Werkstatt selbst, die in den Bezirksversammlungen bewiesene Beredsamkeit und Geschlossenheit führte sie in den Arbeiterrat.«[172]

Insgesamt hatte aber der Ablauf der Wahlen und die Bestimmung, dass Vertreter des Parteivorstandes, der Gewerkschaftskommission, des Frauenreichskomitees und des Wiener Ausschusses im Arbeiterrat Sitz und Stimme haben sollten, dazu geführt, dass langjährige sozialdemokratische Vertrauensmänner und Funktionäre, die der Parteilinie ergeben waren, eine sichere Mehrheit besaßen. Den Vorsitz der ersten Tagung des Arbeiterrats führten Skaret, Pölzer und Sever, alle drei bewährte Repräsentanten des rechten Parteiflügels. Das Hauptziel der Sitzung war, für die vier Verhandlungspunkte des Parteivorstandes den offiziellen Sanktus des Arbeiterrats zu erreichen. Obwohl in der Diskussion erneut weitergehende Forderungen (Abschaffung der Zensur, Achtstundentag, Freilassung Friedrich Adlers) erhoben wurden, stimmte der Wiener Arbeiterrat nach mehrstündiger Debatte dem Vierpunkteprogramm zu.[173] Damit hatte der Parteivorstand einen weiteren wichtigen Erfolg erzielt, wusste er doch, dass die Regierung die – »wenn auch nicht volle« – Erfüllung seiner Forderungen bereits versprochen hatte. Nun galt es nur noch, auf dem Weg zu dem von der Parteispitze schon längst beschlossenen Streikabbruch den Eindruck des eigenmächtigen »Abwürgens von oben« gegenüber den kampfbegeisterten Arbeitermassen hintanzuhalten. Zu diesem Zweck schlug der Gewerkschaftsführer Wiedenhofer vor, zur Vorsprache vor dem Ministerrate eine vierzehngliedrige Arbeiterdelegation zu wählen, die ausschließlich aus Vertretern der Betriebe und Leuten, die bisher noch keine Partei- oder

---

171 Plaschka/Haselsteiner/Suppan: Innere Front, Bd. 1, S. 69.
172 Um Friede, Freiheit und Recht!, S. 15.
173 Ebd., S. 23.

Gewerkschaftsstellung bekleidet hatten, bestehen sollte. Für die Deputation wurden nominiert:

1. Ferdinand Steiner, ein Eisendreher aus dem Arsenal;
2. Franz Thoma, ein Spengler aus einer Flugzeugfabrik;
3. Rudolf Rehak, ein Fräser aus einem optischen Betrieb;
4. Josef Hammerschmied, ein Schlosser aus der Brigittenau;
5. Karl Walz, ein Maschinenschlosser bei Siemens-Schuckert;
6. Alois Bauer, ein Dreher bei Clayton & Shuttleworth;
7. Konrad Lötsch von der Eisenbahnwerkstätte Floridsdorf;
8. Franz Ziegler, ein Schmied aus der Eisenbahnwerkstätte Rudolfsheim;
9. Josef Baulin, ein Tischler aus einer Flugzeugfabrik;
10. Franz Rzehak, ein Kupferschmied der Staatsbahnwerkstätte Simmering;
11. Anton Wieser, ein Buchdrucker;
12. Franz Kögler, ein Straßenbahner;
13. Aloisia Münnich, eine Tabakarbeiterin;
14. Marie Scherl, eine Schneiderin.[174]

Damit hatte die Sozialdemokratie am 18. Jänner das erreicht, was sie als unumgänglich nötig erachtete, nämlich auf »zwei Beinen« zu gehen. Während die Parteiführer in den Ministerzimmern die eigentlichen Verhandlungen führten, hatte der Arbeiterrat die Aufgabe zugeteilt bekommen, die Ergebnisse zu sanktionieren und den Massen plausibel zu machen.

Beratung des Arbeiterrats am 19./20. Jänner 1918 und Beschluss über den Streikabbruch

Am Samstag, dem 19. Jänner, erreichte der große Ausstand der österreichischen Arbeiter und Arbeiterinnen für den Frieden seinen Höhe- und Wendepunkt. An jenem Tag entschied sich nicht nur der weitere Verlauf des Jännerstreiks, sondern im wahrsten Sinne des Wortes das Schicksal des herrschenden Systems. Die Zahl der Streikenden stieg in

---

174 Ebd., S. 24.

Wien auf 113.000[175] und in Niederösterreich auf 125.200.[176] Ein Abbröckeln der Streikfront in anderen Industriegebieten (Steiermark, Oberösterreich) war nicht zu verzeichnen. Die Massen warteten in größter Spannung auf eine Stellungnahme der Regierung, bereit, im Falle einer negativen Antwort auch das Letzte zu geben. In den Arbeiterheimen, in Gaststätten, auf Straßen und Plätzen fanden unzählige Versammlungen statt. Bei einigen kam es zu offenen Zusammenstößen zwischen den Parteireferenten und den Linksradikalen, die sich den Argumenten der sozialdemokratischen Funktionäre durch lautstarke Zwischenrufe und Kontrareden entgegenstellten. Dennoch wurde an diesem so aufregendem Tag endgültig klar, dass die kleine Gruppe der Linksradikalen dem mächtigen, erfahrenen und äußerst geschickt taktierenden Apparat der Sozialdemokratie ebenso wenig entgegenstellen konnte wie dem Ansehen und Vertrauen, das Führer wie Victor Adler unter den Arbeitern nach wie vor genossen. Die gigantischen Anstrengungen aller Mitglieder des Parteivorstandes, die Ausweitung der Bewegung in revolutionäre Richtung zu verhindern, begannen ihre Früchte zu tragen.

Bis zu der für 19. Jänner um 18 Uhr einberufenen, erneuten Sitzung des Wiener Arbeiterrats wurde im Ministerzimmer des Parlaments fieberhaft verhandelt. Dabei ging es weniger um den »harten Kern«, das Erreichen echter und realer Zugeständnisse, sondern eher darum, die Antwort der kaiserlichen Regierung in »entschieden« und »ehrlich« klingende Formulierungen zu kleiden. Zu Punkt 2 versprach der Ernährungsminister, die Organisation des Verpflegungsdienstes »fortgesetzt auszugestalten« und die Brot- und Mehlquote der Selbstversorger den Nichtselbstversorgern anzugleichen.[177] Zu Punkt 3 versprach der Minister des Inneren, »im Hinblick auf die opferwillige Haltung und das verständnisvolle Zusammenwirken aller Volksschichten während des Krieges«, sich »nicht der Erkenntnis zu verschließen«, dass künftighin das Gemeindewahlrecht demokratisiert werden müsse.[178] Die Regierung werde daher »so

---

175 NÖLA, Präs., P.-Via, Zl. 526–17/1918.
176 NÖLA, Präs., P.-Via, Zl. 567 und 568/1918.
177 *Mitteilungen an die Arbeiter*, 20.1.1918, S. 2.
178 Ebd.

bald als möglich« den Landtagen entsprechende Gesetzesentwürfe vorlegen. Zu Punkt 4 versprach der Minister für Landesverteidigung, auf verfassungsmäßigem Wege dem Abgeordnetenhaus in »kürzester Zeit« ein Gesetz vorzulegen, in dem das Arbeitsverhältnis in den Kriegsleistungsbetrieben auf ein rein zivilrechtliches Arbeitsverhältnis reduziert und die Zuständigkeit der Militärstrafgerichte durch zivile Strafgerichte ersetzt werden sollte.[179]

Ein aufmerksamer politischer Betrachter, der Jurist Josef Redlich, charakterisierte die Antwort der Regierung so: »In der Tat sind die positiven Errungenschaften des Streiks gering. Sie [die Arbeiter, H. H.] haben bloß Versprechungen erhalten, und diese noch dazu unerhört verklausuliert.«[180] Schon bald nach Beendigung des Jännerstreiks kursierte das Gerücht, dass der Parteivorstand den Wortlaut der Regierungserklärungen selbst verfasst hätte.[181] Ein bei Rosdolsky zitiertes Dokument liefert hiefür den eindeutigen Beweis. Graf Demblin telegraphierte an Czernin nach Brest-Litowsk: »Bitte dem Herrn Minister folgendes mitzuteilen: [...] Seine Majestät läßt ihm vorläufig mitteilen: Es ist zwischen Regierung und Arbeiterführern verabredet worden, daß der Ministerpräsident ihnen eine beruhigende Erklärung in der Friedensfrage geben würde, wogegen sie sich verpflichten würden, die Bewegung einzustellen. *Nach dem Vorschlag der Arbeiterführer hätte diese, im Namen E. E. abzugebende Erklärung folgenden Wortlaut* [...].«[182]

Dann folgte der Text jener Erklärung, die Czernin praktisch ohne Veränderungen akzeptierte und die er am Abend des 19. Jänner durch den Ministerpräsidenten Seidler der Wiener Arbeiterratsdelegation zur Kenntnis bringen ließ. Darin wurde versprochen, dass die kaiserliche Regierung keinerlei territoriale Erwerbungen auf Kosten Russlands anstrebe und daher die Friedensverhandlungen an solchen Plänen nicht scheitern würden. In Bezug auf Polen wurde festgestellt, dass der

---

179 Ebd.
180 Schicksalsjahre Österreichs 1908–1919. Das politische Tagebuch Josef Redlichs, bearbeitet von Fritz Fellner, Bd. 2. Graz, Köln 1954, S. 256.
181 Vgl. Der Januaraufstand der österreichischen Arbeiterschaft, S. 11.
182 Rosdolsky: Studien, S. 135 (Hervorhebung im Original).

k. u. k. Minister des Äußeren und des kaiserlichen Hauses Polens Selbstbestimmungsrecht anerkenne und es der Habsburgermonarchie fern liege, »Polen seine Staatsform oder irgend welche Beziehungen zu uns diktieren zu wollen.«[183]

Als um 18 Uhr der Wiener Arbeiterrat im Eisenbahnerheim Margareten erneut zusammentrat, waren die Verhandlungen der Parteiführer mit den Ministern über den »letzten Schliff« ihrer Erklärungen noch im Gange. Der Arbeiterrat behandelte zunächst andere Fragen und nahm Berichte über den Stand des Streiks entgegen. Endlich, gegen 21 Uhr, konnte sich die vierzehnköpfige Delegation der Dreher, Schlosser und Tischler unter Führung von Victor Adler, Renner, Seitz, Domes und Hanusch in den Ministersalon des Abgeordnetenhauses begeben, wo ihnen Seidler, Höfer, Toggenburg und Czapp die Antworten der Regierung auf die vier Punkte verlasen. Die Deputation erwiderte, sie werde die Regierungserklärung dem Arbeiterrat zur Kenntnis bringen. Ministerpräsident Seidler »sprach den Wunsch aus, daß die Arbeiter aus diesen Darlegungen volle Beruhigung schöpfen und die unterbrochene Arbeit wieder aufnehmen mögen«.[184] Victor Adler sagte zum Schluss, dass die Zugeständnisse »ein erster Schritt zum Wandel seien« und hob hervor, dass man den Ausgang des Votums im Arbeiterrat nicht vorhersagen könne, da die Arbeiter »selbst Herren ihrer Geschicke« seien.[185] Das war eine Bemerkung »zum Fenster hinaus«, um die »Unabhängigkeit« und »alleinige Entscheidungsbefugnis« des Arbeiterrats vor den Massen zu unterstreichen. Gegen 22 Uhr kehrte die Abordnung ins Eisenbahnerheim zurück; die denkwürdige Sitzung des Wiener Arbeiterrats begann.

Karl Seitz, der den Bericht über die Unterredung mit der Regierung erstattete, zog folgendes Fazit: »Es wäre geradezu verantwortungslos und würde der Wahrheit in das Gesicht schlagen, wollte ich sagen, daß das die volle Erfüllung unserer Wünsche wäre. Wir haben nur einen Wunsch: Ende mit dem Krieg! Damit würden natürlich alle anderen Wünsche er-

---

183 *Mitteilungen an die Arbeiter*, 20.1.1918, S. 1.
184 Ebd., S. 2.
185 Ebd.

füllt sein. Aber ebenso offen müssen wir auch bekennen, daß es in niemandes Macht steht, das heute und sofort zu machen. Was uns gelingen konnte, war, Garantien zu schaffen, daß alle Kräfte, die in diesem Staat wirken – vom Arbeiter bis zum Minister – sich in den Dienst des Friedens stellen [...]. Die Arbeiterschaft hat durch das äußerste Mittel, das ihr zu Gebote steht, erlangt, daß sich die *maßgebendsten* Faktoren zum Frieden bekennen und *sich verpflichten,* daß sie geloben und Bürgschaft leisten, *dafür alle Kräfte anzuspannen,* um ihn herbeizuführen [...]. Ich bitte Sie, von diesem Gesichtspunkt aus die Antwort der Regierung als genügend zu beurteilen. Dann wollen wir *Gewehr bei Fuß* stehen und abwarten, ob man von dem Wege, den wir als richtig erkannt haben, abweichen wird, jeden *Augenblick entschlossen, wieder zum äußersten Mittel* der Abwehr zu greifen, wenn jemand wagen sollte, etwas zu unternehmen, was den Frieden bedrohen könnte!«[186]

In diesen Worten kam eine politische Grundposition der österreichischen Sozialdemokratie zum Ausdruck, die später, in der Ersten Republik, noch verstärkt wirken sollte: Rechtfertigung des Nichthandelns und Zurückziehens der Partei durch Berufung auf die Übermacht objektiver Verhältnisse – unbegründetes, übertriebenes Erwecken von Vertrauen in bloße Versprechungen der Regierung und in brüchige Kompromisse mit dem bürgerlichen Lager, während man vor dem Einsatz der gewaltigen Kraft der eigenen Anhängerschaft Argwohn empfand – Beschwichtigung der kampfbereiten Arbeiter durch scharfe Worte und drohende Gesten gegenüber den Herrschenden, »zum äußersten Mittel« greifen zu wollen, wovon dann aber in der Realität kein Gebrauch gemacht wurde. Seitz prägte hier auch zum ersten Mal jene Formel, die von der Parteiführung bis zum Jahr 1934 immer wieder verwendet werden sollte: »Gewehr bei Fuß«, das sprechende Symbol für den austromarxistischen Attentismus.

In der anschließenden Diskussion, die bis 3.30 Uhr früh des Sonntag, 20. Jänner 1918, dauerte, stellten einige Delegierte (Steiner, Spielmann, Vyrava) und die als Gäste anwesenden Vertreter der Wiener Neustädter Arbeiter (Joris, Rosenmann, Manzberger) fest, dass die Antwort der Re-

---

[186] Um Friede, Freiheit und Recht!, S. 34f. (Hervorhebungen im Original).

gierung zwar eine Verbeugung vor der Arbeiterklasse, inhaltlich aber nicht zufriedenstellend sei und es schwer sein würde, auf dieser Grundlage die Streikenden zur Wiederaufnahme der Arbeit zu bewegen. Die Wiener Neustädter Delegierten warfen dem Parteivorstand vor, über ihre Köpfe hinweg Beschlüsse gefasst zu haben und von ihm nicht genügend konsultiert worden zu sein. Sie erklärten, nicht versprechen zu können, dass sich die Arbeiter des südlichen Wiener Beckens einem Streikabbruchbeschluss auch anschließen würden. Victor Adler, Renner und Domes strichen in ihren Diskussionsbeiträgen besonders hervor, dass die Regierung ihre Zusagen »bindend versprochen« habe und die Antwort Czernins »derart entschieden« sei, dass sie ihn zur Einhaltung unbedingt »verpflichte«. Mehr sei beim besten Willen nicht herauszuholen gewesen, deshalb gelte es, den Streik zu beenden und die Kraft des Proletariats für die zukünftigen »riesigen Aufgaben« zu erhalten. Die Mehrheit der Arbeiterratsmitglieder stieß ins selbe Horn, nannte die Regierungserklärung einen »ungeheuren moralischen Erfolg« und deshalb eine Fortsetzung des Ausstands »unverantwortlich«.[187]

Karl Seitz fasste in seinem Schlusswort die Argumente des Parteivorstandes noch einmal zusammen. Auf die Frage nach den Garantien für die gute Absichtserklärung der Regierung (und mehr war sie ja nicht) antwortete er, dass »unsere eigene Kraft« die beste Gewähr sei und bleiben würde. Eine Entwicklung wie in Russland sei in Österreich aussichtslos, da hier nur das Proletariat eine revolutionäre Kraft darstelle. Jede Fortführung des Massenstreiks in eine revolutionäre Richtung müsse mit einer Niederlage und einem jahrzehntelangen Rückschlag für die Arbeiterbewegung enden.

An die Arbeiterratsdelegierten gewandt, sagte er zum Schluss: »Der Parteivorstand macht nach demokratischen Grundsätzen *seine Entscheidungen abhängig von Ihrem Beschluß* und wird dann als Zentralinstanz an alle Organisationen in ganz Österreich *die Parole ausgeben* […]. Ich hoffe, daß der Beschluß gefaßt wird – womöglich einstimmig – ich hoffe, daß er, wenn er gefaßt wird, auch durchgeführt wird mit jener Gewissenhaftigkeit und Geschicklichkeit, die Sie immer bewiesen

---

187 Ebd., S. 35ff.

haben, und ich hoffe, daß sich diesem Beschluß auch jene fügen werden, die gegen ihn gestimmt haben – in altbewährter sozialdemokratischer Disziplin.«[188]

Dann folgte die Abstimmung. Zur Beschlussfassung stand einzig die »Resolution Gierlinger«, eines Delegierten aus Stadlau, der in seinem Diskussionsbeitrag für den Fall, dass die Bewegung nur noch acht Tage anhalte, die »Anarchie« prophezeit hatte. Darin wurden die »Zugeständnisse der Regierung gewürdigt« und den streikenden Arbeitern die »sofortige Wiederaufnahme der Arbeit« empfohlen.[189] Das Votum des Wiener Arbeiterrats ergab eine überwältigende Mehrheit von 308 gegen zwei Stimmen für die Resolution.[190] Die Redaktion der *Arbeiter-Zeitung*, welche die *Mitteilungen an die Arbeiter* herausgab, erhielt das Wahlergebnis und den darauf gegründeten Aufruf des sozialdemokratischen Parteivorstands für die Veröffentlichung in der Sonntagnummer im letzten Moment. Darin wurde mit Nachdruck herausgestrichen, dass sich der Parteivorstand dem Beschluss der »frei gewählten Vertrauensmänner« der Wiener Arbeiterschaft nur »angeschlossen« habe. Wohl allen Funktionären und Arbeiterratsdelegierten war jedoch in den Morgenstunden des 20. Jänner bewusst, dass ihnen das härteste und unangenehmste Stück Arbeit noch bevorstand.

Das Ende des Jännerstreiks

Der 20. Jänner, ein Sonntag, war ein Tag hunderter, massenhaft besuchter Versammlungen, in denen die sozialdemokratischen Funktionäre die Arbeiter von der Notwendigkeit des Streikabbruchs zu überzeugen suchten. In einigen Wiener Bezirken (Wieden, Margareten, Mariahilf, Neubau) gelang dies – allerdings auch hier nicht ohne heftigen Widerspruch einer Minderheit –, in anderen, ausgesprochenen Arbeiterbezirken, erhob sich jedoch der befürchtete Sturm der Entrüstung. In Währing riefen die Arbeiter den Parteirednern Worte wie »Verräter!« und »k. u. k.

---

188   Ebd., S. 42 (Hervorhebungen im Original).
189   *Mitteilungen an die Arbeiter*, 20. 1. 1918, S. 3.
190   Um Friede, Freiheit und Recht!, S. 43.

Vertrauensmänner!« zu.¹⁹¹ Im Arbeiterheim Favoriten wurde der populäre Abgeordnete »Schani« Pölzer niedergeschrien und als »Verräter« und »Räuber« beschimpft; nach der Versammlung zogen 600 Arsenalarbeiter protestierend durch die Laxenburger Straße stadtwärts und mussten von der Sicherheitswache zerstreut werden;¹⁹² im 3. Bezirk kam es zu ähnlichen Szenen, als die Streikenden nach einer »aufreizenden Rede« des linksradikalen Jugendlichen Friedrich Hexmann die sozialdemokratischen Vertrauensleute beschimpften und bedrohten.¹⁹³ Im Polizeibericht über die Aktivitäten des »Aktionskomitees der Linksradikalen« während des Jännerstreiks ist zu lesen, dass »Tausende von Arbeitern im Banne von Leuten wie Baral und Genossen standen, daß nach den Reden Barals stürmische Hochrufe auf die Revolution ausgebracht und der Redner umarmt und geküsst wurde.«¹⁹⁴ Karl Renner, der sich am 20. Jänner nach Wiener Neustadt und Neunkirchen begeben hatte, um die Streikenden zur Wiederaufnahme der Arbeit zu bewegen, berichtete später: »Ich selbst wurde, als ich im Auftrage des Parteivorstandes nach Wiener Neustadt kam, bei der Annäherung an das Arbeiterheim von gutbekannten, altbefreundeten Genossen mit roten Armbinden verhaftet und in einen Nebenraum abgeführt, während draußen *die ins Land geschmuggelten Agitatoren Rußlands* unter stürmischem Beifall die verräterischen Bonzen geißelten. Ich bestand bei den Wächtern und Genossen [...] auf dem Recht einer halbstündigen Erwiderung und Rechtfertigung. Noch war die demokratische Tradition nicht erloschen, ich erhielt die Erlaubnis, sprach eine halbe Stunde unter Störungen und noch eine halbe Stunde ungestört, die Versammlung ging in Schweigen auseinander und der *Streik wurde am selben Tage abgebrochen.*«¹⁹⁵

Letztere Bemerkung ist nicht richtig, da nach Artikeln in der *Arbeiter-Zeitung* vom 21. Jänner und nach Statthaltereiberichten feststeht, dass

---

191 NÖLA, Präs., P.-Via-421 bis 2625/1918, Nr. 526/17.
192 Ebd.
193 Ebd., Nr. 526/1918.
194 Ebd., Nr. 226/1928, Baral Arnold und Genossen – Hochverrat.
195 Karl Renner: Wandlungen der modernen Gesellschaft. Nachgelassene Werke, Bd. 3. Wien 1953, S. 60 (Hervorhebungen H. H.).

die Intervention Renners am 20. Jänner stattfand und der Streik in Wiener Neustadt bis 24. Jänner dauerte;[196] die »ins Land geschmuggelten Agitatoren Russlands« waren nichts anderes als österreichische Linksradikale.

Auch in Neunkirchen und Ternitz kam der »leidenschaftliche Wille der Arbeiterschaft zum Ausdruck, den Kampf noch fortzuführen.«[197] Die Empfehlung des Parteivorstandes, Montag geschlossen die Arbeit aufzunehmen, konnte also nur in den Versammlungen in Wien, und auch hier nur zum Teil und unter erregten Protesten, durchgesetzt werden. Viele Belegschaften, vor allem die der großen metallverarbeitenden Betriebe, die dem Kriegsleistungsgesetz unterworfen waren (Arsenal, Flugzeugfabrik Warchalowski, Maschinenfabrik »Vulkan« in Ottakring u. a.), weigerten sich, ihr Folge zu leisten. Bei anderen Großbetrieben gelang es allerdings der Sozialdemokratie, wenigstens einen Beschluss über die Arbeitsaufnahme für Dienstag, den 22. Jänner, durchzusetzen.

Am 21. Jänner kehrte in Wien rund die Hälfte der Streikenden (vornehmlich die Klein- und Mittelbetriebe nicht kriegswichtiger Branchen) an ihre Arbeitsplätze zurück; in Niederösterreich sank die Zahl nur unwesentlich von 125.855 auf 122.761.[198] Dennoch wurde am Montag klar, dass mit dem ersten Einbruch in die Streikfront und dem Beginn der rückläufigen Tendenz an eine energische und zielklare Fortsetzung des Ausstands nicht mehr gedacht werden konnte. Der Schwung und Enthusiasmus der ersten Streikwoche war vorbei, der einheitliche Wille der Bewegung zerbrochen. Auch die Linksradikalen in Wiener Neustadt, Neunkirchen und Ternitz mussten erkennen, dass ein isoliertes Weiterstreiken im südlichen Wiener Becken keine Aussicht auf Erfolg mehr besaß. Sie empfahlen mit der Begründung, dass durch den »Verrat des Parteivorstandes« die Streikenden nun ohne Führung dastünden, die Wiederaufnahme der Arbeit.[199] Außerdem hatte am Montag eine Verhaftungswelle der Wiener Polizei gegen die aktivsten linksradikalen Agitatoren (Baral, Kohn-Eber, Wertheim, Pjatigorski, Hexmann, Kodanich,

---

196 Vgl. Neck (Hg.): Arbeiterschaft und Staat, Bd. 2, S. 226 und 236.
197 *Arbeiter-Zeitung*, 21. 1. 1918, S. 5.
198 NÖLA, Präs., P.–Via, Zl. 567 und 568/1918.
199 NÖLA, Präs., P.–Via, Zl. 949 bis 2307/1918, Zehnder Ferdinand, Agitation.

Hübl, Beer) eingesetzt,[200] die später auch die am Abend des 20. Jänner untergetauchten Franz Koritschoner, Leopold Kulcsar und Leo Rothziegel traf. Damit waren auch in Wien die restlichen streikgewillten Arbeiter ohne politische Leitung.

Am 22. Jänner begann sich trotz der Tatsache, dass in Wien noch immer 56.000[201] und in Niederösterreich 59.000 Arbeiter streikten, die Situation für die Regierung endgültig zu entspannen. In Wien beschlossen alle Streikversammlungen im Laufe des Tages, die Arbeit am 23. Jänner wieder aufzunehmen. In der Steiermark und in Oberösterreich war der Ausstand so gut wie beendet. Um 18 Uhr wurden in Wien die zur Sicherung der Inneren Stadt und strategischer Objekte (Donaubrücken) bereitgestellten Militärassistenzen aufgehoben.[202] Eine Delegation des Wiener Neustädter Arbeiterrats, die am Dienstag nach Wien reiste, um vom Parteivorstand Aufklärung über die Erledigung dieser Forderungen zu erlangen, die von den Streikenden erhoben, im Vierpunkteprogramm aber nicht berücksichtigt worden waren (Teilnahmen von Arbeitervertretern an den Friedensverhandlungen, Achtstundentag, Freilassung Friedrich Adlers), erhielt zu Punkt 1 eine abschlägige Antwort, zu den beiden anderen Forderungen wurden Bemühungen der Partei auf parlamentarischem Boden zugesagt.[203] Die Interpellation des Wiener Neustädter Arbeiterrats war das letzte Rückzugsgefecht. Am 23. Jänner wurde in allen Wiener Betrieben die Arbeit in vollem Umfang wieder aufgenommen, am 24. Jänner war der Streik auch in Wiener Neustadt, Neunkirchen und Ternitz beendet.

---

200 Ebd., Zl. 528/1928.
201 Ebd., Zl. 527/1922.
202 Ebd., Zl. 527/1923; Plaschka/Haselsteiner/Suppan: Innere Front, Bd. 1, S. 81f.
203 Um Friede, Freiheit und Recht!, S. 47.

Die österreichische Revolution

Der Begriff der »österreichischen Revolution«, den Otto Bauer als Titel einer seiner besten, noch heute mit Gewinn zu lesenden Schriften eingeführt hat,[204] muss in einem engen und in einem weiten Sinn verstanden werden. Der enge Begriff ist jener, der die Zeit vom 21. Oktober 1918 (dem Tag der Konstituierung einer provisorischen Nationalversammlung für Deutschösterreich) bis zum 12. November 1918 (dem Tag, als mit der Ausrufung der Republik der Bruch mit dem alten Regime vollzogen wurde) umfasst. Macht man bei diesem engen Begriff der österreichischen Revolution Halt, wie es seitens der bürgerlichen Geschichtsschreibung üblich ist, so hat man damit aber für das Verständnis der Gesamtentwicklung nicht sehr viel gewonnen, denn die Geschehnisse jener wenigen Tage fielen ja nicht plötzlich wie Manna vom Himmel. Sie wurzelten tief im Ersten Weltkrieg und sie fanden auch mit dem 12. November 1918 noch keineswegs ihren Abschluss.

Man muss daher den zweiten, den weiten Begriff der österreichischen Revolution zur Analyse heranziehen. Dieser weite Begriff deckt sich mit dem Zeitraum des Andauerns einer *revolutionären Krise* in Österreich, die um die Jahreswende 1916/17 begann und im Herbst 1920 endete. Innerhalb dieses Abschnitts zeichnen sich deutlich vier Höhepunkte ab: das Frühjahr 1917, der Jänner 1918, der November 1918 und das Frühjahr 1919. Im Mittelpunkt dieses Beitrags stehen die revolutionären Ereignisse in der Anfangsperiode der Republik.

November 1918

Der November 1918 war in Österreich eine Umwälzung eigener Prägung. Sie entstand zwar auf der Grundlage der allgemeinen revolutionären Krise in unserem Land, war aber doch weniger eine Frucht von offensiven Massenbewegungen der Arbeiterschaft als vielmehr ein Re-

---

204 Otto Bauer: Die österreichische Revolution. Wien 1923. Neuauflage: Wien 1965.

sultat der militärischen Niederlage der Mittelmächte und des Zerfalls der Habsburgermonarchie in die Nationalstaaten, welche die Ausrufung der Republik auch in Deutschösterreich notwendigerweise zur Folge haben mussten. Der desolate Zustand des obrigkeitsstaatlichen Repressionsapparats, vor allem seines wichtigsten Machtmittels, der kaiserlichen Armee, machte einen ernsthaften Widerstand gegen diese Entwicklung unmöglich und zwang die Träger der alten Herrschaft, den neuen Elementen, an deren Spitze die Sozialdemokratie stand, *friedlich* die Macht zu übergeben. Das, was man gemeinhin mit dem Begriff »Revolution« assoziiert – Aufstand, Straßenkampf, Barrikaden – fehlte im November 1918, vereinzelte Gewaltaktionen ausgenommen, gänzlich.

Aufgrund dieser Tatsache ist bis heute die Mehrheit der bürgerlichen wie sozialdemokratischen Historiker der Ansicht, dass die Ereignisse um die Entstehung der Republik es nicht verdienen, als Revolution bezeichnet zu werden, dass es sich lediglich um einen durch äußere Faktoren verursachten »Zusammenbruch«, nur um ein »Segeln im Wind der großen historischen Stürme«[205] gehandelt habe. Eine andere Meinung vertraten aber schon damals zwei führende österreichische Rechtsgelehrte, Hans Kelsen und Adolf Merkl. Sie stellten bereits 1919 fest, dass das Gesetz über die Staats- und Regierungsform von Deutschösterreich vom 12. November 1918 als *Bruch* der Kontinuität zu verstehen ist, die Grundlegung der Republik daher ein *revolutionärer* Staatsgründungsakt gewesen sei, weil er nicht aus einer gegebenen Verfassung abzuleiten war[206] und eine Neuschöpfung von Recht vorlag.[207]

---

205 Norbert Leser: Zwischen Reformismus und Bolschewismus. Der Austromarxismus als Theorie und Praxis. Wien, Frankfurt/M., Zürich 1968, S. 293.
206 Adolf Merkl: Die Verfassung der Republik Deutsch-Österreich. Ein kritisch-systematischer Grundriss. Wien 1919, S. 2.
207 Hans Kelsen: Die Verfassungsgesetze der Republik Deutsch-Österreich. Erster Teil. Wien 1919, S. 28.

Kontinuität und Diskontinuität

Wir können uns der Definition der österreichischen Revolution nähern, wenn wir untersuchen, ob zwischen den politischen Strukturen der alten Monarchie und denen der jungen Republik wirklich ein so großer Unterschied klaffte, dass der Terminus »Revolution« dafür angemessen ist. Zu diesem Zweck muss man die verschiedenen Elemente der Kontinuität auf der einen und die der Diskontinuität auf der anderen Seite herausarbeiten.

Elemente der Kontinuität in der österreichischen Revolution waren:
1. Die ökonomische Grundlage, das Wirtschaftssystem auf privatkapitalistischer Basis, blieb gleich.
2. Die Hauptbestandteile des Rechtssystems (Zivilrecht, Zivilprozessordnung, Strafrecht, Strafprozessordnung usw.) sowie die staatliche Verwaltungsorganisation mit ihren Instanzenzügen wurden übernommen.
3. Das nach Zehntausenden zählende alte Beamtentum, das Ämterwesen, die Polizei, der Behördenapparat von der Ministerialbürokratie bis hinunter zu den Bezirkshauptmannschaften blieb so gut wie unverändert aufrecht und funktionierte weiter.

Elemente der Diskontinuität in der österreichischen Revolution waren:
1. Der Wechsel der Staatsform als solcher, die Abdankung und schließlich Landesverweisung des letzten Habsburgerkaisers.
2. Die gesetzliche Aufhebung der Vorrechte des Adels.
3. Die Umwandlung des einstigen Mehrheitswahlrechts für den Reichsrat in ein Verhältniswahlrecht einschließlich des Wahlrechts für Frauen.
4. Die Abschaffung des Klassen- und Zensuswahlrechts für die Länder und Gemeinden – auch hier Einführung des Proportionalsystems – sowie die Auflösung der auf politischen Privilegien gegründeten Körperschaften wie z. B. des Herrenhauses.
5. Das völlige Verschwinden der alten kaiserlichen Armee, an deren Stelle die Volkswehr trat, wo Anhänger der Sozialdemokratischen Partei die entscheidenden Machtpositionen besetzten.

6. Und zuletzt die Tatsache, dass a) zahlreiche sehr radikale Sozialgesetze die Freiheit der Unternehmer nun in mancher Hinsicht beschränkten, und b) die Arbeiter- und Soldatenräte die Tätigkeit der alten Ministerialbürokratie kontrollierten und in der Volkswehr einen entscheidenden Einfluss bei der Ernennung und Beförderung von Kommandoinhabern hatten.

Diese Veränderungen, die in ihrer Gesamtheit als Beseitigung des autoritären Obrigkeitsstaates umschrieben werden können, waren dergestalt, dass sie in der Monarchie auf normalem, evolutionärem Weg nicht durchsetzbar waren. Im Unterschied zu den Anpassungsschritten an das moderne bürgerlich-liberale Zeitalter in den letzten Jahrzehnten des Habsburgerreiches, die eine Reihe demokratischer Reformen nach sich zogen, blieben sie mit den ureigensten Interessen der herrschenden Schichten unvereinbar. Sie sprengten den Rahmen der Systemkonformität und stellten eine neue Qualität dar: den vollen Durchbruch bürgerlich-demokratischer Verhältnisse.

Die drei Revolutionsetappen

Die österreichische Revolution war zudem auch kein punktueller Vorgang, der sich auf die Novemberereignisse reduzieren lässt, sondern ein Prozess, der im November 1918 einsetzte und im Sommer/Herbst 1920 zum Abschluss kam. Innerhalb dieses Prozesses können drei große Etappen unterschieden werden:

Die *erste* Etappe, die von November 1918 bis Ende Jänner 1919 dauert, war die *Periode der Etablierung der bürgerlichen Demokratie*. Sie verlief in verhältnismäßig geordneten Bahnen, ohne größere Gewaltaktionen und scharfe Klassenzusammenstöße. Die Aktivitäten der Volksmassen blieben, betrachtet man die österreichische Revolution als Ganzes, begrenzt und schlugen über den Rahmen des in dieser Etappe Erreichten noch nicht hinaus. Sie waren zwar stark genug, um in Verbindung mit dem militärischen Zusammenbruch und nationalen Zerfall des Reiches in der politischen Herrschaft den Wechsel von der Monarchie zur parlamentarischen Republik zu erzwingen; auf den konkreten Umfang und Inhalt der Errungenschaften der ersten Phase der österreichischen Revolution hatten sie aber nur geringen Einfluss. Deren Festlegung ging primär »von oben«, von den neuen Trägern der Staatsmacht aus. Die Sozialdemokratie als führende Kraft der Koalitionsregierung konnte in diesen Wochen, faktisch unbehelligt von Widerständen innerhalb und außerhalb ihrer Reihen, das Programm der Durchsetzung bürgerlich-demokratischer Verhältnisse in raschem Tempo durchziehen.

Die *zweite* Etappe, die von Februar 1919 bis Ende Juli 1919 dauert, war die *sozialrevolutionäre Periode* der österreichischen Revolution. In ihr kam es zu einer starken Mobilisierung der Arbeiterklasse und zu heftigen Klassenkämpfen, die im April 1919 in den Industriezentren in einer akuten revolutionären Krise gipfelten. Die Stoßrichtung dieser Etappe war eindeutig sozialistisch, auf die Überwindung der sozialökonomischen Herrschaftsverhältnisse und politischen Machtstrukturen abzielend. Dass es den zu einer grundlegenden Umgestaltung der gesellschaftlichen Ordnung drängenden Arbeitermassen nicht gelang, ihre Sache zum Sieg zu führen, lag in erster Linie daran, dass die Sozialdemokratie den Basisdruck durch institutionelle Innovationen (Ausbau der Räteorgane, Bildung der Sozialisierungskommission) aufzufangen, die Krise mittels weitreichender sozialpolitischer Reformen zu überbrücken und die große Mehrheit der österreichischen ArbeiterInnen mit der Beschwörung der Übermacht der Feinde eines räterepublikanischen Experiments von der Opportunität ihres »vorläufigen« Verharrens auf dem Boden der bürgerlichen Demokratie zu überzeugen verstand.

Die *dritte* Etappe, die von August 1919 bis Herbst 1920 dauert, war die *Konsolidierungsperiode* der österreichischen Revolution. In ihr flauten die Klassenkämpfe der Arbeiter, nur im Frühjahr 1920 durch einen vorübergehenden Aufschwung der Masseninitiative unterbrochen, insgesamt ab. Das bürgerliche Lager erstarkte, und die von ihm ausgehenden retardierenden Tendenzen gewannen nach und nach die Oberhand. Am Ende der dritten und letzten Etappe, die zwischen den Daten Juni 1920 (Bruch der Koalition) und Oktober 1920 (Annahme der Bundesverfassung, Niederlage der Sozialdemokratie bei den Nationalratswahlen) anzuberaumen ist, saß das Bürgertum wieder fest im Sattel; es war jedoch noch weit davon entfernt, jene Ergebnisse der österreichischen Revolution, die für die besitzenden Klassen auf Dauer inakzeptabel waren, von sich aus rückgängig zu machen.

Nimmt man die österreichische Revolution als Einheit des skizzierten Dreiphasenprozesses, so kann sie als bürgerlich-demokratische Revolution definiert werden, die in bedeutendem Maße mit proletarischen Mitteln und Methoden durchgeführt wurde und deshalb eine mit erheblichen sozialen und politischen Errungenschaften der Massen ausgestattete parlamentarische Republik schuf.

Die Rolle der KPÖ

Am 3. November 1918 wurde in Wien die Kommunistische Partei Deutschösterreichs (KPDÖ, so lautete bis 1920 ihr offizieller Name) gegründet. Der Gründung vorausgegangen war ein Angebot an den eben erst aus der Haft entlassenen Friedrich Adler, an die Spitze der Partei zu treten. Adler, der nach dem Attentat und seiner Verteidigungsrede vor dem Ausnahmegericht unter den Arbeitern höchstes Ansehen genoss, lehnte dies mit der Begründung ab, dass die 1917/18 von der Sozialdemokratie vollzogene Wendung »nach links« (in Wahrheit in Richtung Zentrismus) nun auch »unzufriedenen Genossen« die Möglichkeit biete, »innerhalb der Partei für das internationale revolutionäre Programm der Sozialdemokratie« zu wirken.[208]

Man kann ohne Übertreibung sagen, dass Friedrich Adlers Haltung ein für den Ablauf der österreichischen Revolution entscheidendes Faktum war. Hätte er mit den rechten sozialdemokratischen Führern gebrochen und seine politische Tätigkeit als Begründer einer neuen Partei fortgesetzt (die unter seinem Einfluss gewiss nicht bolschewistischen Charakter gehabt hätte, sondern vorerst eine Art »linker USPD« unter Einbeziehung der Linksradikalen geworden wäre), so wäre eine große Zahl, wahrscheinlich sogar die Mehrheit der Arbeiterschaft mit ihm gegangen, und die Entwicklung hätte einen anderen Verlauf genommen. Mit seinem Schritt trug Friedrich Adler dazu bei, dass die Stellung der Sozialdemokratie als überragende, beherrschende Partei der österreichischen Arbeiterklasse unangetastet blieb. Er und kein anderer sozialdemokratischer Führer

---

208 Friedrich Adler: Nach zwei Jahren. Reden, gehalten im November 1918. Wien 1918, S. 14.

war imstande, auf die im Frühjahr 1919 bis aufs Äußerste erregten und revolutionär gestimmten Massen mäßigenden Einfluss auszuüben und sie im Gleichschritt mit der festgelegten Strategie der Partei zu halten, in der bürgerlich-demokratischen Etappe der Revolution zu verharren. Friedrich Adler und kein anderer war es daher, der an die Spitze jener Massenorganisation gestellt wurde, in der die eigentlichen Auseinandersetzungen um die Frage des Weitertreibens der Revolution zur Räterepublik und zum Sozialismus ausgetragen wurden und wo die Macht seines Prestiges am stärksten wirken konnte: den Arbeiterrat.

Wegen persönlicher Differenzen und politischer Meinungsverschiedenheiten kam es am 3. November 1918 nicht zum Zusammenschluss aller linksoppositionellen Gruppen. Die Linksradikalen unter Franz Koritschoner, die die Gründung für verfrüht hielten, blieben der KPDÖ ebenso fern wie Leo Rothziegel, Johannes Wertheim, Egon Erwin Kisch, Michael Kohn-Eber und andere, die sich in der *Föderation revolutionärer Sozialisten »Internationale«* (FRSI) vereinigten.[209]

Historisch war die Zeit für die organisatorische Trennung vom Reformismus längst gekommen und die Schaffung einer revolutionären Partei in Österreich überfällig. Die Gründung vollzog sich aber ohne umfassende Diskussion über die Prinzipien einer marxistischen Arbeiterpartei und deren Aufgaben im Kampf um die sozialistische Revolution. Eine solche Auseinandersetzung wäre gerade in Österreich wichtig gewesen, stand hier doch die Masse der Arbeiterschaft unter dem Einfluss der zentristischen Führer Otto Bauer und Friedrich Adler, die für die Einheit mit den rechten Reformisten eintraten.

Diese ungünstigen Bedingungen paarten sich mit subjektiven Fehlern und Schwächen. Die vorerst an der Spitze der KPÖ stehenden Personen waren den Arbeitermassen unbekannt und hatten weder klare theoretische und politische Vorstellungen noch praktische Kampferfahrungen. Sie vertraten mehrheitlich ultralinke Auffassungen, die sich im Glauben äußerten, durch spektakuläre Aktionen (z. B. die Besetzung der Redaktionsräume der »Neuen Freien Presse« am 12. November 1918) und durch zündende Losungen die Massen mit sich reißen zu können.

---

209 Hautmann: Die Anfänge der linksradikalen Bewegung, S. 50.

Das Wirken der KPÖ reduzierte sich in der ersten Zeit ihres Bestehens auf die Propagierung von Grundsätzen des Marxismus und der proletarischen Revolution. Ihre einzige Antwort auf die brennenden Fragen des Tages war der Ruf nach der sofortigen Errichtung der Diktatur des Proletariats, die aber nur dann zu erreichen war, wenn man die Massen anhand ihrer *eigenen* Erfahrungen, durch Aufwerfen der akuten, ungelösten politischen und wirtschaftlichen Probleme zur Einsicht ihrer Notwendigkeit *heranzuführen* verstand. Gerade an dieser Fähigkeit mangelte es der damaligen KPÖ-Führung am krassesten.

Dennoch erstarkte die Partei im Sog des Wiederanstiegs der revolutionären Welle, der ab Februar 1919 in den Industriezentren Österreichs offenkundig wurde und in den Monaten der Nachbarschaft Räteungarns (21. März bis 1. August 1919) den Höhepunkt erreichte. Binnen weniger Wochen stieg die Zahl ihrer Mitglieder von 3000 im Februar 1919 auf 10.000 im März und 40.000 im Mai/Juni 1919. Allerdings waren die Grundorganisationen keineswegs gefestigt und die Partei nur in sehr wenigen Großbetrieben verankert. In der Hauptsache rekrutierten sich ihre Anhänger aus Arbeitslosen, Kriegsinvaliden und Kriegsheimkehrern, Schichten des Proletariats, die vom sozialen Elend am schärfsten betroffen waren.

Die Sozialgesetzgebung: Phase I

Gewaltige Bedeutung für den Ausgang der österreichischen Revolution hatte die von der Sozialdemokratischen Partei forcierte Sozialgesetzgebung. Sie näher zu betrachten ist in einer Zeit, in der der Sozialabbau zum dominanten Merkmal des kapitalistischen Systems geworden ist und von den sozialdemokratischen Parteien überall mitgetragen wird, sehr lehrreich.

Die Spannung zwischen Sozialdemokratie und Arbeitermassen, die seit Jahresbeginn 1917 zutage getreten war und im Jännerstreik 1918 ihren Gipfel erreicht hatte, konnte von den Parteiführern, solange der Krieg anhielt und sie noch nicht an den Hebeln der Staatsmacht saßen, nur durch *ideologische* Mittel in Grenzen gehalten werden. Die Spannung war im Sommer 1918 zurückgegangen und im November 1918 und in den ersten Wochen danach kaum mehr, und wenn, nur latent, vorhanden. Ab Februar 1919 gewann sie jedoch rasch wieder an Stärke und erreichte in den ersten Wochen der Nachbarschaft Räteungarns eine äußerst bedrohliche Dimension. Die Sozialdemokratie, seit dem November 1918 zur staatstragenden, führenden Partei in Österreich geworden und die wichtigsten Staatsämter in der Koalitionsregierung besetzt haltend (Staatskanzlei, Staatsämter für Äußeres, Inneres, Heerwesen und soziale Fürsorge), konnte aber nun zur Überbrückung der Kluft den ideologischen Einflussmöglichkeiten ein handfestes *materielles* Gegenstück beifügen: die großzügige Sozialgesetzgebung. Dabei fiel auf, dass jene legislativen Maßnahmen des von Ferdinand Hanusch verwalteten Staatsamtes für soziale Fürsorge, deren Inhalt am radikalsten war, genau in der Zeit der Existenz Räteungarns Wirklichkeit wurden.

Die sozialpolitischen Vollzugsanweisungen begannen zwar schon im November 1918 in reichlichem Maß zu fließen, sie waren aber noch nicht so geartet, dass sie die Lage der Arbeitermassen effektiv zu verbessern vermochten. Die am 6. November 1918 beschlossene staatliche Arbeitslosenunterstützung,[210] gewiss eine bedeutsame Errungenschaft im Grundsätzlichen, konnte bei einer Höhe von täglich 6 Kronen (plus einer Krone Familienzulage) angesichts der teuren und oft ganz fehlenden Lebensmittel die Not einer österreichischen Arbeiterfamilie bestenfalls geringfügig lindern, aber weder die Unzufriedenheit beseitigen noch die rasch anschwellende Zahl der Arbeitslosen senken. Die Einführung des Achtstundentages,[211] zunächst beschränkt auf die fabriksmäßig betriebenen Unternehmungen, wäre unter anderen Umständen eine gewaltige, sofort wirksame Verbesserung der Lage der ArbeiterInnen gewesen, konnte aber in einer Zeit, da der Mangel an Kohle und Rohstoffen vielen österreichischen Fabriken nicht mehr als drei Arbeitstage in der Woche gestattete, vorerst nur wenig spürbar sein.[212] Eine Dämpfung der

---

210 Staatsgesetzblatt für den Staat Deutschösterreich (StGBl.), Jg. 1918, Nr. 20.
211 Ebd., Nr. 138.
212 Fritz Rager: ‚Das sozialpolitische Werk Ferdinand Hanusch', in: *Arbeit und Wirtschaft*, 1. Jg. (1923), Nr. 20, S. 770–773, hier S. 770f.

Krise gelang durch diese beiden Vollzugsanweisungen, die wichtigsten der »frühen Periode der Notmaßnahmen«,[213] jedenfalls nicht.

Weitere Sozialmaßnahmen der Monate November 1918 bis März 1919 waren: Die Einführung der Arbeitsvermittlung,[214] die Wiederherstellung der Sonn- und Feiertagsruhe in Gewerbebetrieben;[215] die Ausdehnung der Arbeitslosenunterstützung auf Angestellte[216] und auf Arbeiter in der Land- und Forstwirtschaft;[217] die Regelung der Arbeits- und Lohnverhältnisse in der Heimarbeit[218] und bei der Kinderarbeit[219] (gänzliches Verbot vor dem vollendeten zwölften Lebensjahr); die Beseitigung des »Arbeitsbuches«[220] und die Verbesserung der Krankenversicherung für Arbeiter.[221] Dazu kamen Maßnahmen zur Eindämmung der Wohnungsnot: der sehr weitreichende Mieterschutz mit Kündigungsverbot und Mietzinsstopp, der die Hausherrenrente faktisch nullifizierte,[222] die Vollzugsanweisung über die Wohnungsanforderung, wonach die Gemeinden das Recht bekamen, leerstehende Wohnungen, Zweitwohnungen und Zimmer in Groß- und Luxuswohnungen, die nicht benützt wurden, Obdachlosen zuzuteilen,[223] und die Anforderung privater Liegenschaften für öffentliche Zwecke, nach der der Staat, das Land oder die Gemeinde Objekte, die während des Krieges z. B. der Unterbringung von Kriegsflüchtlingen gedient hatten, nun öffentlichen Fürsorgezwecken zuführen durfte.[224]

---

213 Karl Pribram: Die Sozialpolitik im neuen Österreich, in: Archiv für Sozialwissenschaften und Sozialpolitik, Bd. 48 (1920/21). Tübingen 1921, S. 615–680.
214 StGBl. 1918, Nr. 18.
215 Ebd., Nr. 21.
216 Ebd., Nr. 32.
217 Ebd., Nr. 73.
218 Ebd., Nr. 140.
219 Ebd., Nr. 141.
220 StGBl. 1919, Nr. 42.
221 Ebd., Nr. 86.
222 Reichsgesetzblatt für die im Reichsrate vertretenen Königreiche und Länder (RGBl.), Jg. 1918, Nr. 381 vom 26. Oktober 1918.
223 StGBL. 1918, Nr. 22.
224 Ebd., Nr. 31.

Die Sozialgesetzgebung: Phase 2

Dann kam der revolutionäre Aufschwung des Frühjahrs 1919, der sich auf dem Gebiet der Sozialpolitik als »Periode der Radikalität« widerspiegelte. Der unmittelbare Zusammenhang zwischen der Nachbarschaft der Räterepubliken in Ungarn und München und der raschen Verabschiedung wirklich einschneidender Sozialgesetze war für jedermann sichtbar. Max Lederer, ein hoher Beamter des Hanusch-Staatsamtes, schrieb später: »Wollte man Ruhe und Ordnung bewahren und Verzweiflungsausbrüche hintanhalten, so mußte man wenigstens auf sozialpolitischem Gebiet das Möglichste vorkehren. Von diesem Gebot der Stunde machte Ferdinand Hanusch reichlichsten Gebrauch.«[225] Pribram schrieb: »Der Druck der sozialrevolutionären Forderungen, die, vielfach von außen her (aus Bayern und namentlich aus Ungarn), in die Arbeiterschaft getragen wurden, gewann sehr rasch eine derartige Bedeutung, daß es unvermeidlich zu sein schien, ihnen durch Versuche einer Reform der Wirtschaftsordnung Rechnung zu tragen.«[226] Hanusch selbst sagte am 17. Dezember 1919 in der Nationalversammlung: »Hätte das Ministerium für soziale Verwaltung seine Arbeit nicht so vorausblickenderweise organisiert, ich wüßte nicht, *wie wir durch die Klippen hätten steuern können, als es in Budapest und München eine Diktatur gab. Nur unsere soziale Gesetzgebung war es, die den Arbeitern Vertrauen in diesen Staat und seine Regierung gab*; ihr ist der Widerstand gegen die Versuchung zu danken, dieselben Wege wie in Bayern und Budapest auch hier einzuschlagen.«[227]

Die »radikale Periode« begann am 14. März 1919 mit dem Gesetz über die Vorbereitung der Sozialisierung,[228] in dem der Grundsatz der Enteignung von Wirtschaftsbetrieben »zugunsten des Staates, der Länder und der Gemeinden aus Gründen des öffentlichen Wohles« ver-

---

225 Max Lederer: Grundriss des österreichischen Sozialrechts. Wien ²1932, S. 29.
226 Pribram: Sozialpolitik, S. 645.
227 Protokolle der konstituierenden Nationalversammlung, 17. Dezember 1919, S. 1332ff. (Hervorhebungen H. H.).
228 StGBl. 1919, Nr. 181.

kündet wurde. Am 25. April 1919 erschien ein Gesetz über die staatliche Entschädigung der Kriegsinvaliden, Kriegerwitwen und -waisen[229], das monatliche Renten in der Höhe von 110 bis 350 Kronen, unentgeltliche Heilbehandlung und Beteilung mit orthopädischen Behelfen, Krankengelder und unentgeltliche berufliche Ausbildung zur Wiedergewinnung der Erwerbstätigkeit vorsah.[230] Dieses Gesetz führte fast augenblicklich zu einer Befriedung der großen Zahl der Invaliden, die nun den Protestkundgebungen und Demonstrationen weitgehend fernblieben. Am 14. Mai wurde das Verbot der Nachtarbeit für Frauen und Jugendliche in gewerblichen Betrieben verankert.[231]

Ebenfalls am 14. Mai erließ Hanusch eine Vollzugsanweisung, die hart an die Grenzen des »freien Unternehmertums« vorstieß. Es war die Anweisung über die zwangsweise »Einstellung von Arbeitslosen in gewerbliche Betriebe«.[232] Danach war jeder Gewerbeinhaber, der mindestens 15 Arbeiter oder Angestellte beschäftigte, verpflichtet, ab 19. Mai 1919 Arbeitslose einzustellen und seine Belegschaft um 20 Prozent aufzustocken. Ohne Erlaubnis der industriellen Bezirkskommission durfte er diesen Stand nicht wieder verkleinern. Mit der Verordnung wurde versucht, einen allmählichen Abbau der Arbeitslosigkeit zu erreichen und einen Teil der Lasten für die Arbeitslosigkeit auf die Unternehmer zu überwälzen, da nun die Entlassung der Arbeiter der Willkür der Fabrikherren entzogen war.[233] In der Tat begann ab Mitte Mai 1919 die Arbeitslosigkeit in Österreich wieder zu sinken, vorerst leicht (vom 1. Mai = 186.030 bis 1. Juni = 170.682), dann schneller (1. August = 133.362, 1. Oktober = 112.347, 22. November = 87.266).[234] Obwohl dafür in erster Linie die allgemeine Wirtschaftsentwicklung verantwortlich war und die Anweisung über die zwangsweise Einstellung nur zu einem kleinen Teil

---

229 Ebd., Nr. 245.
230 Julius Braunthal: Die Sozialpolitik der Republik. Wien 1919 (Schriftenreihe »12. November«, Nr. 3), S. 36f.
231 StGBl. 1919, Nr. 281.
232 Ebd., Nr. 268.
233 Bauer: Die österreichische Revolution, S. 177.
234 Statistisches Handbuch für die Republik Österreich, 1. Jg. Wien 1920, S. 63.

beitrug, hatte sie auf die erregte Stimmung der Arbeitslosen eine dämpfende Wirkung.

Am 15. Mai 1919 kam das Betriebsrätegesetz,[235] die wohl bedeutendste legislative Maßnahme der Hanusch-Ära und das einzige Gesetz, das im Rahmen der groß angelegten Sozialisierungsvorbereitungen und -versprechungen reale Bedeutung erlangte. Die im Vergleich zu analogen Gesetzen anderer Länder verhältnismäßig großen Rechte, die der Betriebsrat in Österreich erhielt, waren eine Frucht der revolutionären Krise und des Drängens der Sozialdemokratischen Partei, die über das Sprachrohr des Arbeiterrats in drohendem Ton die Demokratisierung der Betriebsverfassung forderte. Die Kompetenzen des Betriebsrats überschritten jedoch *nicht* die Schwelle des mit der Freiheit des privatkapitalistischen Unternehmertums Vereinbaren, und Hanuschs Prophezeiung, wonach das Betriebsrätegesetz den »Übergang zum Sozialismus« bedeute,[236] bewahrheiteten sich nicht.

Am 30. Mai 1919 folgte das Gesetz über die »Errichtung und Unterbringung von Volkspflegestätten«,[237] besser bekannt unter der Bezeichnung »Schlössergesetz«. Der Staat konnte Schlösser, Paläste und Luxuswohngebäude in Anspruch nehmen, um in ihnen Sanatorien für Kriegsbeschädigte, Tuberkuloseheilstätten und Heime für Waisen und hungernde Kinder einzurichten. Die Enteignung der bisherigen Eigentümer erfolgte entschädigungslos, wenn die Gebäude Kriegsgewinnlern gehörten oder der Besitzer nach der Revolution ins Ausland geflohen war.[238] Das Gesetz traf vor allem die Habsburgerdynastie und den Hochadel und bedeutete, vom sozialen Zweck abgesehen, für die vom Krieg am härtesten Betroffenen eine moralische Genugtuung.

Am 30. Juli 1919 verabschiedete schließlich die Nationalversammlung das Arbeiterurlaubsgesetz,[239] das jedem Arbeiter und jeder Arbeiterin

---

235 StGBl. 1919, Nr. 283.
236 Zit. nach Klenner: Die österreichischen Gewerkschaften, Bd. 1, S. 562.
237 StGBl. 1919, Nr. 309.
238 Otto Bauer: Die Sozialisierungsaktion im ersten Jahre der Republik. Wien 1919 (Schriftenreihe »12. November«, Nr. 5), S. 15.
239 StGBl. 1919, Nr. 395.

nach einem Jahr ununterbrochenen Dienstverhältnisses eine Woche *bezahlten* Urlaubs zubilligte. Nach fünf Jahren ununterbrochener Beschäftigungsdauer stieg der Urlaubsanspruch auf zwei Wochen. Jugendliche unter 16 Jahren genossen schon nach dem ersten Arbeitsjahr zwei Wochen Urlaub.

Die Sozialgesetze ergänzten politische Akte, die den in den Arbeitermassen tief verwurzelten antimonarchistischen und antifeudalen Stimmungen Rechnung trugen. Nachdem Exkaiser Karl am 24. März Österreich fluchtartig verlassen hatte, erließ die Regierung nach Beschluss des Parlaments am 3. April 1919 das Gesetz über die Landesverweisung des Hauses Habsburg-Lothringen, das alle Herrscherrechte der Dynastie für immerwährende Zeiten aufhob und den hofärarischen Besitz in das Eigentum der Republik überführte.[240] Am gleichen 3. April wurden die Vorrechte des Adels abgeschafft, die weltlichen Ritter- und Damenorden aufgehoben und die Führung von Adelsbezeichnungen, Titeln und Würden untersagt.[241] Am 25. April 1919 wurden der 12. November »zum immerwährenden Gedenken an die Ausrufung des Freistaates Deutschösterreich« sowie der 1. Mai zu allgemeinen Ruhe- und Feiertagen erklärt.[242]

Bedenkt man, dass das alles in einer Zeit geschah, in der man von der »unwiderstehlich vormarschierenden Sozialisierung« sprach, in der sogar der christlichsoziale Vizekanzler Jodok Fink am 21. Mai 1919 in einer Regierungserklärung ankündigte, dass man Privatunternehmen des Kohlenbergbaus, des Kohlengroßhandels, der Eisenerzgewinnung und Rohstahlerzeugung, der Elektrizitätswirtschaft, der Holzindustrie und des Holzgroßhandels enteignen und in den Besitz gemeinwirtschaftlicher Anstalten überführen werde,[243] so wird klar, dass die Sozialgesetzgebung jenen Erfolg brachte, den die Sozialdemokratie erhoffte. Sie zeigte den Arbeitermassen, dass gewaltige, in Umfang, Intensität und Radikalität bisher nicht da gewesene Errungenschaften auf friedlichem Weg, durch

---

240 Ebd., Nr. 209.
241 Ebd., Nr. 211.
242 Ebd., Nr. 246.
243 *Arbeiter-Zeitung*, 22. 5. 1919, S. 3.

Reformen, möglich waren. Die Alternative der Kommunisten, die ganze Macht zu erobern und sie in die Hände der Arbeiter- und Soldatenräte zu legen, schien demgegenüber nichts als härtesten Kampf, Bürgerkrieg und blutige Auseinandersetzung mit dem Klassengegner und der waffenstarrenden Entente anzubieten.

Die Sozialgesetzgebung: Phase 3

Nach der Niederwerfung Räteungarns Anfang August 1919 gingen die Initiativen für weitere Sozialgesetze bezeichnenderweise rasch zurück. Zwei Vollzugsanweisungen, die über die Arbeitslosenunterstützung und den Achtstundentag, verloren ihren provisorischen Charakter und wurden gesetzlich verankert, wobei das Arbeitszeitgesetz nunmehr auch kleingewerbliche Betriebe, Eisenbahn, Post, Banken, Rechtsanwaltskanzleien usw. erfasste.[244] Nach dem am 18. Dezember 1919 erlassenen Gesetz über die Errichtung von Einigungsämtern und über kollektive Arbeitsverträge[245] folgte am 26. Februar 1920 nur noch ein wichtiges Gesetz, die Errichtung der Kammern für Arbeiter und Angestellte.[246] Dann war die Periode sozialpolitischer Konzessionen der österreichischen Bourgeoisie an die Arbeiterklasse zu Ende, und was mit den groß angekündigten Sozialisierungsplänen geschah, ist zur Genüge bekannt.[247] Es steht aber fest, dass Österreich in den Jahren 1918 bis 1920, was Modernität und Dichte des Netzes der Sozialpolitik betraf, zu einem der führenden Länder unter den kapitalistischen Industriestaaten der Welt wurde, und die Sozialgesetzgebung das bei weiten positivste Ergebnis der österreichischen Revolution war.

---

244 StGBl. 1919, Nr. 581.
245 StGBl. 1920, Nr. 16.
246 Ebd., Nr. 100.
247 Siehe dazu: Erwin Weissel: Die Ohnmacht des Sieges. Arbeiterschaft und Sozialisierung nach dem Ersten Weltkrieg in Österreich. Wien 1976.

Das Verhältnis zwischen Sozialdemokratie und KPÖ im Arbeiterrat

Politisch verfolgte die österreichische Sozialdemokratie gegenüber den Kommunisten eine Linie, die sich von der in Deutschland eines Ebert, Scheidemann, Noske usw. deutlich abhob: die Strategie der möglichst *gewaltlosen* Bändigung der »Gefahr von links«.

Anfang März 1919 entschloss sich die Sozialdemokratische Partei unter dem wachsenden Druck der radikalisierten Arbeitermassen, das Organisationsstatut des Arbeiterrats zu ändern, ihn für die Kommunisten zu öffnen und allgemeine Wahlen in die Orts-, Bezirks- und Landesarbeiterräte auszuschreiben. Dabei ging sie von sehr konkreten politischen Erwägungen aus, von denen gleich die Rede sein wird. Die sich über den April, Mai und teilweise noch Juni 1919 hinziehenden Wahlen in die Arbeiterräte, die in ganz Österreich an die 870.000 Werktätige, davon in Wien 480.000, mobilisierten, erbrachten für die KPÖ einen Stimmenanteil von fünf bis maximal zehn Prozent.[248] Dieses Ergebnis war in erster Linie den Erfolgen in der Wählergruppe der Arbeitslosen und Invaliden geschuldet; bei den Beschäftigten der Groß-, Mittel- und Kleinbetriebe lag der Anteil der Kommunisten nur an der Vier- bis Fünf-Prozentmarke.

Die erdrückende Majorität der österreichischen Arbeiterschaft bekannte sich also auch am Höhepunkt der revolutionären Krise im Frühjahr 1919 zu ihrer angestammten Partei, zur Sozialdemokratie. Sie tat das allerdings nicht deshalb, weil sie deren Vorgangsweise unterstützte, mit den Christlichsozialen in der Regierung zu koalieren und auf dem Boden der bürgerlichen Ordnung zu verharren, sondern weil sie erwartete, davon überzeugt war und darauf vertraute, nur unter ihrer Führung, und nicht unter der der jungen und unerfahrenen Kommunistischen Partei, zum Sozialismus gelangen zu können.

Die politische Quintessenz des Ausbaus des Arbeiterrats zu einem »Parlament der gesamten Arbeiterklasse« war, mit den Kommunisten Kontakt zu halten, mit ihnen ins Gespräch zu kommen, sie, wenn möglich, auf die sozialdemokratische Linie des »Abwartens« und »Ge-

---

248 Hautmann: Geschichte der Rätebewegung, S. 341ff.

wehr-bei-Fuß-Stehens« zu bringen, sie von der Perspektivlosigkeit des Experiments einer Räterepublik zu überzeugen, und, wenn dies nicht gelang, *mit Mehrheitsbeschlüssen niederzustimmen.* Gerade in den Monaten der Nachbarschaft Räteungarns wurde von den sozialdemokratischen Führern mit besonderem Nachdruck hervorgehoben, dass für alle die österreichische Arbeiterklasse in ihrer Gesamtheit berührenden Fragen nicht Parteien oder Gewerkschaften, sondern der *Arbeiterrat* die einzig zuständige und entscheidungsberechtigte Körperschaft sei. Dass der Arbeiterrat nach erfolgter Organisationsreform, nach der Öffnung für alle sozialistischen Parteien und Gruppierungen,[249] nach der Einführung der freien und demokratischen Wahl der Mandatare ein solches repräsentatives und Autorität besitzendes Forum war, das konnten auch die Kommunisten nicht bestreiten. Um also ihr Ziel, alle Macht im Staat in die Hände der Räteorgane zu legen, zu erreichen, musste die KPÖ nach der inneren Logik dieser neuen proletarischen Institution danach trachten, durch hartnäckigen politischen Kampf, tägliche Propaganda und ideologische Aufklärungsarbeit die sozialdemokratischen Arbeiter und Arbeiterinnen für sich zu gewinnen und die Majorität im Arbeiterrat zu erobern. Da dies aus einer Reihe von objektiven und subjektiven Gründen nicht gelang, sahen sich die Kommunisten mit einer Situation konfrontiert, in der jeglicher Versuch, die Schwelle des sozialdemokratischen Reformismus zu überschreiten, vor den Massen als »Missachtung der Beschlüsse des Arbeiterrats« und »Bruch der proletarischen Disziplin« gebrandmarkt werden konnte. Dieses Dilemma wurde von den austromarxistischen Führern bis zum Letzten ausgenützt. Friedrich Adler sagte auf dem Salzburger Parteitag 1924, der den Beschluss über die Auflösung der Arbeiterräte fasste: »Manche Genossen glauben [...], es war eine besondere Schlauheit und taktische Geschicklichkeit, mit der

---

249 Laut dem neuen Organisationsstatut der Arbeiterräte vom März 1919 waren alle wählbar, die »in der Beseitigung der kapitalistischen Produktionsweise das Ziel und im Klassenkampf das Mittel der Emanzipation des arbeitenden Volkes erkennen«. Siehe: Die Arbeiterräte Deutschösterreichs. Organisationsstatut, Geschäftsordnung, Geschäftsbehandlung und Adressen der deutschösterreichischen Arbeiterräte. Wien o. J. (1921).

wir die Kommunisten dazu gebracht haben, immer wieder eine Niederlage nach der anderen zu erleiden. Aber das ist nicht die Geschicklichkeit einer Person, sondern der *Erfolg eines Prinzips*; die Kommunisten waren gezwungen, sich im Rahmen der *proletarischen Demokratie den Beschlüssen der Mehrheit der Arbeiterklasse* zu unterwerfen.«[250]

Zum »Erfolg eines Prinzips« konnte die sozialdemokratische Politik im Arbeiterrat – und in der österreichischen Revolution überhaupt – allerdings nur werden, weil die Parteiführer ihr Endziel als mit dem der Kommunisten deckungsgleich hinstellten, weil auch sie den radikalisierten Arbeitermassen 1918/19 versprachen, sie zum *Sozialismus* zu führen.

Sozialdemokratie und Sozialismus

Bei aller Vielfalt reformistischer Konzeptionen und Lehren kann ihr eigentliches Wesen in der Hauptsache auf zwei Schattierungen zurückgeführt werden: 1. Reformisten, die Reformen als allein wirksame Methode zur *völligen* Umgestaltung der Ausbeuterordnung, als Mittel, um den *Sozialismus* zu erreichen, betrachten, und 2. Reformisten, die sich *keine* sozialistischen Ziele setzen, sondern einzig die Verbesserung der Lage der »sozial Benachteiligten« zum Anliegen erklären und hierbei Reformen als Allheilmittel gegen sämtliche Gebrechen des Kapitalismus ansehen.

Die österreichische Sozialdemokratie war seit ihrer Wende zum Zentrismus, der auf dem Kriegsparteitag im Oktober 1917 vollzogen wurde, bis zu ihrem Untergang im Februar 1934 entschieden eine reformistische Partei des *ersten* Typs. Das kam in der österreichischen Revolution mit besonderer Durchschlagskraft und enormer Massenwirkung zum Tragen. Dazu nur ein Beispiel: Am 1. März 1919 hielt der Parteivorsitzende der österreichischen Sozialdemokratie, Karl Seitz, auf der 1. Reichskonferenz der Arbeiterräte das Eröffnungsreferat. Darin stellte er den Gegensatz zwischen Sozialdemokraten und Kommunisten als bloß taktische Meinungsverschiedenheit hin, die ausschließlich das Problem der

---

250 Protokoll des sozialdemokratischen Parteitags 1924. Abgehalten in Salzburg vom 31. Oktober bis 3. November 1924. Wien 1924, S. 212 (Hervorhebungen im Original).

Beurteilung des *Tempos* der Entwicklung zum Sozialismus, nicht aber das sozialistische *Endziel* betreffe. Während die Kommunisten »sofort«, »über Nacht« und »mit Gewalt« den Sozialismus zu erringen suchten, sei die Sozialdemokratie der Auffassung, dass diese Entwicklung »einen gewissen Zeitraum in Anspruch nehmen wird«. Dann ließ Seitz folgende Worte fallen: »Bei reicher Vorratswirtschaft, bei gefüllten Speichern, mit Menschen in voller Arbeitskraft *wäre der Sozialismus eine Frage der kürzesten Zeit* […]. Trotzdem und alledem […] – wir müssen *heute* den Weg beschreiten, wir müssen anfangen, *den Sozialismus zu verwirklichen.*«[251]

Die Sozialdemokratie hat den Werktätigen in der österreichischen Revolution also nicht gesagt, dass es bei der bürgerlich-kapitalistischen Staatsordnung bleibt, sondern ihnen versprochen, sie zum Sozialismus zu führen. Anders hätte sie damals keinen einzigen Tag ihren Masseneinfluss behalten können. Zudem versicherte sie, dass ihr Weg zum Sozialismus sicherer, bedachter, realistischer sei und viel weniger Opfer abfordern würde als der von den Kommunisten vorgezeichnete.[252] Dass das nicht nur Gerede war, dass Austromarxisten wie Otto Bauer, Max Adler, Friedrich Adler und andere den Sozialismus wollten und fest von der Richtigkeit ihres Rezepts überzeugt gewesen sind, kann ebenso wenig bestritten werden wie die Tatsache, dass jede soziale Revolution Wagnisse und Risken in sich birgt.

Hier liegt die tiefste *massenpsychologische* Wurzel für den Erfolg des Reformismus und für das Scheitern der Bemühungen der KPÖ, zu einer Räterepublik zu gelangen. Denn vor die Wahl gestellt, ein Ziel friedlich oder durch härtesten Kampf zu erreichen, wird nur in Ausnahmefällen eine Mehrheit die vermeintlich mühelosere Alternative verwerfen. Die überwältigende Majorität der österreichischen ArbeiterInnen folgte daher 1918/19 dem von der Sozialdemokratie angebotenen Weg und lehnte den der Kommunisten, der ein blutiges, gewaltige Opfer kosten-

---

251 *Arbeiter-Zeitung*, 2.3.1919, S. 3 (Hervorhebungen H. H.).
252 Wie die österreichische Sozialdemokratie »opferlos« zum Sozialismus zu gelangen gedachte, wurde von Otto Bauer in einer Artikelserie in der *Arbeiter-Zeitung* im Frühjahr 1919 detailliert geschildert. Die Artikel wurden sogleich auch als Broschüre in Massenauflage verbreitet: Otto Bauer: Der Weg zum Sozialismus. Wien 1919.

des Ringen mit den in- und ausländischen Klassengegnern verhieß, ab. Erfahrungen mit den »dritten Wegen« hatte man 1918/19 noch keine, und die bis dahin sichtbaren Resultate sozialdemokratischer Strategie (demokratische Rechte, soziale Gesetzgebung, »rote« Volkswehr, starke Stellung des Arbeiterrats, Ankündigung der Sozialisierung der Großindustrie usw.) übertrafen die negativen Begleiterscheinungen der österreichischen Revolution, die von den Arbeitern mit Unbehagen registriert wurden, noch bei weitem. Die Arbeitermassen konnten damals nicht wissen, dass die Wahlmöglichkeit in Wirklichkeit nicht die zwischen zwei Wegen zum Sozialismus war, sondern die zwischen Sozialismus und Erhaltung der bürgerlichen Ordnung.

Wissen hätten es allerdings die sozialdemokratischen Führer müssen, die die Schriften von Karl Marx (auf die sie sich als Richtschnur ihrer Politik ja immerhin beriefen) in- und auswendig kannten und denen dessen Lehren, wie in revolutionären Zeiten vorzugehen ist und was man auf keinen Fall verabsäumen darf, nicht unbekannt waren, vor allem nicht die von Marx als Schlüsselfrage jeder Revolution bezeichnete Frage der Macht. Otto Bauer bestätigte die Folgen der Missachtung dieses Prinzips, als er im Jahr 1930 in resignierendem Ton schrieb: »Wir konnten 1919 die kapitalistische Produktionsweise, *die sich rings um uns in der Welt behauptete*, nicht gerade in Österreich überwinden. *So blieb der Bourgeoisie die ökonomische Macht.* Diese ›ökonomische Macht‹ wurde in Gestalt des Einflusses der kapitalistischen Presse und der von ihr erzeugten ›öffentlichen Meinung‹ auf die Wählermassen, in Gestalt des Einflusses der Wahlfondsspenden der kapitalistischen Organisationen für die bürgerlichen Parteien und der Subsidien der kapitalistischen Organisationen für die Heimwehren, in der Gestalt des großindustriellen Betriebsterrors wirksam […]. *Auf der Grundlage der bürgerlichen Produktionsweise mußte die bürgerliche Herrschaft wiedererstehen.*«[253]

Im Jahr 1919 hatte Otto Bauer noch festgestellt, dass damals die Entwicklung in Europa zum Sozialismus hin »überaus hoffnungsvoll« gewesen sei, in Deutschland die »Arbeitermassen stürmisch nach der

---

[253] Otto Bauer: Die Bourgeois-Republik in Österreich, in: *Der Kampf*, 23. Jg. (1930), Nr. 5, S. 193–202, hier S. 199 (Hervorhebungen H. H.).

Sozialisierung drängten«, in Ungarn eine Räterepublik entstand, in der Tschechoslowakei und in Polen »große Agrarreformen, die Enteignung des großen Grundbesitzes angekündigt« worden sei und auch im Lager der Entente Bewegungen bemerkbar wurden, »die den Ausbruch einer sozialen Revolution in den Bereich des Möglichen zu rücken schien.«[254] Der Kapitalismus behauptete sich 1919 weder in noch rings um Österreich ohne Erschütterung, sondern befand sich in einer tiefen Existenzkrise und war in Sowjetrussland und Ungarn bereits durchbrochen.

Das politische Handeln der großen Sozialdemokratie in der österreichischen Revolution hatte daher ein ganz anderes Gewicht als das der kleinen Kommunistischen Partei und muss daher auch anders bewertet werden. Wenn die Sozialdemokratie die Durchsetzung der bedeutenden demokratischen und sozialen Errungenschaften in der österreichischen Revolution als Verdienst für sich beanspruchen durfte, so trug sie auf der anderen Seite aber auch die Hauptverantwortung für das, was 1918/19 unterlassen wurde und bekanntlich schwerwiegende negative Folgen zeitigte. Dennoch: Wir haben mit der österreichischen Revolution von 1918/19 eine historische Tradition vor uns, die wahrlich der Erinnerung wert ist. Sie zeigt uns, wie viel unter bestimmten Voraussetzungen möglich und erreichbar ist, wenn sich die arbeitenden Menschen der Tugenden des Kampfes besinnen, ihrer Kraft innewerden. Die Grundpfeiler von 1918/19 bieten mehr als jedes andere Gedenkdatum der österreichischen Geschichte für alle in unserem Land, denen wirkliche und nicht bloß geheuchelte Demokratie, denen gesellschaftlicher Fortschritt auch und gerade im Gegenwind von Sozialabbau, Neoliberalismus und imperialistischer Globalisierung am Herzen liegen, Objekte der Identifikation und der Hoffnung auf eine bessere Zukunft.

---

254 Bauer: Die Sozialisierungsaktion im ersten Jahre der Republik, S. 3.

»Spätsommer des Untergangs«.
Zur Widerspiegelung der revolutionären Ereignisse und Gestalten in Franz Werfels »Barbara oder Die Frömmigkeit«

Der Roman »Barbara oder Die Frömmigkeit« nimmt im Gesamtwerk Franz Werfels seines ausgeprägt autobiografischen Charakters wegen eine Sonderstellung ein. Er schildert darin seine Kindheit und Jugend, seine Erlebnisse als Soldat der k. u. k. Armee im Ersten Weltkrieg und seine Beteiligung an den revolutionären Ereignissen des Jahres 1918 in Wien. Das über 800 Seiten starke Buch erregte bei seinem Erscheinen 1929 großes Aufsehen, weil darin unter Decknamen eine Reihe öffentlich bekannter Personen dargestellt sind, die, mit wenigen Ausnahmen, in spöttischer, bisweilen grotesk überzogener und pejorativer Weise gezeichnet werden. Da das, wie kaum anders zu erwarten, für den Haupthelden des Romans, *Ferdinand R.* (Werfel selbst), nicht gilt, stellte sich für die Zeitgenossen die Frage nach dem Verhältnis von »Dichtung und Wahrheit«.

Als man Egon Erwin Kisch, als *Ronald Weiß* eine der zentralen Personen der Handlung, über sein Konterfei in der »Barbara« befragte, gab er zur Antwort: »Was ich von Ronald Weiß halte, meinen Doppelgänger in Werfels Roman ›Barbara‹? Als ich das Buch las, hatte ich schon mehrere Kritiken gelesen, in denen stand, daß die Figur meine Photographie und eine sehr gehässige Photographie sei. […] Als ich aber das Buch las, habe ich gesehen, daß ich eigentlich nicht karikiert bin. Mit Werfel hat mich damals ehrliche Freundschaft verbunden. (Seither haben wir uns nicht mehr gesehen.) Und ich war schuld – bitte das Wort schuld unter Anführungszeichen zu setzen –, daß er in den Strudel der Revolution gezogen wurde, was er genug bedauerte. […] Das Gedächtnis Werfels ist bewundernswert, und da Gedächtnis Genie ist, ist das Buch bedeutend. Was Ronald Weiß anbelangt, sind die Gespräche, die wir miteinander geführt haben, mit der Genauigkeit einer Grammophonplatte wiedergegeben. Nur hie und da kontrapunktiert er einiges.

Aber es wäre kleinlich, einem Romanschriftsteller zu verwehren, daß er Schatten aufzeigt, wo er so viele Lichter verwendet hat. Vielleicht bin ich dem Leser des Buches nicht sympathisch. Aber ich kann lachen, denn so unsympathisch wie Basil (Franz Blei) oder Hedda (Gina Kaus) stehe ich doch nicht da. Allerdings zwei Figuren sind stärker mit Lob bedacht, und sie haben es verdient. Gebhardt (der Psychoanalytiker Otto Groß) und Krasny (der Dichter Otfried Krzyzanowski) – ein schönes Denkmal für sie, das sie redlich verdient haben.«[255]

Diese recht wohlwollende Einschätzung teilte ein anderer Zeitgenosse, Karl Kraus, ganz und gar nicht. Dessen einst freundschaftliche Beziehung zu Werfel war zum Zeitpunkt des Erscheinens des Romans, 1929, längst schon in eine erbittert feindliche umgeschlagen. Er widmete dem Buch in der *Fackel* eine boshafte, in der Bedachtnahme auf sprachliche Korrektheit jedoch gerechtfertigte Glosse, die ein Exempel satirischer Virtuosität ist. Nach einigen Blütenlesen stilistischer wie grammatikalischer Schnitzer, die Werfel in der »Barbara« unterliefen, zitierte Karl Kraus einen Satz, der mit den Worten »Ohne dass« beginnt, um sodann den Autor über »die Welt des Begriffes ›ohne‹« zu belehren, die »mehr Geheimnisse enthält, als sich sämtliche Mitglieder einer preußischen Dichterakademie träumen lassen (der Werfel seit 1926 angehörte, H. H.), in welche nur Leute aufgenommen werden, die keiner Beziehung zur Sprache verdächtig sind und sich auch sonst über ihr Metier wenig Gedanken machen.«[256] Karl Kraus beendete seine Philippika so: »Ohne es noch deutlicher machen zu müssen, lasse ich gegenüber so kleinlichen Ausstellungen, die doch am Weltruhm nichts ändern können, den Einwand des Dichters zu: Ohne daß Sie die ganze Barbara gelesen haben, können Sie nicht wissen, daß sie ein Kunstwerk ist. Ich repliziere aber: Ohne mehr als dieses eine Kapitel gelesen zu haben, weiß ich, daß sie ein Schund ist.«[257]

---

255 Egon Erwin Kisch über sein Porträt im neuen Werfel-Roman, in: Egon Erwin Kisch: Läuse auf dem Markt. Vermischte Prosa. Berlin und Weimar 1985 (Gesammelte Werke in Einzelausgaben, Bd. 10), S. 498f.
256 Karl Kraus: Barbara oder…, in: *Die Fackel*, Nr. 827–833 (1930), S. 96–102, hier S. 101.
257 Ebd., S. 102.

Es wäre eine Anmaßung meinerseits, ein Urteil über die literarische Qualität des Barbara-Romans zu fällen. Mein subjektiver Eindruck bei der Lektüre war und ist zwiespältig. Neben Abschnitten über Werfels Kinderfrau *Barbara*, die in ihrer Sentimentalität hart an der Grenze zum Kitsch liegen, oder, wie die schier nicht enden wollenden Diskussionen zwischen *Ferdinand R.* und *Alfred Engländer*, einfach langweilen, gibt es zwei Kapitel, betitelt »Zweites« und »Drittes Lebensfragment«, die einerseits ein Meisterstück der Beschreibung der Schrecknisse des Ersten Weltkriegs sind und andererseits ein psychologisch wie atmosphärisch ungemein dichtes, aufregend zu lesendes Stimmungsbild der revolutionären Situation in Wien am Vorabend des November 1918 und des Umsturzes bieten. Zweck des Beitrags ist nicht, professionelle Literaturkritik zu üben, vielmehr geht es darum, »Wahrheit« und »Dichtung« aus der Sicht eines Historikers zu vergleichen, der sich mit dem Thema der Revolution von 1918 über viele Jahre hinweg beschäftigt hat.

Wirklichkeit ...

Franz Werfel, geboren am 10. September 1890 in Prag als Sohn eines Handschuhfabrikanten; Besuch des Gymnasiums in Prag bis 1908; 1909–1910 Studium an der Prager Universität, Bekanntschaft mit Willy Haas, Franz Kafka, Max Brod; 1911 in Hamburg: auf Wunsch seines Vaters Lehrjahr bei der Transportfirma Brasch & Rothenstein (von Werfel sehr bald aufgegeben); 1911/12 Einjährig-Freiwilligen-Jahr beim Schweren Feldhaubitzenregiment Nr. 19 auf dem Hradschin in Prag; 1911 erster Gedichtband »Der Weltfreund«; ab Oktober 1912 Lektor im Verlag Kurt Wolff in Leipzig, Freundschaft mit Walter Hasenclever und Kurt Pinthus; mit beiden gemeinsam Herausgabe der Schriftenreihe »Der jüngste Tag« (1913 bis 1921).[258]

Nach Ausbruch des Ersten Weltkriegs wurde Werfel, schon vorher zum Pazifisten geworden, 1915 eingezogen. Da er sein Einjährig-Freiwilligen-Jahr (das er nur höchst unfreiwillig abdiente) ohne die übliche

---

258 Norbert Abels: Franz Werfel mit Selbstzeugnissen und Bilddokumenten. Reinbek bei Hamburg 1993 (rowohlts monographien), S. 7–32.

Offiziersprüfung abgeschlossen hatte (er bestand das ansonsten leichte Examen nicht), musste er als subalterner »Kanonier-Titular-Vormeister« der Artillerie einrücken.[259] Noch dazu versäumte er die Abfahrt seines Militärtransports, sodass er als Einzelreisender zu seinem Regiment an der italienischen Front stieß. Das brachte ihm sofort einen schlechten Ruf ein; die darauf folgenden andauernden Schikanen, Beleidigungen und Quälereien der Vorgesetzten befreiten Werfel von »bürgerlichen Hemmungen«[260] und waren der Hauptgrund für seine spätere radikale Haltung. Schon nach wenigen Wochen kam es zur Katastrophe: in der Nähe von Bozen sprang er (sehr wahrscheinlich absichtlich) bei einer Seilschwebebahnfahrt kurz vor der Ankunft zu früh ab und verletzte sich schwer an beiden Beinen.[261] Wochenlang lag Werfel in einem Feldspital, währenddessen eine Anklage wegen Selbstverstümmelung vor dem Kriegsgericht drohte. Dazu kam es aber nicht; Ende 1915 versetzte man ihn als Telefonist an die russische Front nach Ostgalizien. Im August 1917 wurde Werfel über Initiative Harry Graf Kesslers in das Kriegspressequartier nach Wien abkommandiert.[262] Dort traf er mit Hugo von Hofmannsthal, Stefan Zweig, Franz Theodor Csokor, Alfred Polgar, Rainer Maria Rilke, Robert Musil, Franz Blei und Egon Erwin Kisch zusammen; besonders mit Blei und Kisch verband ihn bald ein enger freundschaftlicher Kontakt.[263] Im Herbst 1917 begann über Vermittlung Bleis die Bekanntschaft mit Alma Mahler-Gropius. Ebenfalls im Herbst 1917 weilte Werfel für kurze Zeit in Berlin, wo er sich einer künstlerischen »Aktivisten«-Gruppe unter der Führung Kurt Hillers anschloss. Gemeinsam mit Martin Buber, Gustav Landauer und Max Scheler gründete Werfel dort einen »Geheimbund der Geister gegen die militärische Machtfratze«.[264] Noch 1917 kehrte er nach Wien zurück.

259 Peter Stephan Jungk: Franz Werfel. Eine Lebensgeschichte. Frankfurt/M. 2001, S. 62.
260 Alma Mahler-Werfel: Mein Leben. Frankfurt/M. 1960, S. 118.
261 Leopold Zahn: Franz Werfel. Berlin 1966, S. 15.
262 Mahler-Werfel: Mein Leben, S. 120.
263 Abels: Werfel, S. 44.
264 Richard Specht: Franz Werfel. Versuch einer Zeitspiegelung. Wien, Berlin 1926, S. 44; Jungk: Werfel, S. 65.

Im Mai 1918 wurde Werfel auf Befehl des Kriegspressequartiers als »Kulturpropagandist« in die Schweiz entsandt, bereitete seinen Auftraggebern aber eine schwere Enttäuschung: bei Vorträgen und Lesungen in Zürich, Bern und Davos bekannte er offen seine antimilitaristische und pazifistische Gesinnung ein. In Davos, wo er im Volksbildungsheim vor einem Publikum sprach, das hauptsächlich aus Arbeiterinnen und Arbeitern bestand, stellte er das neue, bolschewistische Russland als Vorbild hin, weil dort »Geist und Sozialismus in eins verschmolzen seien« und drückte die Hoffnung aus, dass auch seine eigenen Dichtungen »zur Auflösung der bürgerlichen Welt« und zur »Erneuerung des Sozialismus« beitragen mögen.[265] Die österreichischen Vertretungsbehörden in der Schweiz zeigten Werfel daraufhin beim Kriegspressequartier in Wien an; wieder drohte ein Gerichtsverfahren, wieder geschah Werfel nichts. »Die clementia Austriaca bewährte sich auch in diesem Fall.«[266]

Inzwischen nahte mit Riesenschritten das Ende des Habsburgerreiches. Werfel, der von seinen Freunden Blei und Kisch fast täglich ins Café »Central« geschleppt wurde (beziehungsweise sich sehr gerne schleppen ließ), lernte dort – neben anderen, auf die wir gleich zu sprechen kommen werden – auch die späteren Gründer der linksradikalen »Roten Garde« und der Kommunistischen Partei Deutschösterreichs kennen. Egon Erwin Kisch, damals bereits ein revolutionärer Marxist, der illegale politische Arbeit leistete und zum Beispiel an den Vorbereitungen des Jännerstreiks 1918 mitbeteiligt war, hat Werfel in besonderem Maße beeinflusst.[267] Vollends seit dem 30. Oktober 1918, dem eigentlichen Tag

---

265 Jungk: Werfel, S. 95.
266 Zahn: Werfel, S. 16.
267 Egon Erwin Kisch: Kriegspropaganda und ihr Widerspiel, in: ders.: Läuse auf dem Markt, S. 38–60; Ludovit Sulc: Über den entscheidenden Abschnitt im Leben E. E. Kischs (1917–1919), in: Weltfreunde. Konferenz über die Prager deutsche Literatur, hg. von Eduard Goldstücker. Prag 1967, S. 298; Guido Zamis: Egon Erwin Kisch und die Wiener Rote Garde, in: *Beiträge zur Geschichte der Arbeiterbewegung*, 24. Jg. (1982), Nr. 5, S. 719–733; Hans Kronberger: Zwischen Kriegspropaganda und Subversion. Egon Erwin Kisch an der Wende vom bürgerlichen Journalismus zum Revolutionär, in: Egon Erwin Kisch. München 1980 (*Text + Kritik. Zeitschrift für Literatur*, Nr. 67), S. 48–54.

des Ausbruchs der Revolution in Wien, war Werfel im Wirbel der sich überstürzenden Ereignisse mitgerissen. Kisch, der gemeinsam mit Korporal Haller und Leo Rothziegel zu den Gründern der »Roten Garde« – des Bürgerschrecks Nr. 1 im November 1918 – gehörte, zog mit Werfel von Soldatenmeeting zu Soldatenmeeting zwecks Agitation und Werbung. Alma Mahler: »Am nächsten Tag kam Werfel zu mir, in alter Uniform, schrecklich anzuschauen [...]. Seine Augen schwammen in Rot, sein Gesicht war gedunsen und starrte vor Schmutz, seine Hände, seine Montur [...], alles war zerstört. Er roch nach Fusel und Tabak [...]. Ich schickte ihn weg. Er war mir widerlich.«[268]

Ein Polizeiakt berichtet:

»Am 3. November 1918 fand vor dem Abgeordnetenhaus eine Kundgebung der Angehörigen der sogenannten ›roten Garde‹ statt. Ein Teil der Demonstranten zog von dort zum Schottentore, wo abermals Ansprachen an dieselben gehalten wurden. Nach Meldung des hierortigen Polizei-Bezirksinspektors Rudolf Schupp soll nun hiebei ein Zivilist die Äußerung gemacht haben, ›heute seien sie (die Angesammelten) noch zu schwach, sie würden von den Pferden der Berittenen zertreten werden, bis sie aber genügend stark seien, dann würden sie herniederschmettern wie eine Lawine auf alle, von denen sie jetzt ausgebeutet und ausgesaugt würden; dann würden sie die Herren werden von dem, was ihnen jetzt nicht gehöre, dann würden sie auch diese Geldpaläste besitzen.‹ Bei der letzten Äußerung soll er auf das Gebäude des Wiener Bankvereins hingewiesen haben. Die bezügliche Meldung des Polizei-Bezirksinspektors Schupp wurde mir zur Bearbeitung zugewiesen und ermittelte ich durch vertraulich Erhebung, dass der Redner mit dem in Wien, IX. Boltzmanngasse 22, wohnhaften, in Prag in Böhmen heimatsberechtigten Schriftsteller Franz Werfel identisch sei. Ich ließ Werfel daher einladen, mich zwecks Erteilung einer Auskunft im Amte aufzusuchen, welcher Einladung er auch am 10. November 1918 nachkam. Über Befragen erklärte er, daß er tatsächlich am besagten Tage beim Schottentore an die dort versammelten Personen eine Ansprache gehalten und hiebei auch

---

268 Mahler-Werfel: Mein Leben, S. 122.

mit der Hand gegen den Wiener Bankverein weisend, erklärt hätte, daß die Arbeiter einst Herren der Geldpaläste sein würden. Er habe aber daran die Bemerkung geknüpft, daß sie eben deshalb, weil der Endsieg ihnen sicher sei, es nicht nötig hätten, gegenwärtig etwas zu unternehmen, was der Würde ihrer Kundgebung abträglich wäre.
Franz Werfel erklärte hier, er sei Anhänger des Urchristentums und daher gegen jede Gewalt, und seine ganze Rede habe nur den Zweck verfolgt, die aufgeregte Menge von Gewaltakten, insbesondere von einem Zuge zur Rossauerkaserne, abzubringen. Ich machte Werfel darauf aufmerksam, daß ich an der Richtigkeit seiner Darstellung nicht zweifle, daß er aber, da er sich nach eigener Aussage bisher nicht mit der Politik befaßt habe, nicht imstande sei, die Wirkung derartiger Reden auf die Zuhörer richtig abzuschätzen und daß seine Ansprache, mit der er angeblich Gewaltakte hintanhalten wollte, leicht solche hätte herbeiführen können. Dies wäre auch für ihn selbst vielleicht von üblen Folgen begleitet gewesen, da er ja nach Prag zuständig sei und daher in Deutsch-Österreich das Heimatrecht nicht besitze. Nun erst erklärte Werfel, daß jedwede Maßnahme gegen ihn bei der gegenwärtigen Situation heftigste Angriffe in der reichsdeutschen Presse hervorrufen werde. Ich habe diese Bemerkung Werfels als Ausfluß übergroßen Selbstbewußtseins – er scheint sich ebenso, wie der ›Abend‹ es tut, für einen hervorragenden Dichter, ›eine der wenigen Hoffnungen der deutsch-österreichischen Kunst‹, zu halten – vollständig ignoriert. Daß ich Werfel vorgehalten habe, daß er während des Aufenthaltes in der Schweiz eifrig Friedenspropaganda getrieben habe, ist ganz und gar unwahr. Ich bitte, hier gehorsamst bemerken zu dürfen, daß mir als mehrere Jahre im staatspolizeilichen Referate zugeteilten Beamten eine derartige Weltfremdheit wohl nicht zugemutet werden kann. In dieser Hinsicht ist der Sachverhalt vielmehr folgender: Herr Werfel hat während des Kriegs Vorträge eigener Dichtungen in der Schweiz veranstaltet und berichteten damals Schweizer Blätter, daß er deshalb mit den österreichischen Behörden in Konflikt gekommen sei.
Im Verlaufe der Unterredungen, die ich mit ihm hatte, fragte ich ihn, ob dies den Tatsachen entspräche, und welches der Grund des Vor-

gehens der österreichischen Behörden gewesen sei. Die Mitteilung, daß die pazifistische Note in seinen Gedichten das Mißfallen der Vertretungsbehörden in der Schweiz hervorgerufen habe, nahm ich einfach zu Kenntnis.
Dr. Johann Presser, Polizeikommissär«[269]
Schon bald nach dem 12. November 1918 wandte sich aber Werfel, wohl unter dem Einfluss der erzkonservativen Alma Mahler, von den Revolutionären ab. Ob er jemals wirklich offiziell Angehöriger der »Roten Garde« war, wissen wir nicht: In den Akten fehlt jeder Beweis für seine Mitgliedschaft. Der große »Anführer«, wie man ihm später vorwarf, war er jedenfalls nie. Zum letzten Mal Kontakt zu den Kommunisten hatte Werfel, als er bei der Neujahrsfeier der *Föderation Revolutionärer Sozialisten »Internationale«* (die sich kurze Zeit später mit der KPÖ vereinigte) »seine Dichtungen den andächtig Lauschenden meisterhaft darbot.«[270] Dann war endgültig Schluss mit diesem turbulenten Abschnitt seines Lebens. Alma Mahler: »Er war nachher nicht glücklich über diese Episode.«[271]

... und fiktive Realität

Der 1929 im Paul Zsolnay-Verlag erschienene Roman »Barbara oder Die Frömmigkeit« ist nach dem »Verdi« das zweite große epische Werk Werfels. Als die Lebensgeschichte des Schiffsarztes Dr. *Ferdinand R.*, der sich eines Nachts auf dem Luxusdampfer »Assuan« seines Daseins erinnert, setzt dieses Buch die Tradition großer deutscher Entwicklungsromane fort. *Ferdinand R.*: das ist Werfel selbst. Zwar verlebt *Ferdinand*, anders als Werfel, seine Jugend im Offiziersmilieu; sein Vater, Oberst der k. u. k. Armee, stirbt früh. Autobiographisch richtig gezeichnet ist jedoch der Vater-Sohn-Konflikt (der als zentraler Erlebnisinhalt der Expressionistengeneration das gesamte Frühwerk Werfels durchzieht), als

---

269 ÖStA/AdR, BKA Inneres, 22/NÖ, Zl. 927/18 v. 21.11.1918, Amtsäußerung von Polizeikommissär Dr. Johann Presser.
270 *Der freie Arbeiter.* Sozialistische Wochenschrift (Wien), 4.1.1919.
271 Mahler-Werfel: Mein Leben, S. 122.

auch die Person der Kinderfrau *Barbara*, die als »Babi« dem ohne elterliche Liebe aufwachsenden Franz in selbstloser Aufopferung die fehlende Nestwärme gab. Dieser *Barbara* – obwohl sie nicht die Hauptrolle spielt und deshalb der Titel des Buches mit Recht in Frage gestellt werden kann – hat Werfel in seinem Roman ein Denkmal setzten wollen.

Neben *Ferdinand* die zweite wichtige Person ist der christusgläubige Jude *Alfred Engländer*, der als religiöser Intellektmensch der naivfrommen Denkungsart der Dienstmagd *Barbara* diametral gegenübersteht.[272] In langen Diskussionen, bei denen *Ferdinand* die Rolle des aufgeklärten Dutzendmenschen vertritt, entwickelt *Engländer* seine Ideen einer Versöhnung zwischen Rom und Israel, dem Judentum und der katholischen Kirche, wodurch der Welt ein endgültiger Friede geschenkt werden soll. Man hat behauptet, dass Werfel sich im Barbara-Roman gleich zweimal porträtiert habe: in *Ferdinand*, als dem von ihm gewünschten, aber unerreichbaren Vorbild, und in *Alfred Engländer*, als ironische Selbstparodie seines innersten Wesens.[273]

Für unser Vorhaben beginnt der Roman im 5. Kapitel des »Zweiten Lebensfragments« interessant zu werden: mit dem Ausbruch des Ersten Weltkriegs. *Ferdinand* rückt ein und begegnet gleich am ersten Tag jenem Mann, der nun zu einer der Hauptfiguren wird: *Ronald Weiß* (Egon Erwin Kisch). Werfel beschreibt ihn: »Er war mit seinen dreißig Jahren schon ein Journalist mit großem Namen. Er schrieb für die bedeutendsten deutschen und österreichischen Zeitungen [...] Unermüdlich witzig, von Leben triefend, mit einer kraftvollen und lustigen Natur begabt.«[274] Dieser Tausendsassa, unerschöpflich in seinem Repertoire an Anekdoten und Geschichtchen, »war mit den Restbeständen seiner kindlichen Wildwest- und Kriminallektüre nie fertig geworden. Als Gerichtssaalberichterstatter rühmte er sich der Freundschaft aller Verbrechergrößen der Vorstädte, der Hochachtung vieler Zuhälter und der echten Liebe so mancher Prostituierten.«[275] Wegen dieser Eigenschaften hat *Weiß* auch

---

272 Zahn: Werfel, S. 33.
273 Werner Braselmann: Franz Werfel. Wuppertal 1960, S. 49f.
274 Franz Werfel: Barbara oder Die Frömmigkeit. Berlin, Wien, Leipzig 1933, S. 216f.
275 Ebd., S. 220.

eine privilegierte Stellung: als einziger Einjährig-Freiwilliger darf er an Kameradschaftsabenden des Offizierskorps teilnehmen, ahmt dort bekannte Schauspieler auf das trefflichste nach, zeigt Kartenkunststücke, »ganz zu schweigen von seinem Bauchrednertalent und der Jonglierkunst, die er sich unter Artisten angeeignet hatte, als er einst zwei Wochen im grünen Wagen einer Zirkusgesellschaft zubrachte.«[276]

Es ist deutlich spürbar, wie sehr Werfel Egon Erwin Kisch um seine unbekümmerte Lebenstüchtigkeit, seine draufgängerische Abenteuerlust und bezwingende Vitalität beneidet hat. Alle anderen Personen im Zweiten und Dritten »Lebensfragment« des Romans, ausgenommen *Gebhart*, kommen in der Beschreibung mehr oder minder schlecht weg. Werfel, der seinem ganzen Naturell nach ein leicht beeinflussbarer und ein in starkem Maße Stimmungen unterworfener Mensch war, sich nur allzu gern von den Verhältnissen »treiben« ließ (und gerade aus dieser Charakteranlage heraus seine dichterische Kraft schöpfte), war Kisch sozusagen, »mit Haut und Haar« verfallen.

Dann verlieren sich die beiden. *Ferdinand*, Telefonist an der ostgalizischen Front, bewährt sich und wird zum Leutnant befördert. Eines Tages soll er als Exekutionskommandant die Erschießung dreier Deserteure befehligen, lässt jedoch die Verurteilten im letzten Augenblick entweichen. Zu einer Strafkompanie versetzt, wird *Ferdinand* lebensgefährlich verwundet. *Barbara* besucht in im Lazarett und behütet seinen Genesungsschlaf.

Das »Dritte Lebensfragment«, jene eindrucksvolle Beschreibung der Atmosphäre in Wien während des Herbstes 1918, beginnt mit der erneuten Begegnung *Ferdinands* mit *Ronald Weiß*. Im »Säulensaal« eines Kaffeehauses (hier werden abwechselnd das Café »Central« und das Café »Herrenhof«, beide in der Herrengasse gelegen, beschrieben) stellt ihn *Weiß* seinen Bekannten – allerlei Bohemiens, verkrachten Künstlern, obskuren Weltverbesserern und marxistischen Revolutionären – vor. *Ferdinand* ist durch seine Geschichte mit der vereitelten Hinrichtung bekannt und berühmt geworden: er gilt nun als kämpferischer Antimilitarist und wird als Gleicher unter Gleichen aufgenommen. Er will

---

[276] Ebd., S. 217.

sich verabschieden, um zu seinem Regiment nach Bruck an der Leitha zu fahren, da halten ihn seine Freunde zurück. Als nunmehriger Revolutionär müsse er seinen Weg zu Ende gehen, das heißt aber: desertieren. Und *Ferdinand* bleibt.

»Barbara oder Die Frömmigkeit« wird von dieser Stelle an zum Schlüsselroman über Werfels Erlebnisse in und seine Beteiligung an den revolutionären Ereignissen in Wien: »Während die Regierung, die Staatsmänner, die leitenden Stellen, ja selbst die unterschiedlichen Nationalverbände noch an das künftige Fortbestehen der Monarchie glaubten, waren die Neurastheniker des Säulensaals von ihrem Untergang längst überzeugt. Kranke Nerven haben immer einen Vorsprung in der Zeiterkenntnis. Die russische Revolution hatte die Welt umgeworfen. Sie sahen nur dies […] Ehe die Sozialisten selber noch daran dachten, daß ihnen die Herrschaft über Nacht in den Schoß fallen werde, wurden sie im Säulensaal schon als Reaktionäre gelästert, als ›Sozialverräter‹, vor denen man die Revolution werde schützen müssen.«[277]

Ferdinand begegnet zuerst *Gebhart*, einem 40-jährigen einstigen Privatdozenten für Psychiatrie. *Gebhart* – das ist der Psychoanalytiker Otto Gross. Werfel enthüllt dies seinen Zeitgenossen durch die Bemerkung an einer Stelle des Romans, dass *Gebharts* Vorfahren steirische Protestanten gewesen seien und sein Vater zu den berühmtesten akademischen Rechtslehrern gezählt habe. Tatsächlich war der Vater von Otto Gross, Hans Gross (1847–1915), als Ordinarius an der Universität Graz der eigentliche Begründer der modernen Kriminalistik als selbständiger Wissenschaft. Sein Hauptwerk, das 1893 erschienene »Handbuch für Untersuchungsrichter«, wird nach wie vor benützt und hat seine 10. Auflage zuletzt im Jahr 1977 erlebt.[278]

Gebhart ist ein »Welterneuerer«, der die Beziehungen der Geschlechter zueinander als seit Jahrtausenden, seit dem Aufkommen des Patriarchats, verdorben ansieht. Für ihn, der *Ferdinand* die Lektüre des »Kommunistischen Manifests« dringend empfiehlt, soll die kommende Revolution,

---

277 Ebd., S. 428.
278 Hans Gross/Friedrich Geerds: Handbuch der Kriminalistik, 2 Bände. Berlin 1977 (10. Auflage).

die mit allen Mitteln herbeigeführt werden muss, mit der völligen Vernichtung der vaterrechtlichen »Vergewaltigungs«-Gesellschaft enden. Sein Ziel ist die sexuelle Revolution, Abschaffung der Autorität, Wiederkunft des natürlichen Matriarchats.

Tief beeindruckt von seiner Persönlichkeit lässt Werfel aus dem Mund *Ferdinands* gegen Ende des Romans die Worte sagen: »Du weißt doch, wer Gebhart ist. Ich hab öfters von ihm gesprochen. Der bedeutendste Mensch, dem ich im Leben begegnet bin.«[279] Otto Gross und seinen Lehren ist ein ganzes, 17 Seiten langes Kapitel mit dem Titel »Gebhart und die Zerstörung«[280] gewidmet, und in einem weiteren Kapitel, benannt »Babylonisches Zwischenspiel«, lässt Werfel Otto Gross seine Gedanken entwickeln, »die für ihn das Entwicklungsrätsel der Menschheit umfassten«,[281] den großen, weltumwälzenden Vorgang hin zum Schlechten und Verdorbenen schildern, der für Gross in der »Abschaffung des Mutterrechtes und der Einsetzung der Vaterehe« bestand.[282]

Wenn wir der Bemerkung Egon Erwin Kischs im Eingangszitat Glauben schenken, dass Werfel die seinerzeitigen Gespräche »mit der Genauigkeit einer Grammophonplatte« wiedergegeben habe, dann kann man mit Recht annehmen, dass diese Genauigkeit auch für Otto Gross gilt und der Barbara-Roman geradezu als eine der unverfälschten Quellen für seine Ideen herzuhalten vermag. *Gebhart* ist außerdem auch jene Gestalt, die von allen Akteuren am positivsten gezeichnet ist, als edelmütiger, vornehmer Mensch, als ehrfurchtgebietender genialischer Kopf, von dem vom ersten Augenblick an auf den Haupthelden *Ferdinand* ein unwiderstehlicher »Sympathiestrahl« ausging.[283] Dem tut auch nicht Abbruch, wenn Werfel schildert, dass *Gebhart* mitsamt den jungen Frauen um ihn, die den Worten ihres Mentors stets andächtig lauschen, kokainsüchtig ist und diese Droge »zu jeder Tageszeit« schnupft.[284]

279　Werfel: Barbara, S. 756.
280　Ebd., S. 456–472.
281　Ebd., S. 592.
282　Ebd., S. 593.
283　Ebd., S. 427.
284　Ebd., S. 432.

Eine zweite Gruppe – mit dem *Gebhart*-Clan rivalisierend – schart sich um eine hohe, ausgemergelte Gestalt: *Basil* (Dr. Franz Blei). »Wie der Seidenwurm spinnt, so gründete Basil hochliterarische Wochen- und Monatsschriften. Seine Feder füllte sie mit glänzend ziselierten Aufsätzen und Betrachtungen an, die er unter den wohllautendsten Pseudonymen [...] über die Spalten streute [...] Sie gingen auch meist nach ein paar Nummern unter. Wichtiger war es, dass immer neue Periodica zur Gründung und vor allem zu Titel kamen.«[285] Eben ist *Basil* mit einer neuen Zeitschriftengründung beschäftigt, wofür *Aschermann*, »der Präsident einer großen Kriegszentrale«, das Geld vorstreckt. Der Titel der Unternehmung: »Der Aufruhr in Gott – Blätter für Kommunismus und Katholische Kirche.«

In Wien geboren, näherte sich Franz Blei (1871–1942) in jungen Jahren der Sozialdemokratischen Partei und war ein Mitarbeiter Victor Adlers. Von 1888 bis 1893 studierte und dissertierte er in der Schweiz bei dem Philosophen Avenarius. 1901 lernte er in München Lenin flüchtig kennen. Bleis Name ist in einem Hauptwerk der so genannten »Klassiker des wissenschaftlichen Sozialismus«, in Lenins »Materialismus und Empiriokritizismus« verewigt, als Lenin gegen eine kleine Schrift Bleis – 1895 bei Avenarius verfasst – polemisierte.[286] Nach Aufenthalten in den USA und Deutschland wurde Blei 1914 eingezogen, erlitt aber nach der Ausbildung einen Herzinfarkt und übersiedelte daraufhin ins Kriegspressequartier.[287] 1917 traf er mit Albert Paris Gütersloh zusammen, mit dem ihn bald eine enge Freundschaft verband. (Im Barbara-Roman figuriert Gütersloh als der Maler *Stechler*.) Gemeinsam gründeten beide das literarische Wochenblatt »Die Rettung«, und in der letzten Nummer dieser Zeitschrift setzten sie den »apokalyptischen Ruf«: »Es lebe der Kommunismus und die katholische Kirche.«[288] Blei und Gütersloh wurden deshalb in den Novembertagen 1918 von den bürgerlichen

---

285 Ebd., S. 439f.
286 Im 6. Kapitel des 1. Abschnitts.
287 Franz Blei: Einleitung, in: ders.: Schriften in Auswahl, hg. von Paris Gütersloh. Wien 1960.
288 Franz Blei: Erzählung eines Lebens. Leipzig 1930, S. 487.

Wiener Zeitungen heftig angegriffen und – gemeinsam mit Werfel – als Häuptlinge der Kommunistischen Partei apostrophiert.[289] Davon konnte keine Rede sein: beide hatten zur neu gegründeten KPÖ noch viel weniger Kontakt als Werfel.[290]

Der Mann, der *Basils* Zeitschrift finanziert, *Aschermann*, ist ein »Krösus«, Mitglied der Ernährungskommission, Teilnehmer bei wirtschaftlichen Konferenzen des Armeeoberkommandos in Baden und mit Kaiser Karl gut bekannt. Hier hat Werfel Dr. Josef Kranz beschrieben, der Präsident der Depositenbank und während des Weltkriegs Präsident der Biereinkaufsstelle, Spiritus-, Kartoffeltrocknungs- und Stärkezentrale war. So wie andere österreichische Bankiers und Kapitalisten großen Stils verstand er es in den Kriegsjahren, durch dubiose Geschäftsmethoden sagenhafte Profite einzuheimsen. Obwohl es von der Deliktlage her jeden Repräsentanten der Gruppe der »Kriegsgewinnler« hätte treffen können, widerfuhr Kranz – wohl auch, weil er Jude war – das Pech, für einen Aufsehen erregenden Schauprozess im März/April 1917 als Opfer zu dienen. Ihn inszenierte man deshalb, um den hungernden Massen zu zeigen, dass man von Staats wegen gewillt sei, hart gegen die Missstände auf dem Ernährungssektor vorzugehen und um ihre Empörung über die in Saus und Braus lebenden »Schieber« zu beschwichtigen. Kranz, der Spekulation und des Verstoßes gegen die Bestimmungen über Warenwucher und Kettenhandel angeklagt, wurde zu neun Monaten strengen Arrests und zu einer Geldstrafe von 20.000 Kronen verurteilt.[291]

Werfel erwähnt dies in der »Barbara« und auch, dass *Aschermann* zum Zeitpunkt der Romanhandlung diese Episode bereits unbeschadet überstanden hatte. In der Tat ist das Urteil gegen Dr. Josef Kranz in einem Revisionsprozess wenig später aufgehoben und das Verfahren im März

---

289 Murray G. Hall: Der unbekannte Tausendsassa. Franz Blei und der Etikettenschwindel 1918, in: Jahrbuch der Grillparzer-Gesellschaft, 3. Folge, Bd. 15. Wien 1983, S. 129–140.

290 Auch Karl Kraus gab in einer Parodie des Werfel'schen Dramas »Der Spiegelmensch« (1920) ihn, Blei und Gütersloh der Lächerlichkeit preis, als er mit ätzender Schärfe die ganze »Café Central«-Gesellschaft verspottete (Karl Kraus: Literatur oder Man wird doch da sehn. Magische Operette in zwei Teilen. Wien, Leipzig 1921).

291 Colbert: Der Preistreiberprozeß gegen Dr. Josef Kranz, S. 144.

1918 eingestellt worden.[292] *Aschermanns* Adoptivtochter ist *Hedda*, die, stets elegant gekleidet und mit erlesenem Schmuck behangen, der Kaffeehausrunde großzügig durch Spendieren von Zigaretten und Bezahlen der Zechen unter die Arme greift. *Hedda* ist die später als Schriftstellerin und Drehbuchautorin von Hollywood-Filmen bekannt gewordene Gina Kaus. Sie figurierte 1918 im Barbara-Roman wie im wirklichen Leben nur zur Tarnung als Adoptivtochter; in Wahrheit war sie die Geliebte von Josef Kranz, worüber sie in ihren Memoiren ausführlich und freizügig berichtet.[293] Für das damalige Agieren von Personen wie Werfel, Gross, Blei und Kisch stellen ihre Erinnerungen eine wichtige Quelle aus anderer Sicht dar, die aber wegen nicht weniger Ungenauigkeiten und aus Eitelkeit begangener Pauschalverdikte mit Vorsicht zu genießen ist.

Kurz nach *Hedda* betritt eine neue Gestalt den »Säulensaal«: der Chefredakteur des Boulevardblattes »Der Sieben-Uhr-Bote« *Koloman Spannweit*. Darin verkörpert sich Carl Colbert, der Herausgeber der linken Zeitung *Der Abend*. Historisch korrekt schreibt Werfel: »Es war eine auffallend radikale Zeitung und versuchte durch stramme Auf- und Abdeckerei den ernsthaft-drohenden Ton des sozialistischen Parteiblattes zu übergellen. Nur wenigen fiel es auf, dass die Zensur diese Zeitung recht nachsichtig anfasste.«[294] *Der Abend* war in der Tat ein Blatt, das sich noch vor dem Ende der Monarchie durch scharfe Angriffe gegen wucherische Kaufleute und Enthüllungen über Preistreibereien, darunter gegen Josef Kranz, auszeichnete. 1918/19 war *Der Abend* sogar ausgesprochen kommunistenfreundlich. Durch den Mund von *Ronald Weiß* spricht Werfel im Roman die Vermutung aus, dass dieser Carl Colbert eigentlich ein Polizeispitzel gewesen sei, der während des Krieges die Volksempörung gegen die Preistreiber anheizte und so quasi – das war seine Aufgabe – das Proletariat vom Erkenntnisprozess seiner wirklichen Unterdrücker ablenken sollte.

Während *Spannweit* allen stolz erzählte, er habe hier im »Säulensaal« schon »im Dreizehner-Jahr mit Trotzki Schach gespielt«, tritt ein neuer

---

292 *Arbeiter-Zeitung*, 19.10.1917, S. 6f. und 9.3.1918, S. 5.
293 Gina Kaus: Von Wien nach Hollywood. Erinnerungen. Frankfurt/M. 1990, S. 26–70.
294 Werfel: Barbara, S. 450.

Mann auf: die Elendsgestalt des Dichters *Gottfried Krasny*. Damit ist Otfried Krzyzanowski gemeint, ein Mann, der im Ganzen zwei oder drei Dutzend im Stil puritanisch strenge Gedichte hinterließ.[295] Ein »Märtyrer des Müßiggangs«, vom Bettel lebend, alle um die Spendierung eines »Pfiff Weins« angehend, und überhaupt jede bürgerliche Erwerbsarbeit verabscheuend, verhungerte Krzyzanowski buchstäblich im November 1918.[296] In der »Barbara« hat Werfel zwei seiner Gedichte wiedergegeben (S. 506 und 507). Krzyzanowskis Begräbnis am Zentralfriedhof, bei dem alle Mitglieder der Kaffeehausrunde anwesend sind und wo *Basil* die Abschiedsrede hält, wird von Werfel minutiös geschildert.[297]

Eines Abends treffen sich alle – *Ferdinand*, *Weiß*, *Basil*, *Krasny* und der ganze Damen-Anhang – auf Einladung *Heddas* im Stadtpalais *Aschermanns*, um die Gründung der neuen Zeitschrift *Basils* zu feiern. Unerwartet platzt *Aschermann*, der mit einer »Ernährungskommission nach Böhmen gereist« war, in die Gesellschaft. Jovial stellt er seinen Begleiter, den sozialdemokratischen Abgeordneten *Dr. Dengelberger*, vor. *Dengelberger* ist wohlbeleibt, mit behaglichem Gehaben, ein guter Redner mit einer wohltönenden Stimme und hat eine nickelgefasste Brille, »wie sie [...] Kanzlisten und Dorfschullehrer tragen.«[298] Sie plaudern höflich-leutselig mit den Literaten, dann bringt *Aschermann Dengelberger* zu seiner üblichen Tarockpartie. Hier wird eindeutig Karl Renner beschrieben, dessen Lieblingsspiel Tarock war und den schon bald die Revolution in die höchste politische Position, die des Staatskanzlers der »Republik Deutsch-Österreich«, hieven sollte. Seine Bekanntschaft mit Josef Kranz ist plausibel und erhellt sich aus dem Faktum, dass er von der kaiserlichen Regierung in das Direktorium des am 1. Dezember 1916 gegründeten »Amtes für Volksernährung« berufen wurde, in ein »gutachtliches« Organ im Rahmen der diversen »Kriegszentralen«,

---

295 Werner J. Schweiger: ... verhungert 1918. Otfried Krzyzanowski, in: *Die Pestsäule*, 1. Jg. (1972), Nr. 2, S. 152–169; Braselmann: Werfel, S. 29; Blei: Erzählung, S. 346.
296 Siehe den vermutlich von Franz Blei verfassten Nachruf unter dem Titel »Ein Dichter verhungert« in: *Neue Freie Presse*, 3.12.1918, S. 6.
297 Werfel: Barbara, S. 716–732.
298 Ebd., S. 490f.

das bei der Bekämpfung von Preistreiberei und Kettenhandel mitwirken sollte.[299]

Damit bekleidete erstmals in der Geschichte der österreichischen Sozialdemokratie ein Mitglied dieser Partei eine regierungsamtliche Funktion. Das geschah gewiss als Belohnung für die untadelig »vaterlandstreue« Haltung, die die sozialdemokratische Führung – allen voran Renner als Hauptvertreter des rechten Flügels – mit ihrer »Burgfriedenspolitik« seit dem August 1914 eingenommen hatte. Noch ein zweites Mal lässt Werfel im Barbara-Roman Karl Renner auftreten, als abwiegelnden Kontra-Redner bei einer Soldatenkundgebung. Diese Szene ist ein Kabinettstück der Darlegung damaliger reformistischer Rhetorik und des Fundus an Argumenten und Phrasen, die von den Führern der Sozialdemokratischen Partei gegen jede Änderung der Verhältnisse auf sozialrevolutionärem Weg vorgebracht wurden.[300]

Schließlich kommt der 30. Oktober 1918 heran, der Tag des Ausbruchs der Revolution in Wien. *Ronald Weiß* bringt *Ferdinand* zu einer Sitzung der Kommunisten im 7. Bezirk. Die Führer des Jännerstreiks, darunter der »Mann im Cutaway«, sind mittlerweile aus ihrer Haft im Landesgericht entlassen worden. Der »Mann im Cutaway« ist der bedeutende österreichische Linksradikale Franz Koritschoner, der während des Krieges an der Kienthaler Konferenz der linken Sozialdemokraten in der Schweiz teilnahm und dort Lenin begegnete. Koritschoner war später einer der führenden Funktionäre der KPÖ. Bei der Sitzung anwesend ist ein russischer Jude, *Elkan*, der in scharfer Weise die naiven Vorstellungen der Kaffeehausrunde von einer Revolution kritisiert: »Die Genossen wissen von der Wirklichkeit wenig, die Revolution aber ist eine furchtbar wirkliche Sache. Was Sie da zusammengeredet haben, Genossen, ist alter literarischer Kohl, sind Ästheten-Sorgen von 1910 und der typische Zeitvertreib von kleinbürgerischen Intellektuellen.«[301] Dann entwickelt *Elkan* seine Vorstellungen: den alten Führern der Arbeiterschaft die Macht zu entwinden, die ins Landesinnere zurück-

---

299 Hautmann: Geschichte der Rätebewegung, S. 80.
300 Werfel: Barbara, S. 605–607.
301 Ebd., S. 560.

strömenden Fronttruppen in die Hand zu bekommen und ihre Wut in klassenkämpferische Energie zu verwandeln. Er plädiert für die Gründung einer »Roten Garde«.

Auch *Elkan* ist eine Figur aus der Wirklichkeit. Für sie kommen zwei Personen in Betracht: Die eine ist der Leiter der sowjetrussischen Kriegsgefangenenfürsorgekommission in Wien Dr. Jakob Bermann. Dieser kam nach der Unterzeichnung des Friedens von Brest-Litowsk im August 1918 nach Wien und nahm alsbald Kontakt zu den noch auf freiem Fuß befindlichen Linksradikalen auf. Bermann war es, welcher der neu gegründeten KPÖ für die Herausgabe eines Parteiblattes am 1. November 1918 200.000 Kronen übergab und deswegen im Jänner 1919 aus Deutschösterreich ausgewiesen wurde.[302]

Die andere ist Leo Suniza, ein Mitglied der »Wiener bolschewistischen Gruppe«, die, aus russischen Emigranten bestehend, sich illegal am 12. Dezember 1917 gegründet hatte. Er gehörte seit 1905 der Partei Lenins an, wurde wegen revolutionärer Betätigung zunächst zu drei Jahren Verbannung verurteilt und danach des Landes verwiesen. Auf diese Weise gelangte Suniza im Jänner 1914 nach Wien, wurde bei Kriegsausbruch als Staatsangehöriger einer feindlichen Macht interniert und erst nach der Intervention des sozialdemokratischen Parteivorsitzenden Victor Adler auf freien Fuß gesetzt. Seither hatte er engen Kontakt zu den Angehörigen der linksradikalen Opposition.[303] Suniza war Teilnehmer an der Gründungsversammlung der Kommunistischen Partei Deutschösterreichs am 3. November 1918 in den Eichensälen in Wien-Favoriten, wo er das Schlusswort hielt und im Namen der Kommunistischen Partei Russlands eine »herzliche Zustimmungserklärung« abgab.[304]

Ferdinand und *Ronald Weiß* besuchen am Abend des 31. Oktober eine Soldatenversammlung im Drehersaal in Wien-Landstraße, um nach der Idee *Elkans* die Gründung einer »Roten Garde« vorzubereiten: »Weiß bahnte sich einen Weg aufs Podium. Zunächst herrschte eine kühle und mißtrauische Stimmung [...] Ronald begann zaghaft. Seine Phra-

---

302 Hautmann: Die verlorene Räterepublik, S. 73 und 79.
303 Ebd., S. 47.
304 Ebd., S. 82.

sen schlugen nicht ein [...] Plötzlich hatte Weiß den glänzenden Einfall, sich die goldene Tapferkeitsmedaille von der Brust zu reißen und mit großartigen Schwung in den Saal zu werfen. Dies war der erste starke Augenblick des ganzen Abends. Die Leute tobten [...] Der Name ›Genosse Weiß‹ pflanzte sich laut durch den ganzen Saal fort. Drei Minuten hatten genügt und ein Führer war erstanden.«[305] Auch diese Szene ist historisch verbürgt. Egon Erwin Kisch ließ sich tatsächlich seine Kragendistinktionen an der Uniform immer wieder von neuem annähen (er hatte es in der k. u. k. Armee bis zum Rang des Oberleutnants gebracht), um sie dann – als effektvollen Höhepunkt seiner Reden – immer wieder herunterreißen zu können.

Dann schlägt auch für *Ferdinand* die Stunde: Am 2. November vollzieht sich im Beisein von *Basil*, *Elkan* und *Weiß* vor dem Denkmal am Deutschmeisterplatz am Schottenring die Gründung der »Roten Garde«. Plötzlich wird *Ferdinand* gepackt und auf den Denkmalsockel gehoben. »Er glaubte zu vergehen. Schreck rieselte ihm über den Rücken. Was sollte er tun, was sagen?« Schließlich hält er eine kurze Rede, »die zu den aufreizenden Wortpeitschen der anderen im Widerspruch stand«,[306] aber durch ihre »menschliche Wärme« zum großen Erfolg des Meetings beiträgt. Die Wahl der Führer geht vor sich, und noch ehe *Ferdinand* ein Wort sagen kann, wird er zum Mitglied des »revolutionären Militärkomitees« erkoren.

Hier hat Werfel ein wenig geschwindelt. Im Barbara-Roman gibt er seine Ansprache so wieder: »»Brüder!‹ (›Genossen‹ zu sagen, wäre ihm als eine Zudringlichkeit und unerlaubte Anbiederung allzu schwer geworden.) Wir alle haben in diesen Jahren Fürchterliches erlitten. Nie kann dieses Leiden an uns wieder gutgemacht werden, ebenso wenig wie die Getöteten zum Leben erwachen können! Ein Tag, Brüder, wie heute, kommt für uns kein zweites Mal. Ihr habt schrecklich draufgezahlt, nun aber werdet ihr es verhindern, dass in Zukunft wieder ein ähnliches Leid, dass wieder die niedrige Blutschmach eines Krieges über die Welt kom-

---

305 Werfel: Barbara, S. 572f.
306 Ebd., S. 610f.

men! Ergreifet die Macht, die euch diese Stunde bietet, um die Welt für ewig von der Blutschmach zu erlösen!«[307]

Vergleicht man das mit dem Wortlaut seiner Rede, wie sie im oben zitierten Polizeiakt wiedergegeben ist, Ausführungen, die Werfel vor dem Polizeikommissär Dr. Johann Presser in keiner Weise bestritt und die deshalb als den Tatsachen entsprechend anzusehen sind, so klingt die Ansprache im Roman weit harmloser. Aus dem Aufruf zur Enteignung der »Herren der Geldpaläste«, also einer sozialrevolutionären Forderung, ist zehn Jahre später in der »Barbara« bloß ein »allgemeinmenschlicher«, pazifistischer Appell geworden, nämlich die Macht nur aus dem Grund zu ergreifen, um der Welt für alle Zukunft den Frieden zu sichern.

Der Abend des 11. November 1918 ist da. *Elkan* gibt der »Roten Garde« Ratschläge für ihr Vorgehen am kommenden Tag. Sie soll mit Maschinengewehren auf den Ring ziehen und das Parlament besetzen. Vom »Blutfließen« ist die Rede. Da verliert *Ferdinand* die Nerven. Blutvergießen duldet er nicht. Von *Elkan* als »wildgewordener Kleinbürger« apostrophiert, wird er aus der Roten Garde ausgeschlossen.

Das eigentliche Meisterstück des Barbara-Romans ist die Erzählung des 12. November 1918, als vor dem Parlament auf der Ringstraße die Republik ausgerufen wurde.[308] In suggestiv dichter Weise, mit genauer Beschreibung der Phänomene massenpsychologischer Gruppendynamik wird hier die unglückliche Verkettung von Zufälligkeiten und Fehlwahrnehmungen dargestellt, jene »Selbstaufpulverung« der Menge, die den Sturm der Rotgardisten auf die Parlamentsrampe, Gewehrschüsse, Panik und den Tod zweier unbeteiligter Menschen zur Folge hatte.

Elkan hat die am Vorabend geplante »Aktion« zwar abgeblasen, die Rotgardisten sind nur mit ihren Karabinern ausgerückt; alles scheint ruhig zu verlaufen. Da entdeckt man auf dem Dach des Parlaments ein verdächtiges Gestell: es ist eine Filmkamera, die Rotgardisten glauben aber, es sei ein Maschinengewehr. Sie stürmten die Rampe empor, schlagen mit dem Gewehrkolben gegen das Parlamentstor, Schüsse fallen, Panik bricht aus. *Ferdinand* entfernt sich: nicht nur von der Masse am

---

307   Ebd., S. 611.
308   Ebd., S. 693ff.

Ring, sondern auch von den Rotgardisten, von *Ronald Weiß*, von *Basil*, vom »Säulensaal«. Dieser Abschnitt seines Lebens ist zu Ende.

Zur Dialektik von Dichtung und Wahrheit

Hat sich Werfel in der Gestalt von *Ferdinand* im Barbara-Roman wahrheitsgetreu präsentiert? Und welche Motive könnten es gewesen sein, die ihn dazu bewogen, zehn Jahre nach diesen Ereignissen ein Buch von 800 Seiten darüber zu verfassen? Auf diese beiden Fragen soll abschließend eingegangen werden.

Was bei der Lektüre besonders überrascht und diesem Roman im Gesamtwerk Werfels eine Sonderstellung einräumt, ist die distanziert ironische Grundhaltung, die große Teile des Buches durchzieht. Mit Ausnahme der *Barbara*-Szenen und der Beschreibung der Kriegserlebnisse *Ferdinands*, die einerseits durch tiefe (und ziemlich sentimentale) Ergriffenheit, andererseits durch härteste realistische Anklage gekennzeichnet sind, drückt diese Ironie (ansonsten eine bei Werfel ungewöhnliche Haltung) dem Roman den Stempel auf. Bisweilen geht die Darstellung (vor allem der Café-Central-Clique) in einen galligen Sarkasmus über, der die Frage nach den Ursachen aufwirft.

Nun darf nicht vergessen werden, dass ein großer Teil der Öffentlichkeit und alle seine Schriftstellerkollegen in der Zwischenkriegszeit von Werfels Fauxpas im November 1918 wussten. Es ist gut vorstellbar, wie peinlich einem im bürgerlich-pazifistischen Denken verhafteten Mann wie Werfel die üble Nachrede »Der hat es auch einmal mit den Kommunisten gehabt« sein musste. Wahrscheinlich aus diesem Grund hat er in »Barbara oder Die Frömmigkeit« der Mit- und Nachwelt eine Rechtfertigungsschrift geliefert, in der die Gestalt *Barbaras* nur vordergründig die Hauptrolle spielt, ansonsten aber als bloße Galionsfigur für eine politische Autobiographie dient.

Mit dem Wissen des Historikers über diesen Zeitabschnitt der österreichischen Geschichte und nach erfolgter Quellenkritik kann behauptet werden:

1. Der Darstellung von Sachzusammenhängen (Beschreibung des 12. November 1918, der Handlungsschauplätze sowie des Aussehens

und der Redeweise der Hauptpersonen) kommt ein hoher Grad von Authentizität zu.

2. Die Charakterisierung von *Gebhart, Weiß, Basil, Krasny, Aschermann, Hedda, Dengelberger* und *Elkan* ist in Einzelheiten historisch richtig und belegbar, in der Gesamttendenz jedoch von Werfels Hauptanliegen, der persönlichen Rechtfertigung, notwendigerweise subjektiv gebrochen und für den Kenner der Materie oft übertrieben karikierend. Unter dem Einfluss der streng antikommunistisch eingestellten Alma Mahler sah Werfel bei der Niederschrift zehn Jahre später die Dinge in einem anderen Licht.

3. Das wichtigste Problem, ob nämlich Werfel sich in *Ferdinand R.* und seinen Motivationen, Worten und Taten so gezeichnet hat, wie er damals wirklich war, ist natürlicherweise unbeantwortbar. *Ferdinand*, insgesamt als Mensch von untadelig noblem Sinnen und Trachten dargestellt, ist nämlich im Roman eine merkwürdig blasse, schweigsame, immobile Figur, die von den Verhältnissen getrieben wird und willenlos, wie in Trance, immer von anderen geschoben und geführt, die Revolution erlebt. Hier kommt der Verdacht auf, dass Werfel aus Gründen der Entschuldigung vor der Mitwelt andere Personen und äußere Umstände für sein einstiges Naheverhältnis zum Kommunismus verantwortlich machen wollte. Wer aber die historische Wahrheit kennt, muss feststellen, dass Werfel im November 1918 nicht mit jener im Roman zum Vorschein kommenden überlegenen Distanziertheit und Ironie die Dinge sah, sondern mitten im Strudel der Ereignisse, fortgerissen vom alles überschwemmenden Erlebnis der Revolution ehrlich, überzeugt und initiativ ein Kämpfer gegen Militarismus, Krieg und überkommene Ordnung war und sich mit ganzem Herzen auf die Seite der Entrechteten stellte. Dass ihn diese bis zu seinem Lebensende prägende Überzeugung damals gerade in die Nähe der Kommunistischen Partei rückte, war den Umständen einer Zeit geschuldet, die nicht nur ihm, sondern Millionen Menschen in den Jahren der sozialrevolutionären Epoche von 1917 bis 1919 das Ende des Kapitalismus und der bürgerlichen Welt anzuzeigen schien.

Leo Rothziegel (1892–1919). Das Leben eines österreichischen Revolutionärs

Die österreichische Geschichte des 19. und 20. Jahrhunderts ist reich an sozialen Kämpfen, an heftigen, ja bisweilen extrem scharf geführten Auseinandersetzungen zwischen den beiden großen Gesellschaftsklassen der modernen Zeit, der Bourgeoisie und dem Proletariat – viel reicher, als uns heute die offiziösen Darstellungen in historischen Lehr- und Schulbüchern vermuten lassen. Die österreichische Geschichte des 19. und 20. Jahrhunderts ist jedoch arm an Revolutionen. 1848 und 1918, beide Umwälzungen bürgerlich-demokratischen Charakters, sind die einzigen Beispiele. 1848 war das österreichische Proletariat zahlenmäßig noch zu schwach und geistig zu unentwickelt, um die Führung in der Revolution übernehmen zu können. 1918 waren hingegen die objektiven Bedingungen für eine soziale Revolution durchaus vorhanden. Die österreichische Arbeiterbewegung stand aber nun in ihrer erdrückenden Mehrzahl unter dem Einfluss der Sozialdemokratie, einer Partei, die spätestens während des Ersten Weltkriegs auf eine Politik des reinen Reformismus eingeschwenkt und zur »staatsbejahenden« Kraft geworden war. So führten, um mit Karl Marx zu sprechen, sowohl 1848 als auch 1918 bloß zur Vervollkommnung, nicht aber zum Zerbrechen der bürgerlichen Staatsmaschine.

Noch ärmer ist die Geschichte der beiden österreichischen Revolutionen an großen Persönlichkeiten, an wirklichen revolutionären Führern. Diesen Mangel haben die Akteure von 1848 – radikale Demokraten, Studenten und Arbeiter – ebenso wie die von 1918/19 schmerzlich empfinden müssen. Gerade die junge, am 3. November 1918 gegründete Kommunistische Partei Deutschösterreichs litt darunter, dass sich in ihren Reihen kein einziger Führer mit langjähriger, praktischer Kampferfahrung befand, der den Arbeitern bekannt gewesen wäre und Einfluss unter den revolutionär gestimmten Massen besessen hätte.

Einer der wenigen, der in der revolutionären Bewegung der Jahre 1917 bis 1919 eine Ausnahmestellung innehatte, war Leo Rothziegel. Er war wohl der beste Kopf und die bedeutendste Persönlichkeit unter den damaligen linksradikalen und kommunistischen Kräften in Österreich. Sein Leben, das er ganz der Sache der proletarischen Revolution weihte, war kurz: mit 27 Jahren tötete ihn in Räteungarn die verirrte Kugel eines rumänischen Soldaten. Rothziegels Ableben wurde noch von den österreichischen Zeitungen gemeldet, dann senkte sich über sein Schicksal das Schweigen der Geschichte. Nur in Ungarn, wo er seit vielen Jahren als revolutionärer Held und proletarischer Internationalist hoch in Ehren steht, sowie in verschiedenen Darstellungen zur Geschichte der KPÖ wird heute noch seiner gedacht. Dem durchschnittlich historisch gebildeten Österreicher ist hingegen sein Name so gut wie unbekannt. Es sei deshalb der Versuch gewagt, einen kleinen Beitrag zu seiner Biographie zu leisten.

Jugend

Über Rothziegels Leben vor dem Jänner 1918, als er erstmals ins Rampenlicht trat, ist leider nur wenig bekannt. Die vorliegenden Berichte über seine Jugendzeit sind zudem widersprüchlich und verworren. Fest stehen folgende Tatsachen:[309] Leo Rothziegel wurde am 5. Dezember 1892 in Wien als Sohn einer jüdischen Arbeiterfamilie geboren. Er kam aus proletarischem Milieu und blieb zeit seines Lebens Proletarier. Rothziegel erlernte nach dem Besuch der Volksschule und Bürgerschule den Beruf des Schriftsetzers und Buchdruckers. Diese Wahl hat seinen weiteren Lebensweg entscheidend geprägt. Die sozialen Umstände seines Berufs sowie Rothziegels Wille, seinen Wissenshorizont zu erweitern, führten dazu, dass er schon sehr früh Einsichten in die gesellschaftlichen Mechanismen des kapitalistischen Systems und des bürgerlichen Staates zu gewinnen begann. Er las revolutionäre Literatur und war seit seinem

---

309 *Der Rote Soldat*. Organ des revolutionären Soldatenkomitees, 1. Jg., Nr. 15, 1.5.1919; 2. Jg., Nr. 9, 23.4.1920; 10. Jg., Nr. 1, Jänner 1928; *Die soziale Revolution*, Nr. 49, 30.4.1919; *Der freie Arbeiter*, 2. Jg., Nr. 18, 3.5.1919; Bericht des k.u.k. Ersatzbataillons des Infanterieregiments Nr. 49 an die k.k. Polizeidirektion in Wien vom 16.11.1917 (Kopie im Besitz des Verfassers).

17. Lebensjahr politisch tätig. Rothziegel schloss sich zunächst der jüdischen Arbeiterpartei *Poale Zion* an, einer Organisation, die in Österreich sei 1903 existierte und, als Mitglied der II. Internationale, eine politische Mischung zwischen Sozialdemokratismus und Herzl'schem Zionismus darstellte.[310] In der *Poale Zion* blieb Rothziegel nur kurze Zeit. Ihn irritierte sowohl ihre reformistische wie bürgerlich-nationalistische Beschränktheit. Rothziegel wurde Anarchist, präziser gesagt, Anhänger der *syndikalistischen* Spielart des Anarchismus. Als solcher stand er seit 1910 bei der Wiener Staatspolizei in Evidenz.

Der Anarchosyndikalismus suchte die ökonomische Kraft der in den Gewerkschaften (Syndikaten) vereinigten Arbeiter nicht nur zur Verbesserung ihrer wirtschaftlichen Lage zu gebrauchen, sondern auch als Kampfmittel in der Sphäre der Politik einzusetzen. Er forderte die völlige Autonomie der Berufsorganisationen der Arbeiterklasse gegenüber der politischen Arbeiterpartei und trat prinzipiell gegen das Parteiwesen auf. Im Gegensatz zum Marxismus lehnte der Syndikalismus den Kampf um *politische* Reformen sowie die Tätigkeit in Institutionen des bürgerlichen Staates (Parlament, Landtagen, Gemeinderäten usw.) grundsätzlich ab und versuchte nur auf dem Weg der »direkten Aktion« sein Ziel zu erreichen. Unter »direkter Aktion« verstand er »unmittelbaren Kampf« gegen Unternehmer und Staat mit Mitteln der passiven Resistenz, des Boykotts, der Sabotage, Fabrikbesetzungen, machtvoller Straßendemonstrationen, und, als Höhepunkt, des Generalstreiks. Durch lückenlose Teilnahme aller Arbeiter und bedingungsloses Durchkämpfen des Generalstreiks allein glaubten die Syndikalisten die kapitalistische Herrschaft stürzen zu können. Die Gewerkschaften sollten sodann vom gesellschaftlichen Reichtum Besitz ergreifen und selbst zur Keimzelle der neuen Wirtschaftsgemeinschaft des Sozialismus werden. Nur sie waren nach Meinung der Syndikalisten berufen, den Kommunismus aufzubauen.[311]

Die politische Theorie des Anarchosyndikalismus war falsch, weil in ihr das dialektische Verhältnis von Reform und Revolution als ab-

---

310 20 Jahre Weltverband Poale Zion, in: *Arbeiter-Zeitung*, 28.12.1927.
311 Franz Neumann (Hg.): Handbuch politischer Theorien und Ideologien. Reinbek bei Hamburg 1977, S. 266ff.

soluter, sich wechselseitig ausschließender Gegensatz begriffen wurde. Die Syndikalisten verstanden nicht, dass der Kampf der Arbeiterklasse um demokratische Reformen bei richtiger Anwendung und unter Führung einer marxistischen Partei das sozialistische Ziel nicht zum Verschwinden, sondern im Gegenteil näher bringt. Dennoch versuchten sie, im Unterschied zu anderen Varianten des Anarchismus, wenigstens unter der Industriearbeiterschaft zu wirken. Während z. B. Pierre Ramus (Rudolf Großmann), der »Papst« des österreichischen Anarchismus, nie mehr als kleinbürgerlichen Scheinrevolutionarismus bieten konnte, da er stets nur politischer Einzelgänger, nur »Literat« blieb, führte bei den Syndikalisten ihr täglicher Kontakt zu den Arbeitern, ihr Kennenlernen der wirklichen Lebensbedingungen des Proletariats immerhin dazu, dass bei ihnen doktrinärer Fanatismus und blindes Sektierertum weniger häufig zu finden waren. Nicht zufällig war daher Leo Rothziegel imstande, die gravierenden Schwächen der syndikalistischen Lehren im Feuer der Klassenkämpfe des Ersten Weltkriegs zu erkennen, sie nach und nach zu überwinden, und, am Ende seines kurzen Lebens, zum Kommunisten zu werden.

Der Anarchosyndikalismus hat vor 1914 nur in den romanischen Ländern einen nennenswerten Einfluss gewinnen können. In der Habsburgermonarchie ging seine Anhängerschaft über eine marginale Größe niemals hinaus. In Böhmen waren die Bergarbeiter der Reviere von Dux-Brüx und die Textilarbeiter von Königinhof-Nachod zum Teil syndikalistisch organisiert. In Deutschösterreich gab es nur eine einzige syndikalistische Gruppierung: Die unabhängige Gewerkschaft der Schuhmacher in Wien. Aber auch sie umfasste nur einen Bruchteil der Arbeiter ihrer Branche und ihre Mitglieder waren zu mehr als 50 Prozent Tschechen. Alles in allem hat die Zahl der in Österreich in eigenen Gewerkschaftern organisierten und in Propagandagruppen vereinigten Syndikalisten vor dem Ersten Weltkrieg 2000 nie überschritten.[312] Einzig im Jahre 1913 gelang es den Syndikalisten in Wien, als infolge der Halbherzigkeit sozialdemokratischer Gewerkschaftsführer eine Lohnbewegung der Buchdrucker

---

312 Leo Rothziegel: Der Syndikalismus in Deutschösterreich, in: *Der freie Arbeiter*, 2. Jg., Nr. 10, 8. 3. 1919, S. 79.

erfolglos endete, auf Teile des Verbandes dieser Branche einen gewissen Einfluss auszuüben. Leo Rothziegel dürfte bei diesem Druckerstreik eine führende Rolle gespielt haben. Sein militärisches »Auskunftsblatt« von 1917 vermerkt nämlich, dass er am 28. April 1913 vom k. k. Bezirksgericht Josefstadt wegen »Amtsehrenbeleidigung« mit 48 Stunden Arrest belegt wurde. Es war die erste von vielen Gefängnisstrafen.

Im Weltkrieg

In den vorliegenden Schilderungen der Persönlichkeit Leo Rothziegels wird immer wieder sein couragiertes Auftreten, seine mitreißende Energie, sein durch nichts zu brechender Mut und seine grenzenlose Hingabe für die Sache der sozialen Revolution hervorgehoben. Diese Haltung ging einher mit einem leidenschaftlichen, wilden und ungezügelten Hass gegen das kapitalistische System, was ihn unzählige Male mit der Staatsgewalt in Konflikt brachte. Bei Ausbruch des Ersten Weltkriegs erkannte Rothziegel besser und schneller als viele andere seinen imperialistischen Charakter und ließ sich von der Orgie des Chauvinismus und der Burgfriedenspropaganda der sozialdemokratischen Partei- und Gewerkschaftsführung nicht beirren. Er verweigerte den Militärdienst, saß monatelang im Gefängnis und konnte nur mit Gewalt an die Front geschleppt werden. Dort wurde er schon nach kurzer Zeit schwer verwundet. Nach seiner Genesung in einem Wiener Militärspital wurde Rothziegel als nicht mehr fronttauglich der Hilfsdienstkompanie des Infanterieregiments Nr. 49 in Wien zugeteilt, wo er in der untersten Charge des »Infanteristen« Handlangerarbeiten im Kasernenbetrieb verrichten musste. Jede freie Stunde aber benützte er unverzüglich für die Fortsetzung seines politischen Kampfes. Es besuchte die Versammlungen des Bildungsvereins »Karl Marx«, der damals das Zentrum aller linksoppositionellen, gegen den Sozialpatriotismus der SP-Führung gerichteten Strömungen war. Dort trat Rothziegel als Redner und Diskutant in Erscheinung, wobei er im Streit zwischen den um Friedrich Adler gescharten »Linken« (einer Gruppe, die, auf dem Boden des Zentrismus stehend, eine Position des Pazifismus und Neutralismus vertrat) und den um Franz Koritschoner und Anna Strömer vereinigten »Linksradikalen« (die den revolutionären Standpunkt Lenins verfochten) für letztere Partei ergriff. Kernpunkt der Auseinandersetzungen zwischen Linken und Linksradikalen war die Frage der Einbeziehung der Arbeitermassen in den politischen Kampf. Während die Linken (Friedrich Adler, Robert Danneberg, Max Adler, Therese Schlesinger, Gabriele Proft u. a.) die organisatorische Trennung vom Rechtsopportunismus strikt ablehnten, nur innerhalb der Sozialdemokratischen Partei für ihre Auffassungen wirken wollten und jede Form außerparlamentarischer, nicht »legaler« Antikriegsaktionen verwarfen, suchten die Linksradikalen aus der Enge des bloßen Debattierklubs einiger sozialistischer Intellektueller auszubrechen, Kontakt zu den mehr und mehr revolutionierten Arbeitermassen der großen Rüstungsbetriebe Wiens und des Wiener Beckens aufzunehmen und systematisch auf große Streiks, Massenaktionen und, als Höhepunkt, den Sturz der kaiserlichen Regierung hinzuarbeiten. Rothziegel wirkte seit der Jahreswende 1916/17 eng mit den Linksradikalen zusammen und näherte sich ihnen auch in ideologischer Hinsicht immer mehr an. Großen Einfluss gewann er unter der sozialdemokratischen Arbeiterjugend, besonders den Ortsgruppen Leopoldstadt, Margareten und Favoriten des »Verbandes jugendlicher Arbeiter«, wo die radikalen Tendenzen am stärksten ausgeprägt waren.

    Inzwischen hatte sich die gesellschaftliche Situation in Österreich gewandelt und ungemein zugespitzt. Am 21. Oktober 1916 erschoss Friedrich Adler den k. k. Ministerpräsidenten Stürgkh im Hotel Meißl & Schadn in Wien. Der Winter 1916/17 war der bisher schrecklichste Hungerwinter des Weltkriegs. Im März 1917 wurde die zaristische Selbstherrschaft in Russland durch eine Volksrevolution gestützt. Die österreichische Arbeiterschaft, die in den Jahren 1914 bis 1916 auf dem Felde des Klassenkampfes bestenfalls kleine Scharmützel geliefert hatte, kam in Bewegung. In der Rüstungsindustrie setze im Frühjahr 1917 eine mächtige Streikwelle ein, die im Maiausstand von 42.000 Wiener Metallarbeitern ihren vorläufigen Höhepunkt fand.

    Sowohl während des Maistreiks als auch bei den Protestaktionen sozialistischer Jugendlicher während des Prozesses gegen Friedrich Adler schaltete sich Rothziegel aktiv ein. Er druckte illegal zwei Flugblätter der Linksradikalen, die in den Wiener Betrieben in großer Zahl verbreitet wurden. Darin wurden die Arbeiter aufgefordert, für einen sofortigen Beginn der Friedensverhandlungen zu demonstrieren und der Bourgeoisie den »erbittertsten Kampf« anzusagen.[313] Rothziegel, der bei der Wiener Staatspolizei als »bedenkliches Subjekt«, »notorischer Rädelsführer« und »Hetzer« schon längst registriert war, wurde daraufhin vorsichtshalber sofort verhaftet. Obwohl man ihm nichts beweisen konnte, machte er für weitere drei Monate mit dem Wiener Garnisonsarrest Bekanntschaft. Im August 1917 wieder entlassen, stürzte sich Rothziegel von neuem in den politischen Kampf und half den Linksradikalen bei ihren Bestrebungen, in Industriebetrieben Wiens, Wiener Neustadts, Neunkirchen, Ternitz, Wöllersdorf usw. feste Stützpunkte zu erlangen. Wieder wurde Rothziegel festgenommen und arretiert. Durch einen Zufall im Dezember 1917 freigelassen, entschloss er sich nun endgültig, in den Untergrund zu gehen. Er beschaffte sich falsche Papiere und desertierte von seiner Einheit.

Jännerstreik

Unter dem Einfluss der Ereignisse des November 1917 in Russland hatte inzwischen die revolutionäre Situation in Österreich einen Höhepunkt erreicht. Die Friedensverhandlungen von Brest-Litowsk, die auf der Grundlage des Lenin'schen »Dekrets über den Frieden« am 22. Dezember 1917 zwischen den Mittelmächten und Sowjetrussland begannen, wurden von den österreichischen Arbeitern mit größter Aufmerksamkeit und Erwartung verfolgt. Als sich aber, vor allem auf Grund der annexionistischen Aspirationen der deutschen Obersten Heeresleitung, die Verhandlungen über Wochen ergebnislos dahinschleppten, verschlechterte sich die Stimmung der Volksmassen im Hinterland immer mehr. Die Arbeiter sympathisierten mit den Bolschewiki und stellten sich nicht nur gegen die kaiserliche Regierung, sondern erstmals auch in größerer Zahl gegen die sozialdemokratischen Parteiführer, die trotz aller Friedensbeteuerungen der Politik der Seidler und Czernin nach

---

313 Den Wortlaut der Flugblätter siehe bei: Hautmann: Die verlorene Räterepublik, S. 36f.

wie vor die Mauer machten. In den Versammlungen der Partei während der Jahreswende 1917/18 beantworteten die Arbeiter die Appelle sozialdemokratischer Referenten an »Vernunft« und »Besonnenheit« mit heftigen Unmutsäußerungen. Jede Erwähnung der russischen Revolution wurde dagegen mit brausenden Hochrufen quittiert. Die politische Atmosphäre in Österreich wurde explosiv. Eine entscheidende Kraftprobe zwischen Bourgeoisie und Proletariat nahte.

Die Linksradikalen erkannten die neue Lage und verstärkten ihre illegale Agitation und Propaganda in den Rüstungsbetrieben. Gleichzeitig beschlossen sie, alle linksoppositionellen Kräfte ungeachtet taktischer Differenzen in einer einzigen, schlagkräftigen Organisation zusammenzufassen. Am 30. Dezember 1917 wurde ein illegaler »Arbeiterrat« gegründet, dem neben den eigentlichen Linksradikalen die Anhänger Rothziegels und die kleinen Gruppen der Anarchisten unter Arnold Baral sowie der linken Poale-Zionisten unter Michael Kohn-Eber angehörten. Daran beteiligt waren auch damals in Wien lebende russische bolschewistische Emigranten. Schließlich gelang es dem »Arbeiterrat« noch, revolutionäre Soldaten wie Leutnant Fränkel, Johannes Wertheim und Egon Erwin Kisch zu gewinnen.[314] Kisch, der seit 1917 zum Kriegspressequartier abkommandiert war, lernte auf die Weise Leo Rothziegel zum ersten Mal kennen. Rothziegels ungestüme revolutionäre Leidenschaft beeindruckte Kisch tief und hat die Entwicklung des »rasenden Reporters« zum Kommunisten entscheidend beeinflusst. Beide schlossen Freundschaft und arbeiteten 1918/19 in der Wiener »Roten Garde« eng zusammen.

Als am 12. Jänner 1918 in Brest-Litowsk der Vertreter der deutschen Obersten Heeresleitung (OHL), General Hoffmann, den Bolschewiki mit offen annexionistischen, ultimativen Erpressungen drohte, reiste die Sowjetdelegation unter Trotzki ab. Der Eindruck seines berühmtberüchtigt gewordenen »Faustschlages« auf die österreichischen Arbeiter war niederschmetternd. Der so heiß ersehnte Friedensschluss schien ferner denn je. Zwei Tage später verkündete das »k. k. Amt für Volksernährung« eine Kürzung der ohnehin schon unzureichenden Mehlration

---

314 Ebd., S. 46ff.

um nicht weniger als 50 Prozent. Das brachte das Fass zum Überlaufen. Das österreichische Proletariat war nun entschlossen, in einen revolutionären Kampf für den Frieden zu treten.

Aber schon die Ereignisse des 12. Jänner hatten die Linksradikalen agitatorisch benützt. Am Morgen des 13. Jänner 1918 fand die Wiener Polizei in Betrieben das Flugblatt »Arbeitendes Volk!«, das ebenso wie die beiden anderen Flugblätter der Linksradikalen während des Jännerstreiks, »Das Volk steht auf!« und »Verraten und Verkauft!«, von Rothziegel gedruckt und zusammen mit Franz Koritschoner verfasst worden war. Rothziegel stellte die Flugblätter, die im Verlauf des zehntägigen Ausstands massenhaft verbreitet wurden, jeweils nachts in der Druckerei des Max Pöck, Wien 2., Stefaniestraße 2, her, wo ihm der Besitzer für ein Entgelt von 150 Kronen seine Maschinen überlassen hatte.[315] Mit dem Flugblatt »Arbeitendes Volk!«, das, wie gesagt, einen Tag *vor* dem Ausbruch des Streiks erschien, versuchten die Linksradikalen die Massen aufzurütteln. Sein Inhalt war daher noch allgemeinerer Natur. Es lautete:

> »Arbeitendes Volk!
>
> Dreieinhalb Jahre dauert dieser menschenmordende Krieg und trotz der Friedensverhandlungen ist kein Ende dieser Metzeleien abzusehen. Millionen Eltern weinen um ihre Söhne, Millionen Frauen und Kinder um ihre Ernährer. Wurde dieser Krieg begonnen, um das ›Vaterland‹ zu verteidigen? Wird er fortgesetzt, um ›Haus und Hof‹ gegen ›Feinde‹ zu schützen? Hat das arbeitende Volk ein Vaterland? Der Grund und Boden ist in den Händen einiger Weniger, die dieses ›Recht‹ dazu benützen, uns auszubeuten und auszuhungern! Haben wir – das arbeitende Volk – Feinde? Sind nicht die italienischen, die serbischen und rumänischen Arbeiter und Bauern unsere Brüder? Sind sie nicht ebenso ausgebeutet und unterdrückt wie wir?
> Nein! Dieser Krieg ist nicht begonnen worden, um das Vaterland zu verteidigen, wird nicht fortgeführt, um Haus und Hof gegen ›Feinde‹ zu schützen. Dieser

---

[315] NÖLA, Präs. P.–VII, Zl. 1498/1918, Rothziegel Leo, Pöck Max und Mathilde, Hochverrat.

Krieg wurde entfacht, um den Kapitalisten neue Länder einzubringen, um das arbeitende Volk ganz der Sache des Staates auszuliefern.

Schon das vierte Jahr liegen Millionen im Schmutz der Schützengräben, Millionen hungern und darben im Hinterlande und gehen an Unterernährung und Tuberkulose zugrunde. Widerspruchslos ertrugen wir all den Jammer und das Elend, mutlos müssten wir revolutionären Sozialisten die Fahne der Freiheit und Menschlichkeit sinken lassen, wenn wir nicht gesehen hätten, daß ein Volk es gewagt hat, die Ketten der Tyrannei zu zerbrechen, sich Freiheit und Frieden zu erzwingen! Das russische Volk und die russische Revolution zeigte uns, wie man zum Frieden gelangt! Das russische Volk hat uns gelehrt, was wir zu tun haben, um zu Recht und Freiheit zu gelangen. In Rußland wird das Land unter das Volk aufgeteilt, Fabriken und Bergwerke gelangen in den Besitz der Allgemeinheit. Nur der russischen Revolution verdanken wir es, daß es zu Friedensvershandlungen gekommen ist …

Arbeitende und denkende Männer und Frauen! Wir rufen Euch zum Kampf für Frieden und Freiheit! Vereinigt Euch wie Eure russischen Brüder! Wählt Arbeiter- und Soldatenräte! Ertragt nicht länger die Unterdrückung und das Elend! Laßt Euch nicht durch Redensarten von Ministern, Bürgermeistern und so genannten ›Volksvertretern‹ nasführen! … Bleibt nicht länger willenlose Werkzeuge des Kapitalismus und Militarismus!

> Mann der Arbeit, erwacht,
> und erkenne deine Macht!
> Alle Räder stehen still,
> Wenn dein starker Arm es will!

> Wenn er es will! Wollt es! Zeigt, daß Ihr euren Mann stellt
> wie die russischen Arbeiter und Bauern!

> Zum Kampf für den sofortigen allgemeinen Frieden!
> Zum Kampf für politische und soziale Freiheit!
> Nieder mit den Krieg!
> Nieder mit der Regierung!«[316]

---

316 Neck (Hg.): Arbeiterschaft und Staat, Bd. 2, S. 193f.

Es steht fest, dass dieses Flugblatt, neben der Kürzung der Mehlration, schließlich der Initialzünder für die nun folgenden Ereignisse war.

Der Jännerstreik war die größte revolutionäre Massenaktion in der gesamten Geschichte der österreichischen Arbeiterbewegung. Er setzte am Morgen des 14. Jänner in Wiener Neustadt ein und breitete sich binnen weniger Tage lawinenartig über die Monarchie aus. Am Höhepunkt, am 18. Jänner 1918, standen in Wien 113.000, in Niederösterreich 125.000 und auf dem gesamten Staatsgebiet 700.000 Arbeiter im Ausstand. Der Jännerstreik war ein von Anfang an ein politischer Streik, ein Streik für den Frieden. Es ist wohl keine Übertreibung, wenn man behauptet, dass sich in diesen Tagen die kaiserliche Regierung, und über sie hinaus der bürgerliche Staat und das kapitalistische System in Österreich hart am Rande des Abgrunds befanden.

Die Führer der Sozialdemokratischen Partei, gegen deren erklärten Willen der Streik spontan ausgebrochen war, stellten sich sofort an die Spitze der Bewegung, um sie »zu leiten und vor Missdeutung wie vor Abirrungen zu schützen.«[317] Im Klartext bedeutete das, die »Abirrung« einer Steigerung des Massenprotestes bis zum Sturz der Regierung und zur sozialen Umwälzung zu verhindern, den Streik abzuwiegeln und die Arbeiter möglichst rasch in die Betriebe zurückzuführen. Dies konnte nur deshalb gelingen, weil: a.) die Linksradikalen zahlenmäßig zu schwach waren, um die Bewegung in die von ihnen gewünschte Richtung zu treiben und sie noch dazu schon bald von der Polizei verhaftet wurden; b.) es dem Parteivorstand gelang, die im Verlauf des Streiks entstandenen Arbeiterräte schon nach kürzester Zeit zu »befrieden« und zu »disziplinieren«; und c.) die Führer der Sozialdemokratischen Partei (Victor Adler, Karl Seitz, Karl Renner und Wilhelm Ellenbogen) von Anfang an engstens mit den kaiserlichen Ministern zusammenwirkten. Durch geheime Vereinbarungen über den propagandistisch »wirksamsten« Weg und mit fein verteiltem Rollenspiel (der Parteivorstand stellte »Forderungen« und die Regierung gab daraufhin großzügig »beruhigende« Erklärungen ab, die wortwörtlich vom Parteivorstand stammten), und durch feierliche Versprechungen, die, wie sich später herausstellte, nicht

---

317 Um Friede, Freiheit und Recht!, S. 9.

das Papier wert waren, auf denen sie standen, gelang es, die Streikenden zur Wiederaufnahme der Arbeit zu bewegen.[318]

Gemeinsam mit den Linksradikalen entfaltete Leo Rothziegel während des Jännerausstands eine intensive, nimmermüde Tätigkeit. Um den bereits angelaufenen Maßnahmen des Parteivorstandes in Hinblick auf die »Eindämmung« der Streikfront entgegenzutreten, verfasste er mit Franz Koritschoner das Flugblatt »Das Volk steht auf!«, druckte es und ließ es am 17. Jänner 1918 verbreiten. Darin wurde gefordert:

»1. Die Friedensdelegierten sind vom Volke zu wählen!
2. An allen Fronten ist sofort Waffenstillstand zu schließen!
3. Kriegsleistungsgesetz und Militarisierung der Betriebe sind sofort aufzuheben!
Alle Beschränkungen des Koalitionsrechts und der politischen Freiheit sind abzuschaffen!
4. Friedrich Adler und alle anderen politischen Gefangenen sind sofort freizulassen!«

Weiter hieß es:

»Mißtraut jenen patriotischem ›Arbeiterführern‹, die Euch seit dem ersten Tage des Krieges verraten und Euch jetzt Eure Streikgelder vorenthalten! Hört nicht mehr auf ihre Beschwichtigungsreden, sondern bleibt fest im Streite für unser Ziel! […] ihr andern aber, steht nicht länger abseits! Heraus aus allen Werkstätten! Dreht nicht länger mehr Mordgranaten! Hervor aus allen Bergwerken ans Tageslicht! Lasst alle Räder stille stehen – Eisenbahn und Straßenbahn! Schart Euch zusammen an Straßen und Plätzen! Wählt Arbeiterräte, so wie in Rußland! – und der Massengewalt der Proletariats wird der Sieg gehören!«[319]

Dieses Flugblatt bewirkte eine weitere Ausdehnung des Streiks. Rothziegel und seine Genossen zogen außerdem in den Jännertagen von Streikversammlung zu Streikversammlung, um die Argumente sozialdemokratischer Redner nicht unwidersprochen zu lassen. Dazu erzählte

---

318 Am eingehendsten informiert darüber Rosdolsky: Studien über revolutionäre Taktik. In dieser Broschüre wird auch die letztere Behauptung dokumentarisch belegt.
319 Neck (Hg.): Arbeiterschaft und Staat, Bd. 2, S. 311.

dem Autor Leopold Hornik kurz vor seinem Tode folgende Begebenheit, deren Augenzeuge er war: »Am 18. Jänner 1918 fand in Wien-Ottakring eine Versammlung der streikenden Arbeiter der Straßenbahnwerkstätten statt, bei der etwa 500 Teilnehmer erschienen. Für die Sozialdemokratische Partei sprach der Reichsratsabgeordnete August Forstner, ein ehemaliger Fiaker, der ob seiner Schlagfertigkeit und seines gesunden Wiener Mundwerks unter den Arbeitern sehr populär war. Diesmal aber hatte der sonst so beliebte ›Gustl‹ einige Schwierigkeiten. Abgesehen davon, dass seine Standardfloskeln nicht recht einschlugen, unterbrach ihn der in der Menge befindliche Rothziegel, der ein sonores, weittragendes Organ besaß, durch dauernde sarkastische Zwischenrufe. Schließlich wurde es Forstner zu bunt. Er wandte sich direkt an den Störenfried und sagte ungefähr: ›Wenn'st scho so goschert bist und so gern red'st, dann komm doch her auf's Podium, wenn'st Dich traust!‹ Zu seiner peinlichen Überraschung nahm ihn Rothziegel beim Wort, bestieg die Tribüne und hielt eine, wie Hornik berichtete, temperamentvolle Rede, die die Versammelten in Begeisterung versetzte.«

Allerdings blieben solche Vorfälle nur Episode. Am 20. Jänner 1918 begann sich das Blatt zuungunsten der revolutionären Kräfte zu wenden. Die nunmehr ganz unter dem Einfluss des Parteivorstandes stehenden Arbeiterräte beschlossen nach einer langen Nachtsitzung in Wien, die Zusagen der Regierung als genügend zu erachten und die Streikenden zur Wiederaufnahme der Arbeit aufzurufen. Unmittelbar darauf begannen Polizei und Gendarmerie, die sich während der ersten Streiktage merkwürdig still und vorsichtig verhalten hatten, mit der Verhaftung der linksradikalen Führer. Der Welle der Festnahmen fielen u. a. Koritschoner, Baral, Pjatigorski, Wertheim, Kohn-Eber, Kulcsar und Hexmann zum Opfer.[320] Obwohl die Arbeiter gegen den Streikabbruch-Beschluss heftigst protestierten und die sozialdemokratischen Redner mit Rufen wie »Verräter!« und »k. u. k. Vertrauensmänner!« niederschrien, war nun für den Parteivorstand der kritische Punkt überwunden. Die Bewegung begann am 21. Jänner abzubröckeln. Am 24. Jänner 1918 wurde in allen Betrieben wieder gearbeitet.

---

320 Hautmann: Die verlorene Räterepublik, S. 57.

Leo Rothziegel, der sich als einer der wenigen Linksradikalen der Verhaftung entziehen konnte, verfasste und druckte am Ende des Streiks das dritte Flugblatt »Verraten und verkauft!«, in dem die Ereignisse folgendermaßen eingeschätzt wurden:

> »Der Kampf zur Erzwingung des sofortigen allgemeinen Friedens, den das Proletariat Niederösterreichs in so herrlicher Weise begonnen und dem sich die Arbeiterschaft der anderen Kronländer und auch Ungarns angeschlossen hatte, ist vom Parteivorstande und einem so genannten ›Arbeiterrat‹ in schmählicher Weise an die Regierung des kapitalistischen Klassenstaates verraten worden. Nichts als papierene Versprechungen, leere Tröstungen und nichtssagende Phrasen hat die Regierung als Antwort auf die Forderungen der Arbeiterschaft zu bieten gewußt, als die Arbeiter wieder in das Joch der kapitalistischen Unterdrückung zu treiben. Für jeden denkenden Arbeiter ist es heute klar, daß dieser Kampf schon im Anfang das Mißfallen der Parteiinstanzen gefunden hat, daß sie vom Anbeginn gebremst haben. […] Und statt die Bewegung nach dem Vorbild unserer russischen Brüder vorwärts zu treiben, statt einen wirklichen Arbeiterrat, der alle Macht an sich reißt, zu konstituieren, hatten diese Handlanger der Regierung sofort mit derselben Unterhandlungen und bevor es noch zum eigentlichen Kampf gekommen war, abgeblasen …
> Von den heutigen ›Arbeitervertretern‹ ist nichts mehr zu erwarten! Schließen wir uns selbst zu Gruppen des Kampfes zusammen! Die Gruppen mögen unter sich die Fragen des Tages besprechen, mit den Genossen der anderen Gruppen in Verbindung treten, so daß eine neue Organisation des Kampfes und der Befreiung entstehe!«[321]

Im Schlussabsatz wurde also die organisatorische Trennung der revolutionären Elemente von der reformistischen Parteiführung angekündigt. Damit war der Jännerstreik zum Ausgangspunkt für die Gründung der Kommunistischen Partei Österreichs geworden.

Leo Rothziegel, nach dem die Polizei in den folgenden Wochen und Monaten fieberhaft fahndete, versteckte sich zunächst bei Freunden und Bekannten in Wien, später in der niederösterreichischen Ortschaft

---

321 Neck (Hg.): Arbeiterschaft und Staat, Bd. 2, S. 395f.

Ebergassing. Schließlich überschritt er heimlich die Grenze nach Ungarn. Hier wurde er aber Mitte April 1918 in dem Ort Magyar-Pade, Komitat Torontal, ausgeforscht, nach Budapest gebracht und von dort als Deserteur mit Zustimmung des k. u. k. Militärkommandos Budapest nach Wien überstellt.[322] Man sperrte ihn, so wie alle anderen Verhafteten des Jännerstreiks, im Wiener Landesgericht ein. Der Staatsanwalt strengte gegen die Revolutionäre den Prozess wegen »Störung der öffentlichen Ruhe«, »Aufstand«, »Aufruhr« und »Hochverrat« an, der aber infolge des Zusammenbruchs der Habsburgermonarchie nicht mehr zur Durchführung kommen konnte.

Die Rote Garde

Ende Oktober 1918 begann Österreich-Ungarn zu zerfallen. Nachdem sich am 21. Oktober die Reichsratsabgeordneten der deutschösterreichischen Wahlbezirke in Wien als provisorische Nationalversammlung konstituiert hatten, fanden am 30. Oktober 1918 Massendemonstrationen der Wiener Arbeiter statt, in denen die Ausrufung der Republik und die Haftentlassung Friedrich Adlers gefordert wurden. Am selben Tag gründete sich der »Staatsrat« für Deutschösterreich, wo die Führer der Sozialdemokratischen Partei (Victor Adler, Karl Renner, Ferdinand Hanusch, Otto Glöckel und Julius Deutsch) die Schlüsselpositionen besetzten. Damit war der formelle Bruch mit dem alten Regime vollzogen. Die politischen Gefangenen des Jännerstreiks, darunter auch Leo Rothziegel, wurden daher am 30. Oktober aus dem Landesgericht entlassen.

Rothziegels erste Tat in der wieder gewonnenen Freiheit kann man nach all dem, was wir bisher über ihn hörten, unschwer erraten: Er verfasste und druckte ein Flugblatt, das am 1. November in 6.000 Exemplaren verbreitet wurde. Darin hieß es unter anderem:

---

322 NÖLA, Präs. P.–VII, Zl. 1498/1918.

> »Arbeiter, Soldaten!
> Eine neue Zeit bricht an. Die Revolution, die in Rußland begonnen, setzt sich jetzt bei uns fort. In der Nationalversammlung sitzen Leute, die Euch viereinhalb Jahre lang knechteten. [...] Wir aber verlangen ein gründliches Aufräumen. [...] Soldaten, erkläret, daß Ihr keine Offiziere mehr kennet! Leistet keinen neuen Schwur! Wählet Euch selber aus Euren Kameraden Führer aus! [...] Gehet mit Euren Waffen nach Hause! Lasset nicht Euren Unterdrückern Waffen und Munition zurück! Tretet in die Rote Garde ein zum Schutz des Proletariats! Dann habt Ihr bald die ganze Macht in den Händen, Ihr Arbeiter und Soldaten!«[323]

Am Nachmittag des 1. November 1918 fand – über Initiative von Rothziegel, Kisch, Wertheim und Bernhard Förster (»Korporal Haller«) – eine Versammlung revolutionärer Soldaten vor dem Deutschmeisterdenkmal statt, bei der sich die Rote Garde gründete. Die regierende Sozialdemokratie war sich der Gefahr, die von dieser Truppe ausging, voll bewusst. Unterstaatssekretär Julius Deutsch verhandelte mehrmals mit Rothziegel und bot schließlich den Rotgardisten an, in die Volkswehr einzutreten.[324] Rothziegel akzeptierte unter der Bedingung, dass der Roten Garde die Stiftskaserne in Wien-Mariahilf als Quartier und Werbelokal zur Verfügung gestellt werde. Bereits am 4. November waren der neuen Volkswehrabteilung »Rote Garde« über 1.000 Soldaten beigetreten. Zum Kommandanten der Truppe wurde Egon Erwin Kisch gewählt; Rothziegel, der in jeder Hinsicht unter den Rotgardisten die politisch führende Rolle spielte, wurde Vorsitzender des Soldatenrats.

Julius Deutsch war in der Folgezeit bemüht, verlässliche Sozialdemokraten in die Rote Garde einzuschleusen, um diesen »Bürgerschreck Nr. 1« der Novembertage 1918 zu »befrieden«. Anlass dazu gaben ihm verschiedene Willkürakte ihrer Angehörigen, vor allem aber die Ereignisse des 12. November, als es vor dem Parlamentsgebäude zu einer Schießerei kam und Rotgardisten, gemeinsam mit den Gründern der KPDÖ, Elfriede

---

323 *Der Rote Soldat*, Nr. 41, 5.12.1919.
324 Julius Deutsch: Aus Österreichs Revolution. Militärpolitische Erinnerungen. Wien 1921, S. 36.

Eisler-Friedländer und Karl Steinhardt, die Redaktion der *Neuen Freien Presse* besetzten. Der Unterstaatssekretär für Heerwesen setzte an Stelle von Egon Erwin Kisch den Sozialdemokraten Josef Frey als Kommandanten der Roten Garde ein; Rothziegel wurde zu einem der Mitglieder des Soldatenrates »degradiert«. Dem Zweck der »Disziplinierung« sollte auch das Auftreten Friedrich Adlers dienen, der bei der ersten Hauptversammlung der Roten Garde am 21. November 1918 eine programmatische Rede hielt.[325] Darin warnte er vor der Kommunistischen Partei, ermahnte die Rotgardisten, Geduld zu bewahren, stets den »Blick aufs Ganze« gerichtet zu halten und »putschistische Elemente« (sprich Kommunisten) zu isolieren und zu entfernen. Allerdings brachten seine Worte nicht den gewünschten Erfolg. In der darauf folgenden zweistündigen Diskussion griffen mehrere Rotgardisten, darunter auch Leo Rothziegel, die Politik der sozialdemokratischen Parteileitung heftig an und es gelang den linksradikal eingestellten Gardisten bei der Wahl des Vorsitzenden des Soldatenrats, ihren Kandidaten, Egon Erwin Kisch, durchzubringen.

Die bereits unüberbrückbar gewordene Kluft zwischen Kommunisten und Sozialdemokraten vertiefte sich in der Folgezeit immer mehr. Am 16. Dezember 1918 kam es zur Spaltung. Ursache dafür war das Problem der Vereidigung der Volkswehrleute, insbesondere die Eidesformel, in der ein Treuegelöbnis zum »freien Staat Deutschösterreich« gefordert wurde. Die radikal eingestellten Rotgardisten wiesen diesen Passus als zweideutig zurück und forderten stattdessen den Ausdruck »Deutsch-Österreichische Republik«. In einem von Rothziegel herausgegebenen Flugblatt hieß es dazu: »[...] daher können wir nur dem arbeitenden Volk Treue geloben und in allen politischen und militärischen Fragen [...] nur Führern gehorchen, die wir selbst gewählt haben. Kameraden, den vom Staatsrat vorgeschriebenen Eid werdet Ihr nicht leisten!«[326]

Tatsächlich musste das Staatsamt für Heerwesen die für 10. Dezember 1918 vorgesehene Vereidigung der 17.000 Wiener Volkswehrleute verschieben und die Eidesformel auf »Deutsch-Österreichische Re-

---

325 Friedrich Adler: Nach zwei Jahren. Reden, gehalten im November 1918. Wien 1918, S. 17ff.
326 *Der Abend*, 10.12.1918.

publik« ändern. Die Streitigkeiten führten dazu, dass die sozialdemokratisch eingestellten Rotgardisten unter Josef Frey austraten und sich als »Volkswehrbataillon 40« konstituierten. Die Kommunisten in der Roten Garde, etwa 400 Mann, wurden als »Volkswehrbataillon 41« von Julius Deutsch der bewaffneten Macht inkorporiert und in eine leer stehende Schule nach Wien-Rudolfsheim verlegt. Dort ließ sie später Rothziegel auf die Kommunistische Internationale schwören. Leo Rothziegel blieb bis zu seinem Abmarsch nach Ungarn Volkswehrmann und Soldatenrat des VB 41. Der ausbezahlte Sold stellte seinen Lebensunterhalt dar.

Die *Föderation revolutionärer Sozialisten »Internationale«*

Ein Charakteristikum all jener links von der Sozialdemokratie angesiedelten Kräfte in Österreich war, dass sie in den ersten Monaten nach dem November 1918 nicht nur zahlenmäßig wenig bedeutend blieben, sondern auch noch dazu uneins waren. Die tiefere Ursache dafür lag in der besonderen Entwicklung, welche die revolutionäre Bewegung zwischen Jänner und November 1918 durchlief. Da fast alle linksradikalen Führer durch Verhaftung mundtot und aktionsunfähig gemacht worden waren, ging ihr Einfluss unter den Industriearbeitern stark zurück; der Sozialdemokratie, seit dem Parteitag 1917 auf die Taktik des Wortradikalismus eingeschwenkt, gelang es – über den Transmissionsriemen des von ihr dominierten Arbeiterrats – verlorenes Terrain wieder zu erobern; die letzte noch in Freiheit befindliche revolutionäre Gruppe um Elfriede Eisler-Friedländer und Karl Steinhardt war nicht imstande, das von den Linksradikalen begonnene Werk fortzusetzen und fiel in das Stadium eines von den Massen isolierten Zirkelwesens einer Handvoll von Intellektuellen zurück. Die gesamte linksradikale Bewegung geriet also für mehrere Monate in eine schwere Krise.

Als im November 1918 die Sammlung aller revolutionären Kräfte und die Gründung einer Kommunistischen Partei auf der Tagesordnung stand, geschah letzteres durch die Friedländer-Gruppe überstürzt, ohne eingehende Diskussion und auf eine Art und Weise, die die anderen Sympathisanten vor den Kopf stieß. Sogar die Linksradikalen unter Franz Koritschoner lehnten es vorerst ab, der am 3. November 1918 gegründeten

Kommunistischen Partei Deutschösterreichs beizutreten. Nach ihrer und auch Rothziegels Meinung war es ein Fehler, den Gärungsprozess innerhalb der links eingestellten sozialdemokratischen Mitgliedschaft nicht abzuwarten und durch den übereilten Schritt der Parteigründung das Ausreifen radikaler Tendenzen unter den Arbeitermassen zu behindern. Die in der KPDÖ dominierende Friedländer-Gruppe unterschätzte vollkommen die Notwendigkeit eines ernsten, hartnäckigen, tief greifenden Kampfes um den Einfluss unter den Massen und glaubte, dass zu diesem Zweck die Proklamation einiger zündender, die Arbeiter mitreißender Losungen genüge.[327] Dazu kamen persönliche Differenzen, denn Elfriede Friedländer usurpierte durch marktschreierische Äußerungen alle Verdienste um die kommunistische Bewegung in Österreich für sich, was ganz einfach eine Unwahrheit war.[328]

So entschlossen sich Ende November 1918 die meisten der zur Friedländer-Gruppe in Opposition stehenden Revolutionäre (Rothziegel, Wertheim, Kohn-Eber, Kisch u. a.), eine eigene Organisation, die *Föderation revolutionärer Sozialisten »Internationale«* (FRSI), zu gründen. Ziel der FRSI war, alle in Österreich zerstreut wirkenden revolutionär-sozialistischen Kräfte, unbeschadet ihrer Parteizugehörigkeit, zusammenzufassen. Sie forderte die »Überführung des Grund und Bodens, der Produktions- und Verkehrsmittel aus den Händen der Kapitalisten in den Besitz der Arbeitenden, die soziale Republik der Arbeitenden durch Abschaffung jeder Klassenherrschaft, die Vorbereitung der selbständigen und zielbewussten Erhebung der arbeitenden Massen und die Schaffung von sozialistischen Arbeiter-, Bauern- und Soldatenräten.«[329] Die FRSI gab die Wochenschrift *Der freie Arbeiter* heraus, deren Beilage *Die Rote Garde*

---

327 Geschichte der Kommunistischen Partei Österreichs. 1918–1955. Kurzer Abriß, von einem Autorenkollektiv der Historischen Kommission beim ZK der KPÖ unter Leitung von Friedl Fürnberg. Wien 1977, S. 30. Über die näheren Umstände der Differenzen um die Parteigründung: S. 82f.

328 Elfriede Eisler-Friedländer übersiedelte 1919 nach Deutschland und spielte als »Ruth Fischer« in der KPD einige Jahre eine bedeutende Rolle.

329 Johannes Wertheim: Die Föderation revolutionärer Sozialisten »Internationale«. Eine Episode aus der österreichischen Arbeiterbewegung 1918/19, in: *Archiv für die Geschichte des Sozialismus und der Arbeiterbewegung*, 12. Jg. Leipzig 1926, S. 297–309.

von Egon Erwin Kisch redigiert wurde. Diese Zeitung war – anders als das damalige Organ der KPDÖ *Der Weckruf* – von ausgezeichneter journalistischer Qualität und erfreute sich unter den linken Arbeitern größter Beliebtheit. Auch Rothziegel schrieb für den *Freien Arbeiter* einige Artikel, die beweisen, dass er nicht nur ein Mann der Tat, sondern auch ein guter Kenner der marxistischen Theorie war und dazu noch eine gewandte, streitbare Feder zu führen verstand.[330] Überhaupt hatte die FRSI um die Jahreswende 1918/19 mehr Mitglieder und unter bestimmten Schichten des Proletariats (z. B. den Arbeitslosenorganisationen und den Arbeitern des Wiener Arsenals) sowie den Volkswehrleuten größeren Einfluss als die KPDÖ.

Das Verhältnis der FRSI zur KPDÖ, vorerst recht kühler Natur, verbesserte sich wesentlich, als Anfang 1919 die Linksradikalen unter Koritschoner und die Russlandheimkehrer unter Tomann, Brodnig, Grün und Forst der KPDÖ beitraten und so die Friedländergruppe an Einfluss verlor. Es begannen Verhandlungen über eine Verschmelzung der beiden Organisationen, die aber deshalb zunächst nicht zustande kam, weil in der FRSI noch falsche Vorstellungen über die Rolle der Partei in der proletarischen Revolution herrschten. Die FRSI unterschätzte die Bedeutung einer fest gefügten, ideologisch geschlossenen, nach dem Prinzip des demokratischen Zentralismus strukturierten Partei und hing Illusionen über die Spontaneität der Massen nach. Dennoch traten KPDÖ und FRSI seit Februar 1919 nach außen hin, im Kampf gegen die bürgerliche Republik und die Sozialdemokratie, einig auf. Eine Unmenge von Polizeiakten aus jener Zeit beweisen, dass Leo Rothziegel in Versammlungen der KPDÖ als Referent auftrat und das Programm der Kommunisten verfocht. Anlässlich der Trauerkundgebung für Karl Liebknecht und Rosa Luxemburg, die am 18. Jänner 1919 vor dem Wiener Rathaus stattfand, ergriff Rothziegel neben Steinhardt, Tomann, Eisler-Friedländer und Kisch das Wort. Der Polizeiagent berichtete:

---

330 Siehe die Artikel: »Die sozialistische Revolution« in den Ausgaben Nr. 3, 4 und 5 (1918), »Opfer« in der Nr. 7 (1918), »Der neue Fahneneid«, Nr. 1 (1919), »Allgemeiner Wehrzwang oder Bewaffnung des Proletariats«, Nr. 2 (1919), »Der Syndikalismus in Österreich«, Nr. 10 und 12 (1919).

»Er forderte die Versammelten zum unentwegten Kampf für den Sozialismus und gegen die Kapitalsherrschaft auf. Dieser Kampf müsse mit allen Mitteln geführt werden. Auch die Verfolgung der Kommunisten durch die Polizei dürfe für diesen Kampf kein Hindernis sein. Im weiteren Verlauf […] richtete er heftige Angriffe gegen Führer der Sozialdemokratischen Partei, insbesondere gegen den Präsidenten Seitz, den Staatskanzler Renner sowie den Staatssekretär Bauer, die er kurzweg als ›unsere Scheidemänner‹ bezeichnete.«[331]

Am 1. Parteitag der KPDÖ im Februar 1919 war Rothziegel als Gastdelegierter anwesend und hielt zwei bemerkenswerte Diskussionsbeiträge, die bei aller Kritik an vorhandenen Fehlern und Schwächen in kameradschaftlichem und konstruktivem Ton gehalten waren.[332] Der am 31. Mai 1919 erfolgte korporative Eintritt der FRSI-Mitglieder in die KPDÖ war daher nur mehr eine Formalität. Leo Rothziegel hatte diesen Schritt schon im März, kurz nach seinem Abmarsch nach Ungarn, vollzogen.

In Räteungarn

Am 21. März 1919 wurde in Ungarn die Räterepublik ausgerufen. Ihre Wirkung auf Österreich und die österreichische Arbeiterbewegung war ungeheuer groß. Die proletarische Revolution schob sich an diesem Tag bis unmittelbar vor die Tore Wiens und des Wiener Neustädter Industriegebiets. In Österreich setzte nun der Höhepunkt der revolutionären Nachkriegskrise ein. Die Kommunistische Partei erlebte einen rasanten Aufschwung, der sich in einer atemberaubend schnellen Zunahme ihrer Mitgliedschaft äußerte (Februar 1919: 3.000, Juni 1919: 40.000 Mitglieder). Die innere Situation im österreichischen Industriegebiet wurde zum Zerreißen gespannt und für den Weiterbestand der bürgerlichen Ordnung höchst gefährlich.

Bereits am 22. März 1919 fand vor dem Wiener Rathaus eine von der KPDÖ organisierte Sympathiekundgebung für Räteungarn statt, an der

---

[331] ÖStA/AdR, BKA Inneres, 22/NÖ., Zl. 2380/19.
[332] Der erste Parteitag der Kommunistischen Partei Deutschösterreichs. Wien 1919, S. 12f. und S. 31.

nicht weniger als 20.000 Menschen teilnahmen. Leo Rothziegel ergriff dort in seiner Funktion als Soldatenrat des VB 41 das Wort und sagte: »Es handelt sich heute nicht bloß darum, unserer Freude über die Ereignisse in Ungarn Ausdruck zu geben, sondern wir müssen, soweit wir Soldaten sind oder waren, das Gelöbnis ablegen, den Kampf der ungarischen Brüder zu unterstützen, mit ihnen zu kämpfen und zu siegen. [...] *Die internationale Solidarität ist keine leere Phrase*, sondern sie lebt in unseren Herzen und Hirnen, und dieser Solidarität *wollen wir durch Taten Ausdruck geben*. Die erste Tat muss darin bestehen, daß wir nicht mehr ruhen, bis in Deutschösterreich die Räterepublik zur Tatsache wird, bis auch hier die soziale Revolution zum Siege gelangt. Und ich spreche hier im Namen der Genossen, welche bereit sind, wenn es Not tut, *an der Seite der Kommunisten und der Sowjetarmee in den Kampf zu gehen gegen die eigenen und internationalen Ausbeuter!*«[333]

Diese Ankündigung wurde wenige Tage später in die Tat umgesetzt. Rothziegel leitete am 25. März eine Werbeaktion ein, die sofort großen Erfolg hatte. Es meldeten sich innerhalb eines Tages 100 Mann des VB 41 und 400 Zivilisten an.[334] Bei Abschluss der Werbetätigkeit war die Zahl der Freiwilligen auf 1200 Mann gewachsen. Am 2. April 1919 marschierte diese Truppe unter dem Kommando Rothziegels in geschlossenem Zuge von Wien nach der damaligen Grenzstadt Bruck an der Leitha/Királihyda.[335] Dort wurde die Abteilung von Vertretern der Räteregierung begrüßt, verpflegt und in Kasernen untergebracht. Am 6. April fuhren die Österreicher mit der Eisenbahn nach Budapest, wo ihnen durch Bela Kun, Vilmos Böhm (dem ungarischen Volkskommissar für Heerwesen) und einer riesigen Menschenmenge ein begeisterter Empfang zuteil wurde.

Rothziegels Freiwilligentruppe kam gerade zur rechten Zeit. Räteungarn musste sich praktisch vom ersten Tag seiner Existenz an nicht nur Putschversuchen der inneren Konterrevolution, sondern auch be-

---

333 *Die soziale Revolution*, 26.3.1919 (Hervorhebungen H. H.).
334 ÖStA/AdR, BKA AA, NPA, Kt. 881, Liasse Ungarn I/4, Zl. 2824.
335 Ebd., Zl. 2956.

waffneter Interventionen seitens der Nachbarstaaten Tschechoslowakei und Rumänien erwehren. Im April 1919 war seine Lage, da die Bildung einer Roten Armee noch nicht abgeschlossen war, besonders schwer. Die Rumänen hatten die Grenze im Osten überschritten und drängten gegen Debrecen. Die Österreicher, in Budapest mit Waffen und Munition versehen, erklärten sich bereit, an diesem kritischen Frontabschnitt eingesetzt zu werden. Am Vormittag des 18. April 1919 trafen Rothziegel und seine Leute am Bahnhof in Debrecen ein.

Sofort nach seiner Ankunft musste Leo Rothziegel seinen Mut und all seine Entschlusskraft unter Beweis stellen. Weißgardisten-Offiziere hatten sich, da die rumänischen Truppen nur noch wenige Kilometer östlich Debrecens standen, erhoben und die Stadt praktisch in Besitz genommen. Sie waren sich ihres Triumphes so sicher, dass sie für den Abend ein prunkvolles Diner für 500 Personen im größten Restaurant Debrecens vorbereiten ließen. Nur der Bahnhof befand sich noch in Händen der Roten Wache. Als Leo Rothziegel dort erfuhr, was in der Stadt vor sich gegangen war, ließ er seine Truppe aus den Waggons aussteigen und in Kampfordnung aufstellen. Die Österreicher zogen ins Stadtzentrum, wo es zu einer wilden Schießerei mit den Konterrevolutionären und der sie unterstützenden Polizei kam. Nach wenigen Stunden hatte aber Rothziegel die weißgardistische Meuterei niedergeworfen. Die Offiziere flohen, die Polizei wurde entwaffnet und die Räteherrschaft in Debrecen wiederhergestellt. Anschließend verspeisten die österreichischen Freiwilligen das für die Konterrevolutionäre gedeckte Nachtmahl.[336]

Nach dieser erfolgreichen Feuertaufe marschierte die Truppe am 21. April den Rumänen entgegen und verschanzte sich an einer besonders exponierten und gefährdeten Stelle der Front. Am Vormittag des 22. April ritt der Gegner eine erfolglose Kavallerieattacke und begann daraufhin, den Graben der Österreicher mit Maschinengewehren zu beschießen. Rothziegel, der, mitten unter seinen Kameraden stehend, das Abwehrfeuer leitete, richtete sich für einen Augenblick zu hoch auf. Im selben Moment durchschlug eine feindliche Kugel seine

---

336 Bericht von János Hajdu aus dem Zentralen Parteiarchiv in Budapest (Kopie im Besitz des Verfassers, Übersetzung von Alexander Vajda).

Brust. Notdürftig verbunden und nach Debrecen zurücktransportiert, verstarb er dort am Abend des 22. April 1919.[337] Er wurde in Szolnok an der Theiß begraben.

Das Organ der Kommunistischen Partei Ungarns *Vörös Ujság* veröffentlichte am 29. April einen Brief, den Leo Rothziegel kurz vor seinem Tod an den stellvertretenden Volkskommissar für Heerwesen, Friedler, gerichtete hatte. Er lautete:

»Werter Genosse Friedler!

Die Truppen der Bojaren-Imperialisten nähern sich. Wir kommen morgen ins Feuer. Glücklich ziehe ich, wenn es sein muß, in den Tod für die Befreiung der Proletarier, glücklich und stolz! Mit Freude vergieße ich mein Blut für Sowjetungarn, das ich als die Heimat des internationalen Proletariats betrachte. Mir ist, als könnte ich mit meinem Blut die Sünden jenes Teiles des Wiener Proletariats abbüßen, das unter der Führung der Bourgeoisagenten Bauer und Renner, der politischen Streikbrecher Seitz und Domes, des Staatssekretärs für Hin- und Heerwesen Julius Deutsch[338] und des krankhaft verträumten Fritz Adler, den ich einst verehrte, die internationale Revolution des Proletariats verrät. Denke ich daran, wie diese Verräter des Sozialismus uns zum Narren gehalten, wie sie Deutschösterreichs Proletarier hinters Licht führten, so möchte ich am liebsten in diese Bande hineinhauen. Ich beneide das ungarische Proletariat, dass es wirkliche Kommunistenführer gefunden hat. All meinen Haß gegen die heimischen Sozialverräter und Sozialdiplomaten will ich nun an diesen Söldnern und Imperialisten auslassen.

Hoffentlich können Sie sich nicht mehr lange halten und kommen an den Platz, der ihnen würdig ist: in die politische Leichenkammer. Bitte schicken Sie uns einige Maschinengewehre und Zigaretten.

Mit proletarischem Gruß

Rothziegel«[339]

---

337 *Arbeiter-Zeitung*, 18. 6. 1919, S. 5.
338 So wurde Julius Deutsch wegen seines vorsichtigen Lavierens und Taktierens von den Rotgardisten spöttisch genannt.
339 *Vörös Ujság*, 29. 4. 1919. Übersetzung von Alexander Vajda.

Vörös Ujság setzte fort: »Die ungarische Räteregierung wird dem für die Sache der internationalen Revolution gefallenen Genossen Rothziegel ein Denkmal setzten und für seine Familie sorgen.«

Ein Merkmal jeder Revolution ist, dass die Volksmassen in Bewegung kommen. Sie, die in »normalen« Zeiten ökonomisch abhängig und geistig eingelullt nur allzu oft das bloß passive Piedestal für die Haupt- und Staatsaktionen der Herrschenden bilden, pflegen in Epochen sozialen Umbruchs aus ihrem historischen Schlummer zu erwachen und dann den Lauf der gesellschaftlichen Entwicklung um ein Vielfaches zu beschleunigen. Revolutionen, in deren Ergebnis neue Klassen an die Macht kommen, verlangen unvermeidlich auch nach neuen Menschen. Und sie finden sich, weil die Volksmassen, sobald sie von ihren Fesseln befreit, ein unerschöpfliches Potenzial an Talenten und Fähigkeiten darstellen. Robespierre und Danton, vor 1789 unbedeutende Provinzadvokaten, Saint-Just, der einfache Sohn eines Unteroffiziers, und Bonaparte, der kleine, als linkisch beschriebene Artillerieleutnant, hätten ohne Erstürmung der Bastille ihren Lebensweg wohl so bieder beendet, dass kein einziger Historiker sie später auch nur der Erwähnung wert gefunden hätte. So aber machten sie nach 1789 Weltgeschichte und erwiesen sich als Genies. Ähnliches gilt für die russische Oktoberrevolution 1917, die den unterdrückten werktätigen Massen die Möglichkeit bot, all ihre ungezählten Talente und Begabungen zu entfalten.

Diese Feststellungen geben wahrscheinlich auch Antwort auf das Rätsel, warum gerade in Österreich 1848 und 1918 die großen revolutionären Persönlichkeiten ausblieben. Die französische Revolution und die russische Oktoberrevolution waren Umwälzungen, die unter erbitterten Klassenschlachten bis zum Schluss, bis zur letzten Konsequenz durchgefochten wurden und mit einer vollständigen Niederlage der bis dahin herrschenden Schichten endeten. Die Revolutionen von 1848 und 1918 in Österreich kannten solche extremen Polarisierungen der Klassenkräfte nicht. Sie blieben auf halbem Weg stehen und führten zu Kompromissen, die der Konterrevolution (1848 sehr rasch, in der Ersten Republik erst 1934) die Möglichkeit boten, die neuen demokratischen und sozialen Errungenschaften vorderhand zu liquidieren. Die Aktivität der Volksmassen wurde 1848 von der Bourgeoisie und 1918 von Bourgeoisie und

Sozialdemokratie in die von ihnen gewünschte Richtung kanalisiert und zur Erkämpfung einiger mehr oder weniger tief greifender, eher schlecht als recht abgesicherter *Reformen* benützt. Die Massen waren in beiden österreichischen Revolutionen bloß katalysierendes *Objekt* und konnten sich nicht zum aktiven *Subjekt* der Entwicklung erheben. Ihr Reservoir an Fähigkeiten und Talenten blieb daher weitgehend verschüttet.

Leo Rothziegel muss diese Diskrepanz instinktiv gefühlt haben, denn er verließ in dem Augenblick, als das benachbarte Ungarn all seine Träume zu verwirklichen schien, sofort das Land, dessen Atmosphäre er als Stürmer und Dränger wie Stickluft empfand. Rothziegel war gewiss kein solches revolutionäres Genie wie Saint-Just, der so wie er sein Leben mit 27 Jahren seiner Überzeugung zum Opfer bringen musste. Er war aber, wie sämtliche Quellen – auch die seiner Gegner – beweisen, eine bemerkenswerte Persönlichkeit, der Typus des revolutionären *Naturtalents*. Ähnlich vielen großen Revolutionären der Geschichte fühlte er sich nur in Situationen heftigen Kampfes wohl. Zweifellos schoss dabei seine Energie nicht selten über das Ziel hinaus, war sein Radikalismus oft ungezügelt. Aber ein Zuviel an revolutionärer Energie ist in Zeiten gesellschaftlichen Umbruchs allemal noch leichter entschuldbar und korrigierbar als ein Zuwenig. Rothziegel war jedenfalls nie ein engstirniger Fanatiker oder unverbesserlicher Rechthaber. Auffassungen, deren Konsequenzen er als falsch und schädlich erkannte, vermochte er aus eigener Kraft zu überwinden.

Sämtliche Augenzeugen schildern ihn als eine imposante, willensstarke Persönlichkeit, als einen geborenen Proletarierführer, der auf seine Umgebung dynamisierend, ja gerade suggestiv zu wirken verstand. Er gehörte, auch im internationalen Maßstab betrachtet, zu den hervorragendsten Revolutionären seiner Zeit. Rothziegels Tod bedeutete für die junge kommunistische Bewegung in Österreich einen schweren Verlust. Und selbst seine Gegner, die Sozialdemokratie, zollten ihm bei seinem Ableben ritterliche Anerkennung, als die *Arbeiter-Zeitung* vom 27. April 1919 im Artikel »Der Heldentod Rothziegels« zum Schluss schrieb: »Als Charakter ist er eines ehrenden Andenkens aller Klassengenossen würdig, denn er war ein ehrlich strebender und mit heldenhafter Hingabe für seine Überzeugung streitender junger Proletarier.«

Die Institution der Arbeiterräte in der Ersten Republik

Fast sieben Jahre lang, vom 15. Jänner 1918 bis zum 31. Dezember 1924, gab es in Form der Arbeiterräte eine Organisation, der in der österreichischen Geschichte wie in der Geschichte der Sozialdemokratischen Partei eine Ausnahmestellung zukommt. Die Arbeiterräte betraten abrupt, ansatzlos, jenseits bestehender Normen und Überlieferungen die historische Bühne, agierten eine Weile auf ihr und verschwanden eines Tages, ohne jemals wiederaufzuleben und – so scheint es zumindest auf den ersten Blick – ohne handgreifliche Spuren zu hinterlassen. Jahrzehntelang erweckten sie bei den Geschichtsforschern keine oder nur mäßige Aufmerksamkeit. Glaubt man aber, dass das nur in ihrem episodenhaften, flüchtigen Auftreten begründet liegt, dann befindet man sich auf dem Holzweg. Das genaue Gegenteil ist der Fall. Gerade weil die Arbeiterräte die bedeutendste Basisbewegung und schlagkräftigste Massenorganisation in einer Zeit waren, in der die bestehende Ordnung ins Wanken geriet, in der die herrschenden Klassen erstmals und ernsthaft mit der Möglichkeit ihre Entmachtung rechnen mussten, in der sich die Alternative eines sozialistischen Weges eröffnete, gerade deshalb hatte die bürgerliche Geschichtsschreibung Interesse genug an einem gezielten Verschweigen, Vertuschen, Zudecken, um eine Tradition, wie sie die Rätebewegung verkörperte, möglichst rasch und möglichst gründlich wieder aus dem Bewusstsein verschwinden zu lassen.

Diesen Vorwurf wird man der sozialdemokratischen Geschichtsschreibung gewiss nicht machen können. Sie hat sich, angefangen mit Julius Braunthal, Otto Bauer, Karl Heinz bis hin zu Rolf Reventlow[340] mit

---

340 Julius Braunthal: Die Arbeiterräte in Deutschösterreich. Ihre Geschichte und ihre Politik. Die Beratungen und Beschlüsse der 2. Reichskonferenz. Das Organisationsstatut. Im Auftrag des Reichsvollzugsausschusses der Arbeiterräte dargestellt. Wien 1919 (Sozialistische Bücherei, Heft 13); Bauer: Die österreichische Revolu-

den Arbeiterräten sehr wohl befasst, allerdings in einer Weise, die man als Sehen durch die Brille der Rechtfertigung sozialdemokratischer Politikstrategie in der österreichischen Revolution von 1918/19 typisieren kann, wodurch entscheidende Aspekte des Wirkens und Wollens der Arbeiterräte unterbelichtet bleiben. Der Autor des vorliegenden Beitrags hat in einer 1987 erschienenen, umfangreichen Studie versucht, ein Gesamtbild der Geschichte der Rätebewegung in Österreich zu entwerfen und ihre reale historische Bedeutung aufzuzeigen.[341] Im Mittelpunkt dieses Beitrags stehen Erörterungen, die das Verhältnis zwischen Arbeiterrat und sozialdemokratischer Partei betreffen, die die Eigenart der Rätebewegung als Institution umreißen, die verschiedenen Etappen ihrer Entwicklung charakterisieren und Aufschluss darüber geben, welche Positionen innerhalb der österreichischen Sozialdemokratie gegenüber dem Rätesystem vorhanden waren und wirksam wurden.

Spezifika des Arbeiterrats

1.) Die Arbeiterräte waren das Ergebnis und die Verkörperung jener revolutionären Stimmung, die die Volksmassen in der Endphase des Ersten Weltkriegs und in der unmittelbaren Nachkriegszeit ergriff. Diese revolutionäre Stimmung, die nicht in einem einzelnen Motiv wurzelt, sondern aus einem ganzen Bündel von Faktoren erfloss, äußerte sich in der Suche nach neuen Formen und Methoden des Klassenkampfes in qualitativ neuen Zielsetzungen. Die Rätebewegung war ihrer Natur nach mehr als eine Interessensvertretung herkömmlicher Art, die das Recht auf Mitgestaltung am öffentlichen Leben anpeilte, sie war Ausdruck des Strebens der Arbeitermassen nach Überwindung der Klassengesellschaft. Ihre Stoßrichtung war durchgehend antikapitalistisch. Sie strebte die Beseitigung der ökonomischen Ungleichheit, die Errichtung einer sozialistischen Ordnung an, in der die Selbstherrschaft der Volksmassen verwirklicht werden und die Basis der Gesellschaft über das

tion; Heinz: Die Geschichte der österreichischen Arbeiterräte; Reventlow: Zwischen Alliierten und Bolschewiken.
341   Hautmann: Geschichte der Rätebewegung in Österreich 1918 bis 1924.

Rätesystem selbst und unmittelbar als Lenkungsorgan des politischen Gemeinwesens fungieren sollte.

Die Zielsetzung, die kapitalistische Ordnung zu durchbrechen, sich nicht mit einer »gerechter gemachten« Neuauflage der alten Klassengesellschaft zu begnügen, sondern zum Sozialismus zu gelangen, ist das erste und wichtigste Merkmal der Rätebewegung, auch der Rätebewegung in Österreich. Damit wird keineswegs postuliert, dass alle Arbeiterräte auf dieser Position standen und das sozialistische Ziel über die gesamte Dauer des Bestehens des Arbeiterrates gleich mächtig wirkte. Es war aber die Grundströmung, die dominierende Tendenz, aus der der Arbeiterrat seine Lebenskraft gewann und ohne deren Berücksichtigung der Gang der österreichischen Revolution von 1918/19 nicht aufgeschlüsselt werden kann.

2.) Die Arbeiterräte waren eine Massenbewegung neuen Typs, sie waren Ausdruck einer in Perioden revolutionären Umbruchs stets zu beobachtenden massenhaften Mobilisierung und Politisierung der sozialen Unterschichten. Eine Massenbewegung neuen Typs waren sie zum einen, weil ihre Wählerbasis weit über das Spektrum einer Vertretung durch politische Parteien oder Gewerkschaften hinausging und »alle in Stadt und Dorf ohne Unterschied der Tätigkeit, des Alters oder Geschlechtes« umfasste, »die arbeiten und sich zur Arbeiterklasse zählen, einschließlich der arbeitslos oder arbeitsunfähig Gewordenen.«[342]

Eine Massenbewegung neuen Typs waren sie zum anderen, weil in ihnen das Prinzip der Delegierung an Entscheidungsträger, ein Prinzip, das in Zeiten ruhiger evolutionärer Entwicklung in der Regel genügt und von der Basis akzeptiert wird, in charakteristischer Weise modifiziert war. Die Arbeiter in den Betrieben haben zwar auch ihre Arbeiterräte als Verfechter ihrer Interessen gewählt und diese wiederum ihre Vertretungen auf der Ebene der politischen Bezirke, Länder und des Gesamtstaates, die Delegierung galt aber nur unter der Bedingung jederzeitigen Abrufs. Im Rätesystem standen die Gewählten unter perma-

---

342 Organisationsstatut der Arbeiterräte Deutschösterreichs. Beschlossen von der 2. Reichskonferenz der Arbeiterräte Deutschösterreichs am 3. Juni 1919. Wien 1919, S. 1.

nenter, täglich wirksamer Kontrolle. Die im Arbeiterrat praktizierte direkte Demokratie führte dazu, dass sich jeder einzelne als mithandelndes und mitgestaltendes Subjekt erlebte, seinen persönlichen Beitrag in den Ergebnissen des Wirkens seiner Organisation gleichsam leibhaftig vor Augen sah. Man nimmt den Mund nicht zu voll, wenn man feststellt, dass es weder vorher noch nachher in der österreichischen Geschichte eine demokratischere, lebendigere, den Pulsschlag der Volksmassen nähere, die Kluft zwischen Repräsentanten und Wählern, Funktionsträgern und einfachen Mitgliedern, Beauftragten und Auftraggebern besser überbrückende Körperschaft gab.

3.) Die Arbeiterräte waren der Bewusstseinslage nach revolutionierte Arbeiter, d. h. solche, unter denen die Überzeugung Fuß gefasst hatte, dass es nun galt, ihr Schicksal selbst in die Hand zu nehmen und adäquate Organisationsformen zu schaffen. Diese Prämisse gibt uns die einzig mögliche, die einzig plausible Erklärung für das Phänomen, warum sich die Räteidee bei den Arbeitern in den Betrieben elementar, spontan, ohne Weisungen von oben durchsetzte, warum sie die Schaffung einer Interessen- und Kampfgemeinschaft neben der Partei und den Gewerkschaften für unumgänglich erachteten. Das geschah – wohl gemerkt – in einer Situation, in der die tiefe Krise der sozialdemokratischen Bewegung, ablesbar an den enormen Mitgliederverlusten in den Jahren 1914, 1915 und 1916, bereits überwunden und ein starker Zustrom der Arbeiter in die angestammten Organisationen zu beobachten war.

Der Mitgliederzuwachs der Jahre 1917 und 1918 kann daher nicht als Zeichen einer wieder vorhandenen restlosen Konkordanz zwischen dem Wollen der Massen und dem Wollen der Sozialdemokratie interpretiert werden. Seine tiefere, wirkliche Ursache lag darin, dass das Eintreten einer revolutionären Krise und die Erfahrungen bei den Streiks unter der Arbeiterschaft 1917 ein vitales Interesse am Prinzip der Organisiertheit als solchem wiederaufleben ließen. Die Arbeiter erkannten, dass Erfolge im Klassenkampf nur auf der Basis eines einheitlichen, solidarischen, disziplinierten und organisierten Handelns zu erreichen waren. Gerade aus dieser Erkenntnis heraus entstanden die Arbeiterräte, weil die ab Frühjahr 1917 vollzogene Wende der Sozialdemokratischen Partei zum Zentrismus hin durch die Rasanz, mit der sich die Dinge nun entwickeln, sehr rasch überholt war, weil die Partei dem nun auf der Tagesordnung stehenden und von der Fabriksarbeiterschaft autonom vollzogenen Übergang auf außerparlamentarische Massenkämpfe mit größtem Unbehagen gegenüberstand und damit, so wie bisher, der spontanen Bewegung an der Basis nachhinkte. Eine ähnliche Konstellation führte im Spätwinter 1919 dazu, dass den Arbeitermassen die traditionelle Heimstatt des Partei- und Gewerkschaftslebens plötzlich nicht mehr genügte und der Ruf nach Erneuerung der Rätedemokratie übermächtig wurde.

Max Adler hat genau diese, dem Spannungsverhältnis zwischen Parteiführung und Basis entsprungenen Beweggründe eingestanden, als er feststellte, dass in der Tätigkeit der Partei und der Gewerkschaften schon lange vor dem Ersten Weltkrieg eine »bedenkliche Verflachung und Anpassung an den kapitalistischen Klassenstaat« eingetreten sei, dass die Sozialdemokratie die Form einer »bürokratischen Volksversicherung« angenommen und durch die Verlegung des Schwerpunktes auf den Parlamentarismus, die Fraktionspolitik und Klubdiskussion aufgehört habe, »eine lebendige Bewegung der Masse des Proletariats selbst zu sein«. »Das ganze Netz der politischen Organisation mit ihren Orts-, Bezirks- und Ländervertrauensmännern bildet so nur ein zweites bürokratisches System, das überall darauf angelegt war, die Unmittelbarkeit der proletarischen Aktion verschwinden zu lassen hinter ihren eingesessenen Vertretern. Die demokratische Selbstbestimmung des Volkes war damit zu einer hohlen Form geworden. Dem gegenüber mußte der Arbeiterrat wie eine direkte Wiederbelebung der Demokratie erscheinen.«[343]

4.) Die Arbeiterräte waren eine Klassenorganisation des sozialistisch orientierten Proletariats mit neuen, eigenen Prinzipien, sie waren in der österreichischen Revolution der Gegenpol und die mögliche Alternative zum parlamentarischen System. Die Rätemandatare, von den Arbeitern in den Betrieben unbürokratisch und direkt gewählt, mussten der gesamten Wählerschaft bekannt sein, waren ihr ständig rechenschaftspflichtig und konnten jederzeit von ihr abberufen werden. Als permanent »arbeitende« Organe verwarfen die Räte das Prinzip der Gewaltenteilung.

---

343 Max Adler: Demokratie und Rätesystem. Wien 1919 (Sozialistische Bücherei, Heft 8), S. 21f.

Sie verkörperten den Grundsatz der Einheit von Beschlussfassung und Durchführung, und selbst dort, wo es ihnen – wie in Österreich – nicht gelang, die Macht zu erobern und damit das Prinzip, gesetzgebend und vollziehend zugleich zu sein, auf staatlicher Ebene zum Tragen zu bringen, wurde die Vereinigung von legislativer und exekutiver Gewalt in jedem Fall angestrebt und zumindest im »innerproletarischen« Rahmen durchgesetzt.

Dem Charakter der Klassenorganisation trug das Organisationsstatut der österreichischen Arbeiterräte insofern Rechnung, als nur solche gewählt werden konnten, die »in der Beseitigung der kapitalistischen Produktionsweise das Ziel und im Klassenkampf das Mittel der Emanzipation des arbeitenden Volkes erkennen.«[344] Diese Bestimmung wurde von Kritikern des Rätesystems wie Hans Kelsen und Wilhelm Ellenbogen, ganz zu schweigen von den bürgerlichen Parteien, als »Beschränkung der politischen Berechtigung der Bürger«[345] und als »Partikularismus beruflicher Gruppen und Stände«[346] scharf attackiert. Der bürgerliche Parlamentarismus, der allen Menschen ungeachtet ihrer Standes- und Klassenzugehörigkeit die gleichen politischen Rechte verleihe, stelle damit verglichen die »universalere« Form der Demokratie dar.

Demgegenüber verteidigte Friedrich Adler den Klassencharakter des Rätesystems mit folgendem Argument: »Nun, wo das Proletariat in seine entscheidenden Kämpfe eintritt, wo es sich nicht nur um die Demokratie, sondern um den Sozialismus handelt, ist es Zeit, sich bewusst zu sein, dass es im sozialistischen Sinne nur um eine Demokratie der Arbeitenden gehen kann. Nicht nur der alte Satz: ›Wer nichts arbeitet, soll auch nichts essen!‹ ist Maxime sozialistischen Denkens, sondern ebensosehr die Forderung: wer nichts arbeitet, hat auch nichts dreinzureden!«[347]

---

344 Siehe das von der 1. Reichskonferenz der Arbeiterräte beschlossene provisorische Organisationsstatut, in: *Arbeiter-Zeitung*, 4. 3. 1919, S. 2f.

345 Hans Kelsen: Sozialismus und Staat. Eine Untersuchung der politischen Theorie des Marxismus, hg. von Norbert Leser. Wien 1965, S. 149.

346 Max Ellenbaum [d. i. Wilhelm Ellenbogen]: Zur Frage des Rätesystems, in: *Der Kampf*, 12. Jg. (1919), Nr. 6, S. 260–265, hier S. 262.

347 Friedrich Adler: Die Zufälle der Arithmetik und das Schicksal der Sozialisierung, in: *Der Kampf*, 12. Jg. (1919), Nr. 6, S. 257–260, hier S. 259.

Eine ähnliche Auffassung vertrat Alexander Täubler: »Gerade was man an den Gesetzen des Rätesystems gewöhnlich als Mangel aussetzt: daß sie einseitiges Klassenrecht sind, gibt ihnen jene Autorität und verbindliche moralische Kraft, die heute erforderlich ist, um unter den heutigen Verhältnissen in der Gesellschaft eine Gesetzlichkeit überhaupt möglich zu machen; denn diesen Gesetzen gehorchen die arbeitenden Massen, worauf es aber heute eben ankommt.«[348]

Die beiden Stellungnahmen prominenter sozialdemokratischer Arbeiterräte sagen viel aus, am meisten darüber, welche radikal-sozialistische Stimmung in den Arbeitermassen zum Zeitpunkt ihrer Veröffentlichung, im Frühjahr 1919, geherrscht haben muss, welches Vertrauen und welche Hoffnungen die Werktätigen in das Rätesystem setzten und wie groß, ja einzig maßgebend die Autorität des Arbeiterrates in ihren Augen war. Stellt man dem zur Seite, dass die Organisationsprinzipien der österreichischen Arbeiterräte im großen Ganzen, vielfach sogar in sehr sorgfältiger Weise, den der Rätedemokratie inhärenten Grundsätzen entsprachen, dann kommt man nicht umhin zu konstatieren, dass der Arbeiterrat mehr war als eine bloße Spielwiese zur Entladung radikaler Energien, dass er unter bestimmten Umständen, Kräftekonstellationen, Sachzwängen sehr wohl imstande gewesen wäre, auch sozialrevolutionären Anforderungen gerecht zu werden und zu einem Instrument der Machtablöse und Machtübernahme hätte werden können.

5.) Die Arbeiterräte in Österreich waren sozialdemokratisch dominiert, was sowohl auf ihre Organisationsform als auch auf ihre politische Funktion Auswirkungen hatte. In formaler Hinsicht äußerte sich das in einer Überbetonung der rein technischen Verfahrensregeln (Organisationsstatut, Geschäftsordnungen für die Sitzungen der Arbeiterräte), in der Bestimmung über die bis zu zwanzigprozentige Kooptierung von Partei-, Gewerkschafts-, Genossenschaftsfunktionären in die Arbeiterratsgremien zusätzlich zu den in Urwahlen gewählten Arbeiterratsmitgliedern, in der Bestimmung, dass sozialistische Gemeinderäte, Landtags- und Nationalversammlungsabgeordnete zu den Tagungen der Arbeiterräte jederzeit als Gäste Zutritt hatten und es keine Unvereinbarkeitsklausel gab, dass

---

348 Täubler: Die Sozialisierung und der neue Geist der Zeit, S. 21.

also Mandatare bürgerlich-demokratischer Instanzen gleichzeitig auch in den Arbeiterrat gewählt werden konnten. Begründet wurde dies damit, dass »die Partei- und Gewerkschaftsbürokratie eine Auslese der Besten in der Arbeiterklasse«[349] darstelle und man auf deren Erfahrungen nicht verzichten könne. Das Ergebnis der genannten Kautelen liegt auf der Hand: die Sozialdemokratie verschaffte sich dadurch zahlreiche zusätzliche Mandate zur Verstärkung ihrer Mehrheit in den Arbeiterräten.

Diese Seite der Medaille ist aber die minder wichtige, denn der Arbeiterrat blieb trotz der sozialdemokratisch geprägten organisationsstrukturellen Besonderheiten in seinem inneren Aufbau eine echte Verkörperung des Rätesystems. Weit bedeutsamer ist die inhaltliche Seite der sozialdemokratischen Dominanz. Die Form allein machte Vertretungsorgane vom Typus der Räte weder in Österreich noch anderswo bereits automatisch zu Institutionen der Umsetzung revolutionärer Ziele. Der Inhalt und die politische Funktion der Räteorgane konnte nur ein Spiegelbild der politischen Kräfteverhältnisse im Proletariat sein. Diejenige Arbeiterpartei, die in einem Land die führende war, musste auch zur führenden Kraft in den Arbeiterräten werden und ihre politischen Ziele, ihre Strategie und Taktik bestimmen. Da jedoch bekanntlich die sozialdemokratische Parteiführung 1918/19 sozialrevolutionäre Methoden und ein Hinausschreiten über die bürgerlich-demokratische Etappe der Umwälzung hinweg hin zur sozialistischen ablehnte, hat sich auch der Arbeiterrat gegen die Errichtung einer Räterepublik gewandt.

Er verneinte die Notwendigkeit der Eroberung der Macht im Staate aber nicht, weil er kein Arbeiterrat war, sondern weil die revolutionären Kräfte in Österreich zu schwach waren, um ihm ihren Willen aufzudrücken. Und er wies die Forderung der Kommunisten, dem Beispiel Räte-Ungarns und Räte-Münchens zu folgen, nicht deshalb zurück, weil er die bürgerlich kapitalistische Staatsordnung bejahte, sondern weil er fest darauf vertraute, dass der von der Sozialdemokratie versprochene und skizzierte Weg zum Sozialismus sicherer, bedachter, realistischer sei und viel weniger Opfer abfordern würde. In dem einen wie dem anderen Fall

---

349 Friedrich Adler: Das Vertretungsrecht in den Arbeiterräten, in: *Der Kampf*, 12. Jg. (1919), Nr. 11, S. 369–372, hier S. 371.

erwies sich das Rätesystem als »beste Form der Betätigung der Arbeiterklasse zur Durchsetzung des Mehrheitswillens in der Arbeiterklasse.«[350]

6.) Die Arbeiterräte waren der zuverlässigste Indikator des Auf und Ab der österreichischen Revolution und der prägnanteste Ausdruck ihres Auseinanderklaffens zwischen Charakter und Triebkräften. Die österreichische Revolution, die Ende Oktober 1918 begann und im Sommer/Herbst 1920 ausklang, kann als Umwälzung begriffen werden, deren Charakter – das heißt die Frage, welche Widersprüche sie löste, zur Errichtung welcher Ordnung sie führte – bürgerlich-demokratisch war, als deren Triebkraft aber die Masse des Volkes, an führender Front die Arbeiterklasse, fungierte, die also in bedeutendem Maße mit proletarischen Mitteln und Methoden durchgesetzt wurde.

Will man den Ablauf wie die Ergebnisse der österreichischen Revolution richtig deuten, dann darf man sich nicht auf die Taten der Koalitionsregierung und die Initiativen der Nationalversammlung beschränken; man muss vielmehr »ins freie Gelände« hinausschreiten, in die außerparlamentarische Sphäre, hin zur Basis und zu deren Handeln. Gerade dazu besitzen wir in den Protokollen, Sitzungsberichten, Resolutionen und Stellungnahmen der Arbeiterräte ein einzigartiges historisches Dossier darüber, wie die Stimmung der Massen in der österreichischen Revolution wirklich war. Mit ihrer Hilfe können wir buchstäblich von Woche zu Woche verfolgen, welche Gedanken und Wünsche sie bewegten, welche Forderungen sie stellten und wie sich der Prozess ihrer Entäußerung auf der Ebene der hohen Politik, ihre Umsetzung in staatliche Gesetze und Verordnungen vollzog. Die Bedeutung des Arbeiterrates stieg und fiel mit den Wellenbergen und -tälern der revolutionären Krise, mit dem Grad der Bereitschaft der Massen zum Engagement an den gesellschaftlichen Angelegenheiten.

Der Widerspruch zwischen Charakter und Triebkraft bewirkte, dass mit dem Rätesystem in Österreich ein sozialistisches Element, ein potenzielles Instrument einer Volksherrschaft inmitten einer kapitalistischen

---

350   Paul Friedländer: Arbeiterrat und Kommunistische Partei in Österreich, in: *Kommunismus*. Zeitschrift der kommunistischen Internationale für die Länder Südosteuropas, 2. Jg., Nr. 31/32, 1. 9. 1921, S. 1050.

Umwelt agierte, in der der alte Staatsapparat ungeachtet zeitweiliger Paralysierung seine Hauptfunktion, staatliche Macht auszuüben, bewahrte. Einer von beiden Kontrahenten musste früher oder später obsiegen, den anderen verdrängen, und das konnte nach der Lage der Dinge nur der sein, dessen Macht auf stabileren Fundamenten ruhte. Die Macht des Arbeiterrates war nicht wirklich gefestigt, nicht wirklich vor allen Anschlägen gesichert, weil er, der Theorie vom »Gleichgewicht der Klassenkräfte« folgend, nach der eine Herrschaft der Arbeiter über Bürger und Bauern und umgekehrt zwar nicht unmöglich, aber abenteuerlich sei und zum Bürgerkrieg führen müsse, ergo zur Klassenübereinkunft zwinge, keine ernsthaften Versuche unternahm, den alten Staatsapparat zu beseitigen, und sich auf dessen mehr oder minder effektive Kontrolle beschränkte.

Der Riss zwischen Charakter und Triebkraft machte daher auch vor dem Arbeiterrat nicht halt, ja musste in ihn hinein wirken, weil er, ganz abgesehen vom Gegensatz zwischen Sozialdemokraten und Kommunisten, auch den Widerspruch sozialdemokratischer Politik in der österreichischen Revolution reflektierte, der darin bestand, dass diese Partei zwischen Klassenzusammenarbeit in der Regierungskoalition »oben« und klassenkämpferischem Auftreten und Handeln »unten« zu balancieren gezwungen war, wollte sie nicht Abspaltungen und eine Zerstörung der Parteieinheit riskieren.

Die Annahme, der Arbeiterrat sei ein bloßes Werkzeug des Willens des sozialdemokratischen Parteivorstandes gewesen, ist somit verfehlt. Da die österreichische Sozialdemokratie im Unterschied zur SPD 1918/19 basisbezogenere Politikformen praktizierte und stets danach trachtete, auch radikale, linksoppositionelle Strömungen in den Parteikonsens zu integrieren, widerspiegelte sich im Arbeiterrat nicht nur die überragende Stärke der Sozialdemokraten im Vergleich zu den Kommunisten, sondern ebensosehr auch das komplizierte Verhältnis innerhalb der sozialdemokratischen Bewegung, das in der österreichischen Revolution durch Meinungsverschiedenheiten, Reibungen, ja erhebliche Spannungen zwischen Führung und Massen gekennzeichnet war.

Die historischen Etappen der Entwicklung des Arbeiterrates

Die Räte traten im Lauf ihrer fast siebenjährigen Geschichte in verschiedenen Funktionen und Aktionsformen auf, die die unterschiedlich gearteten Gestaltungsmöglichkeiten mit Zielstellungen auf den einzelnen Stufen der revolutionären Krise klar zum Ausdruck kommen lassen.

– Die erste Etappe umfasst die Zeit zwischen dem Frühjahr 1917 und dem Jännerstreik 1918. Sie ist gekennzeichnet durch das Zerbrechen des Burgfriedens in den Betrieben, das Wiedererwachen der Kampfentschlossenheit der Arbeiter und das Einsetzen großer Streiks, in deren Verlauf erste Keim- und Vorformen des späteren Arbeiterrates entstanden: die *Fabriksausschüsse*. Diese waren gegenüber dem alten System der gewerkschaftlichen Vertrauensmänner bereits relativ eigenständige Organe, die von den Belegschaften selbst gewählt wurden mit dem Ziel, Mitsprache- und Kontrollrechte bei der Lebensmittelverteilung zu erlangen. Neben den Fabriksausschüssen, die allerdings nur vereinzelt vorhanden waren, bildeten sich in diesen Monaten noch zwei weitere räteähnliche Gremien, die im Untergrund wirkten: der von den Linksradikalen geschaffene *Arbeiter- und Soldatenrat* in Wien und der von sozialdemokratischen Arbeitern gegründete *Arbeiterrat* in Linz. In diese Periode fällt auch der erste Versuch der Sozialdemokratischen Partei, die in den Köpfen der Massen mehr und mehr Gestalt annehmende Räteidee für ihre Zwecke zu verwenden. Am 1. Juni 1917 schlug niemand anderer als Karl Renner vor, »eine Art Arbeiterrat« zu bilden, dem die Aufgabe zukommen sollte, den geschwundenen Einfluss der Partei in den Betrieben wiederherzustellen. Der Plan fiel vorerst ins Wasser, weil die Gewerkschaftsführer sich gegen ihn stemmten.

– Die zweite Etappe umfasst die Zeit zwischen dem Jännerstreik 1918 und dem November 1918. Sie ist gekennzeichnet durch das spontane Entstehen erster Arbeiterräte in Wiener Neustadt und Ternitz am 15. und 16. Jänner 1918, durch die rasche Übernahme der Parole der Bildung von Räten seitens der Sozialdemokratischen Partei und durch die Wahl des zentralen Wiener Arbeiterrates, auf dessen Wahlprozedur die Funktionärskader intensiven Einfluss nahmen. Über den Transmissionsmechanismus des Arbeiterrates, dem die Masse der Streikenden aufgrund der Tatsache, dass er aus ihrer Mitte gewählt wurde, volles Vertrauen entgegenbrachte und der auf der anderen Seite imstande war, die politische Linie der sozialdemokratischen Führung zu decken und vor den Arbeitern zu vertreten, gelang es der Partei, den Jännerstreik nach zehntägiger Dauer zu applanieren. Aufgrund dieser Erfahrung wurde beschlossen, den Arbeiterrat zu einer permanenten Einrichtung zu machen, ihn zu institutionalisieren. Sein Hauptmerkmal bis zum Kriegsende bestand darin, dass Handhaben für Initiativen von unten statutentechnisch hinter einem Dirigismus von oben fast völlig verschwanden und der Arbeiterrat nur dann einberufen werden konnte, wenn aus der Sicht der Parteiführung ein »Bedarf« gegeben war. Ein solcher Bedarf war bis zum November 1918 nur ein einziges Mal vorhanden, als im Juni 1918 in Wien ein großer Streik der Metallarbeiter ausbrach.

– Die dritte Etappe umfasst die Zeit zwischen dem November 1918 und dem 1. März 1919. Sie ist gekennzeichnet durch eine tiefe Kluft zwischen den gewaltigen politischen Veränderungen, die in diesen Monaten über die Bühne gingen, und der recht unbedeutenden Rolle, die der Arbeiterrat damals spielte. Die Sozialdemokratie unterließ es im November 1918 bewusst, den Arbeiterrat zu forcieren, weil sie bei grundsätzlicher Orientierung auf die parlamentarische Demokratie der Kampagne für die Wahlen in die konstituierende Nationalversammlung den Vorrang einräumte. Es muss aber auch festgehalten werden, dass im November/Dezember 1918 aus bestimmten Gründen, die hier nicht dargelegt werden können, von der Basis ganz einfach zu wenig Druck ausging, um die Sozialdemokratie zu einer anderen Haltung gegenüber den Arbeiterräten zu zwingen. Nur in Linz war der Arbeiterrat schon in dieser Periode ein achtungsgebietender Machtfaktor, der zum Motor für die Erneuerung der Rätebewegung werden sollte.

– Die vierte Etappe umfasst die Zeit zwischen dem 1. März 1919 und dem August 1919. Sie ist gekennzeichnet durch eine starke Mobilisierung der Arbeiterklasse und ein unwiderstehliches Drängen der Massen nach Selbstbetätigung und aktivem Eingreifen in den Gang der Dinge. Die Sozialdemokratie räumte nun unter dem Eindruck des Anschwellens sozialrevolutionärer Bestrebungen den Arbeiterräten einen entscheidenden Platz in ihrem strategischen Konzept ein, öffnete sie allen sozialistischen Richtungen, in erster Linie den erstarkenden Kommunisten, und schrieb Urwahlen in die Räteorgane aus. Die Arbeiterräte wurden zu Massenorganisationen und erreichten in dieser Etappe den Gipfel ihrer Macht. Vorrangiges Ziel der Sozialdemokratischen Partei war, den Arbeiterrat für alle die österreichische Arbeiterklasse in ihrer Gesamtheit berührenden Fragen zur einzig zuständigen und entscheidungsberechtigten Körperschaft zu machen, im Arbeiterrat mit den sozialrevolutionären Kräften Kontakt zu halten, sie, wenn möglich, auf die Linie des »Abwartens« und »Gewehr-bei-Fuß-Stehens« zu bringen, sie von der Perspektivlosigkeit des Experiments in der Räterepublik zu überzeugen und, wenn dies nicht gelang, mit Mehrheitsbeschlüssen niederzustimmen. Diese politische Seite des Rätekonzeptes musste in Form größerer Freiräume für wirtschaftliche und soziale Aktivitäten der Basis Ergänzung finden. Die Arbeiterräte verwandelten sich in Organe proletarischer Selbsthilfe auf Gebieten wie Lebensmittelversorgung, Wohnungswesen, Verkehrs- und Waffenkontrolle, Fürsorge- und Gesundheitswesen sowie in Organe der Kontrolle der staatlichen Verwaltung, was in einzelnen Bereichen bis zur Erzwingung exekutiver Befugnisse ging.

– Die fünfte Etappe umfasst die Zeit zwischen dem August 1919 und der Jahreswende 1919/20. Sie ist gekennzeichnet durch die mit dem Sturz der ungarischen Räterepublik einhergehende Trendumkehr der österreichischen Revolution. Der revolutionäre Aufschwung kam zum Stillstand und wurde von einer Gegenoffensive des bürgerlichen Lagers abgelöst, die Schritt für Schritt die Machtstellung der Arbeiterräte zurückdrängte. Die Rätebewegung geriet in eine Krise. Erstmals wurden Stimmen laut, dass ihre »Uhr abgelaufen« sei. Die Sozialdemokratie hielt jedoch an den Arbeiterräten fest, weil deren Popularität bei den Massen im Wesentlichen noch ungebrochen war. Dazu trat eine weitere Erwägung: ein wachsender Teil der sozialdemokratischen Arbeiterräte begann an der ihrer Meinung nach zu nachgiebigen Haltung der Partei gegenüber dem bürgerlichen Lager und an der Fortsetzung der Koalition Kritik zu üben. Im Arbeiterrat wurde das geeignete Instrument gesehen, um die sich um die *Sozialdemokratische Arbeitsgemeinschaft revolutionärer Arbeiterräte* (SARA) scharende innerparteiliche Linksopposition zu kanalisieren. Das war mit ein Grund, warum der Arbeiterrat weiter existierte, ja sich sogar organisatorisch festigte, obwohl sein eigentliches Lebenselixier, eine revolutionäre Situation, ab Herbst 1919 nicht mehr vorhanden war.

– Die sechste Etappe umfasst die Zeit zwischen der Jahreswende 1919/20 und dem Juni 1920. Sie ist gekennzeichnet durch die weitere Verringerung der Machtfülle des Arbeiterrates, der nun aus seinen Kontroll- und Exekutivpositionen im Lebensmittelversorgungs- und Wohnungswesen vom erstarkenden bürgerlichen Staat restlos hinausgedrängt wurde. Auf der anderen Seite führte der Widerstand der Arbeiterschaft gegen die Fortsetzung der Koalitionspolitik zu einer fortschreitenden inneren Radikalisierung des Arbeiterrates. Im Frühjahr 1920 waren seine Tagungen nicht mehr von den Auseinandersetzungen zwischen Sozialdemokraten und Kommunisten, sondern von denen zwischen rechten und linken Sozialdemokraten beherrscht. Der Kreis der Sympathisanten der SARA wuchs so schnell, dass sie auf der 3. Reichskonferenz der Arbeiterräte Anfang Juni 1920 bereits die Mehrheit der Delegierten stellte und gegen den Willen der Parteiführung eine ultimativ formulierte Resolution durchsetzte, in der bei weiterer Verzögerung der Vermögensabgabe das Ausscheiden der Sozialdemokratischen Partei aus der Koalitionsregierung noch vor dem Ende der Frühjahrssession der Nationalversammlung (20. Juni 1920) verlangt wurde. Die Parteiführung musste einsehen, dass jedes weitere Beharren auf der Koalition zum »Verbrechen an der Geschlossenheit und Stoßkraft der sozialistischen Bewegung« geworden war.[351] Nur durch deren Sprengung am 11. Juni 1920 gelang es, der SARA den Wind aus den Segeln zu nehmen und die Einheit der Partei zu retten.

– Die siebente Etappe umfasst die Zeit zwischen dem Juni 1920 und dem 31. Dezember 1924. Sie ist die Niedergangsperiode des Arbeiterrates, dessen Aktivitäten sich bis zum Sommer 1922 drastisch verdünnten und der nach diesem Zeitpunkt nur mehr auf dem Papier existierte. Der Arbeiterrat wurde nach dem Ausscheiden der Kommunisten im Frühjahr

---

[351] Käthe Pick: Der österreichische Rätekongress, in: Günter Hillmann (Hg.): Die Rätebewegung II. Reinbek bei Hamburg 1972, S. 98.

1922 wieder zu einer rein sozialdemokratischen Organisation unter vielen und hatte einzig die Aufgabe, eine reibungslose sachliche wie personelle Überleitung in den republikanischen Schutzbund zu gewährleisten. Als das geschehen war, löste man ihn auf dem Parteitag in Salzburg 1924 einstimmig auf. Mit der Liquidation der Arbeiterräte am 31. Dezember 1924 endete eine Institution, die Kraftzentrum und Kernstück eines der dramatischsten und historisch bedeutungsvollsten Abschnitte in der Geschichte der österreichischen Arbeiterbewegung gewesen war.

Die Sozialdemokratie beherrschte in Österreich den Arbeiterrat politisch und behauptete ihre Führungsposition über die gesamte Dauer seines Wirkens hinweg in überlegener Manier. Von ihr hing es in erster Linie ab, was aus dem Arbeiterrat wurde: eine Interessenvertretung der Werktätigen mit Mitspracherechten im bürgerlichen Staat unter Kontrolle der Verwaltungsorgane oder ein Machtinstrument, das seine »Funktion, bloß eine neue Organisationsform des revolutionären Proletariats zu sein, überschreitet« und sich »zum Gestaltungsprinzip der neuen Gesellschaft selbst aufwirft«.[352] Darüber gab es ebenso wie über Fragen der Rätetheorie in der Sozialdemokratischen Partei keine einhellige Auffassung, sondern verschiedene, oft einander krass entgegengesetzte Positionen, die noch dazu mit den Auf- und Abschwüngen der revolutionären Krise wechselten, auch hinsichtlich der Personen, die sie vertraten. Dennoch lassen sich drei große Linien, gewissermaßen drei »Rätefraktionen«, in der österreichischen Sozialdemokratie unterscheiden.

– Die erste Linie war die der prinzipiellen Befürworter des Rätesystems. Zu ihnen zählten Josef Frey, Alexander Täuber, Otto Leichter, Käthe Pick (spätere Käthe Leichter), Rudolf Goldscheid, Franz Rothe, Josef Benisch, Ernst Fabri, Heinrich Ferencz, Karl Zabransky und andere, also die Anhänger der »Neuen Linken« bzw. der SARA. Von den Arbeiterräten in den Ländern können ihr Eduard Schönfeld, der Vorsitzende des Kreisarbeiterrates Wiener Neustadt, und mit Vorbehalten auch Richard Strasser, der Vorsitzende des Landarbeiterrates Oberösterreich und des Linzer Arbeiterrates, sowie deren Paladine zugerechnet werden.

---

352 Max Adler: Probleme der Demokratie, in: *Der Kampf*, 12. Jg. (1919), Nr. 1, S. 11–22, hier S. 16.

Diese Gruppe war für die restlose Verwirklichung des Rätesystems. Sie sah in den Arbeiter- und Soldatenräten das entscheidende, einzig taugliche Kampfmittel zur Ergreifung der politischen Macht und zur »planmäßigen, vollständigen und möglichst raschen Herbeiführung der sozialistischen Gesellschaftsordnung«.[353] Sie war der Ansicht, dass »nicht Arbeit im Parlament – noch dazu in solchen mit bürgerlicher Mehrheit! – sondern nur die Diktatur des Proletariats zum Sozialismus« führe.[354] Sie verteidigte den Arbeiterrat gegen jeglichen Versuch, ihn in dieser oder jener Form zurückzudrängen. Sie war für den permanenten Ausbau des Rätesystems, für die Errichtung eines Netzes proletarischer Machtinstanzen von unten her, die auf dem Gebiet der Verwaltung Schritt für Schritt Aufgaben, die sich in der Hand des bürgerlichen Staatsapparates befanden, an sich reißen sollten und die fähig sein sollten, ihn im gegebenen Moment zu ersetzen. Der Trennstrich dieser Gruppe gegenüber den Kommunisten verlief entlang der Frage des Zeitpunktes der Machtergreifung. So wie die gesamte Partei hielt auch sie die wirtschaftlichen und politischen Verhältnisse in Österreich 1919/20 für noch nicht reif, um zum Sozialismus gelangen zu können. Das bedeutete aber, dass sich ihr Kampf für eine konsequent sozialistische Linie mehr und mehr in einem Anstürmen gegen die Koalitionspolitik erschöpfte, die ihrer Meinung nach die Sozialdemokratie unvermeidlich zu Entscheidungen im Interesse der Verteidigung des kapitalistischen Systems zwang. Als daher die Koalition im Juni 1920 aufgelöst wurde, zerfiel die SARA sehr rasch. Der kleinere Teil trat zu den Kommunisten über, während die Mehrheit in der Sozialdemokratie verblieb und deren Gesamtstrategie als nunmehrige Oppositionspartei nicht mehr infrage stellte.

– Die zweite Linie war die der taktischen Befürworter des Rätesystems. Zu ihnen zählten Friedrich Adler, Otto Bauer, Robert Danneberg, Max Adler, Karl Heinz, Johann Janecek, Julius Braunthal, Julius Deutsch, Therese Schlesinger, Emmy Freundlich und die führenden Männer der

---

353 Josef Benisch: Die Aufgaben der sozialdemokratischen Arbeitsgemeinschaft revolutionärer Arbeiterräte, in: *Der Kampf*, 12. Jg. (1919), Nr. 36, S. 798–801, hier S. 798.
354 Otto Leichter, die neue »Linke«, in: *Der Kampf*, 12. Jg. (1919), S. 434–437, hier S. 436.

Landesarbeiterräte mit Ausnahme Oberösterreichs und der Steiermark. Diese Linie war die dominierende, die Rätepolitik der Sozialdemokratie vom Frühjahr 1919 an bestimmende. Für deren Vertreter war das Rätesystem keine revolutionäre Tugend, sondern eine politische Notwendigkeit. Die Arbeiterräte sollten nicht im bürgerlichen Parlamentarismus in Konkurrenz um die Macht treten, sondern a) auf dem Weg der Druckausübung auf das bürgerliche Lager das unbedingt notwendige Maß an sozialen Reformen verwirklichen, b) eine Etage unter den Spitzeninstanzen, gegenüber renitenten Bezirkshauptmännern und Exekutivbehörden, den Kampf um die Demokratisierung der Verwaltung und um Kontrolle und Mitwirkungsrechte führen und c) sich im Rahmen der Arbeiterklasse durch Übertragung des Entscheidungsrechts in allen wichtigen politischen Fragen auswirken und bewähren.

Wenn sich diese Gruppe seit Februar/März 1919 energisch für die Erneuerung und Verbreiterung des Arbeiterrates eingesetzt hatte, dann war das primär das Resultat einer sozialrevolutionären Zwangslage und des Strebens, den drohenden Tendenzen in der Spaltung der Arbeiterklasse ein Bindemittel entgegenzusetzen. Friedrich Adler, Otto Bauer und deren Gefolgsleuten kam es nun drauf an, die Arbeiterräte so zu steuern, dass sie mit dem Schiff der Regierungskoalition nicht kollidierten, sich also mit Dingen beschäftigten, die keine vernichtenden Sturzwellen gegen die parlamentarisch-demokratische Ordnung schlagen konnten. Deshalb hörte man von ihnen stets die stereotype Floskel, dass der Arbeiterrat, politisch gesehen, nichts anderes sein solle als ein »Parlament der Arbeiterklasse« mit unverfälschter Widerspiegelung der realen Kräfteverhältnisse im Proletariat, in dem sich die Minderheit dem Willen der Mehrheit zu beugen habe und das als »Instrument gemeinsamer Willensbildung aller sozialistischen Richtungen« blutige Kraftproben auf der Straße hintanzuhalten hätte. In der Tat gelang es nur so, die Kommunisten ohne Gewaltmethoden einer »proletarischen Rätedisziplin« zu unterwerfen, sie zu isolieren und, nachdem diese Aufgabe bewältigt war, auch der oppositionellen SARA den Dampf abzulassen.

Der Erfolg dieser Taktik, von dem auch der borniertste Rechte die Augen nicht verschließen konnte, setzte Friedrich Adler und seine Gruppe in den Stand, stets als entschiedene Verfechter der Notwendigkeit des Arbeiterrates aufzutreten und Attacken ihrer Gegner innerhalb der Partei wirkungsvoll zurückzuweisen.

– Die dritte Linie war die der prinzipiellen Gegner des Rätesystems. Zu ihnen zählten Karl Renner, Karl Seitz, Ferdinand Skaret, Wilhelm Ellenbogen, Johann Pölzer, Albert Sever, Jakob Reumann, Matthias Eldersch, Adelheid Popp, die Gewerkschaftsführer Anton Hueber, Franz Domes, Ferdinand Hanusch, Josef Tomschik, die steirischen Parteiführer Arnold Eisler, Michael Schacherl, Johann Leichin, Hans Resel sowie einzelne Rätemandatare in anderen Ländern wie Oskar Helmer und Leopold Petznek in Niederösterreich und Ernst Koref in Linz. Diese Gruppe sah im Rätesystem eine aus Russland importierte Modeerscheinung, die den – wie behauptet wurde – tief verwurzelten parlamentarisch-demokratischen Traditionen der österreichischen Arbeiterbewegung diametral widersprach und der man sich bei erstbester Gelegenheit wieder zu entledigen hätte. Für sie hatte die Klassenzusammenarbeit mit den Bürgerlichen auf allen Ebenen, von Gemeinderäten und Landtagen bis hin zum Parlament und zur Regierungskoalition, absoluten Vorrang. Für sie war der Arbeiterrat ein gefährliches, zweischneidiges Experiment, weil er den Kommunisten und sonstigen Radikalinskis nur Raum für einen verstärkten Einfluss auf das Proletariat schaffe, die besitzenden Schichten unnötigerweise in Angst und Schrecken versetze und sie zur Gegenwehr, zur Aufstellung weißer Garden zwinge. Folgt man dieser Logik, dann sind in der Geschichte der Klassengesellschaft grundsätzlich immer die Beherrschten mit ihren Aktionen zur Befreiung von Ausbreitung und Unterdrückung schuld an den terroristischen Exzessen der Herrschenden gewesen, dann werden »das Recht des Bourgeois, der die Arbeiter knechtet und ausbeutet und das Recht des Proletariers, der sich von der Knechtschaft und Ausbeutung befreien will, [zu] ganz gleichwertige[n] Rechte[n].«[355]

Da die Arbeiterräte aber nun einmal wie ein Elementarereignis vorhanden waren, musste auch diese Gruppe, ob sie wollte oder nicht, Rätepolitik betreiben. Im Unterschied zu den Linien eins und zwei beharrte

---

355 Alexander Täubler: Abgeordneten- und Bürokratenabsolutismus und die Rätedemokratie. Wien 1919 (Revolutionäre sozialistische Bücherei, Heft 1), S. 23.

sie jedoch auf dem unbedingten Primat der Partei- und Gewerkschaftsorganisation und der strikten Unterordnung der Arbeiterräte unter deren Willen. Dort wo die Umstände es erlaubten, zum Beispiel in der Steiermark, setzte sie alles daran, die Arbeiterräte nicht aktiv werden zu lassen, ihnen bestenfalls Bildungs- und Aufklärungsfunktionen zuzugestehen und sie möglichst rasch wieder in der Versenkung verschwinden zu lassen. Nur in einem, allerdings entscheidenden Punkt ging sie mit der Fraktion Friedrich Adler konform, in der Instrumentalisierung des Arbeiterrates zur Niederringung der Kommunisten. Karl Renner rechtfertigte am 17. September 1919 in seiner Eigenschaft als Staatskanzler die Arbeiterräte gegenüber einer Abordnung des *Bürger- und Ständerates* mit dem Argument, dass »gerade durch die Institution der Räte das Eindringen des Bolschewismus in Österreich verhindert«[356] worden sei. Wenige Wochen später versicherte er dem britischen Hohen Kommissar in Österreich, F. O. Lindley: »Er habe immer gewußt, daß sich die Räte bald diskreditieren würden, und hoffe, daß es bald möglich sein würde, sie gänzlich zu unterdrücken [...].«[357]

Die österreichischen Arbeiterräte fanden bei Zeitgenossen wie in der historischen Literatur sehr divergierende Beurteilungen. Eines waren sie jedoch: Motor gesellschaftlichen Fortschritts an einem Knotenpunkt der österreichischen Geschichte, Ausdruck der »anderen«, progressiven, volksnahen, basisdemokratischen Entwicklungslinie unsere Geschichte. Die große Hoffnung auf Aufbruchsstimmung verkörpernd, die die werktätigen Massen an der Schwelle der Republik ergriff, reihen sie sich in die besten kämpferischen Traditionen der österreichischen Arbeiterbewegung ein.

---

356 *Arbeiter-Zeitung*, 18.9.1919, S. 3.
357 Francis L. Carsten: Revolution in Mitteleuropa 1918–1919. Köln 1973, S. 88.

Die österreichische Rätebewegung und Räteungarn

Am 21. März 1919 wurde in Ungarn die Räterepublik proklamiert. Die Machtübernahme erfolgte auf friedliche Weise, ohne Blutvergießen.[358] In dem Aufruf »An Alle!« gab die revolutionäre Räteregierung in Budapest der Welt den Machtwechsel bekannt. Darin wurden die Umstände geschildert, die zum 21. März geführt hatten und die sozialpolitischen Zielsetzungen der Räterepublik verkündet. Weiters wurde die Solidarität mit Sowjetrussland erklärt und das Proletariat der Ententeländer aufgefordert, dem »verruchten Feldzug ihrer kapitalistischen Regierungen« gegen Räteungarn Widerstand entgegenzusetzen. Die Österreich betreffende Passage des Aufrufs lautete: »Er (der Revolutionäre Regierungsrat, H. H.) fordert die Arbeiter Deutschösterreichs und des Deutschen Reiches auf, dem Beispiel der ungarländischen Arbeiterschaft zu folgen, mit Paris endgültig zu brechen und sich mit Moskau zu verbünden, die Räterepublik zu konstituieren und mit den Waffen in der Hand den imperialistischen Eroberern Trotz zu bieten.«[359]

Am Morgen des 22. März erfuhr die österreichische Öffentlichkeit von den Vorgängen in Budapest. Die *Arbeiter-Zeitung* nannte die ungarische Räterepublik in einem kurzen Leitartikel ein »Wagnis, das nur äußerste Verzweiflung diktieren konnte«. Sie wies auf die vollständige Abhängigkeit Deutschösterreichs von Lebensmittellieferungen seitens der Entente hin und schloss: »Wir bewundern den Mut unserer ungarischen Brüder. Und wenn wir ihnen auch heute, durch die bitterste Not

---

358 Revolutionen in Ungarn 1918–1919, hg. von der Österreichisch-Ungarischen Vereinigung zur Pflege kultureller Beziehungen. Wien o. J. [1968], S. 15f.; András Siklós: Die ungarische Räterepublik (ihr Entstehen, ihre Zielsetzung, ihre Bedeutung), in: Ungarn 1919 und Österreich, hg. vom Pressebüro der Ungarischen Botschaft. Wien 1979, S. 9–63.
359 *Arbeiter-Zeitung*, 23. 3. 1919, S. 3.

ohnmächtig ihren Feinden gegenüber, nicht werktätig helfen können, so sind doch unsere heißesten Wünsche bei ihnen! Denn die Sache, für die sie heute alles wagen, ist auch die unsere.«[360]

Die trotz Betonung der eigenen Ohnmacht durchwegs sehr freundlich gehaltenen Stellungnahmen der österreichischen Sozialdemokratie zu Räteungarn waren einerseits eine Bedachtnahme auf die Stimmung der Arbeitermassen, andererseits auch darauf zurückzuführen, dass die ungarische Schwesterpartei in der Räteregierung wichtige Posten bekleidete. Sándor Garbai war Vorsitzender des Regierungsrats (Ministerpräsident), Zsigmond Kunfi Volkskommissar für Unterricht, Vilmos Böhm für Sozialisierung (später für Kriegswesen) und andere mehr. Gerade der Entschluss der ungarischen Sozialdemokratie, den Weg der Räterepublik zu gehen, musste die österreichische Partei vor der Arbeiterschaft in eine heikle Lage bringen. Es galt daher, plausible Argumente für das eigene Stillhalten vorzubringen und sie so zu formulieren, dass AnhängerInnen und SympathisantInnen nicht vor den Kopf gestoßen wurden.

Am Nachmittag des 22. März trat der Reichsvollzugsausschuss der Arbeiterräte (RVA) zu einer Sitzung zusammen. Die Arbeiterräte waren erst kurz zuvor reorganisiert und aus einer Bewegung, die nur SozialdemokratInnen offenstand, auch anderen sozialistischen Gruppierungen, darunter den KommunistInnen, zugänglich gemacht worden (»Parlament der gesamten österreichischen Arbeiterklasse«).[361] Anwesend waren die Mitglieder aus Wien und Niederösterreich, insgesamt zwölf Personen. Im Protokoll heißt es: »*Adler* berichtet über die Vorkommnisse in Ungarn. Nachdem wir von der Entente durch die Lebensmittel abhängig sind, können wir nur den Kampf begrüßen, wir selbst müssen uns durch Vornahme der Wahlen (in den Arbeiterrat, H. H.) rüsten. Der Vorstand soll einen Aufruf redigieren. *Benisch* ist für die Sympathiekundgebung. Im Aufruf müsse gegen den Gewaltfrieden protestiert und auf das Selbstbestimmungsrecht der Nationen hingewiesen werden. Wir wollen kampfbereit sein und müssen uns rüsten. *Gen. Janecek* und *Kloß* treten für das Rätesystem ein. Erachten aber den Zeitpunkt für noch nicht ge-

---

360 *Arbeiter-Zeitung*, 22. 3. 1919, S. 1.
361 Hautmann: Geschichte der Rätebewegung, S. 290ff.

kommen.«[362] Anschließend verfassten Friedrich Adler, Benisch und Janecek im Namen des Vorstands des RVA jene Antwort, die am Sonntag, dem 23. März 1919, in der *Arbeiter-Zeitung* erschien.

Die Proklamation des Reichsvollzugsausschusses war nichts weniger als eine die Meinung der Sozialdemokratischen Partei ausdrückende, hochoffizielle Stellungnahme, eine Entscheidung, die sowohl für die Politik der Arbeiterräte als auch für das Schicksal Österreichs in den folgenden Monaten von elementarer Bedeutung werden sollte.

Die österreichischen Arbeiterräte waren vor dem 21. März 1919 Organisationen gewesen, die im Schatten der »großen Politik« standen. Sie hatten auf die grundlegenden Weichenstellungen in den ersten Monaten der jungen Republik, auf die Herausbildung der Fundamente des neuen Staates und den Ablauf der Entwicklung keinen *direkten* Einfluss gehabt. Sie waren eines der Produkte der Endphase des Krieges und der Novemberrevolution unter vielen, und sie waren für die Sozialdemokratische Partei ein zwar zunehmend wichtiger, aber eben nur einer unter mehreren politischen Pfeilen im Köcher.

Räteungarn veränderte diese Situation vollkommen. Der Arbeiterrat wurde mit einem Schlag zu einem innen- und außenpolitischen Sprachrohr von größter Bedeutung und für die Sozialdemokratie zu einer Körperschaft, die den *Vorrang* vor allen anderen proletarischen Organisationen bekam. Das Gewicht der politischen Willensäußerungen des Arbeiterrats wog in den Monaten der Existenz Räteungarns umso schwerer, als er ja gerade jene Instanz war, die ihrer ganzen Herkunft und Zwecksetzung nach sowie infolge der tatsächlichen Machtverhältnisse berufen gewesen wäre, Träger einer Machtübernahme durch das Proletariat zu sein. Deshalb war die ablehnende Stellungnahme des RVA vom 22. März 1919 ein historischer Akt.

In der Antwort »An das Proletariat Ungarns!« erklärte der RVA im Namen der gesamten österreichischen Arbeiterschaft, dass »heute, *nach dem Zusammenbruch des deutschen und österreichisch-ungarischen*

---

362 VGA, Sammlung Arbeiterrat, Protokoll der Sitzung des Reichsvollzugsausschusses der Arbeiterräte am 22. 3. 1919 (Hervorhebungen im Original).

Kapitalismus (!), der Hauptfeind der imperialistische Sieger« sei[363] und man mit der ungarischen Räterepublik darin übereinstimme, den Vergewaltigungsversuchen der Ententemächte in Bezug auf das Selbstbestimmungsrecht der Nationen den Widerstand der ArbeiterInnen entgegenzusetzen. Weiter hieß es:

»Ihr habt an uns den Aufruf gerichtet, eurem Beispiel zu folgen. *Wir täten es vom Herzen gern, aber zur Stunde können wir das leider nicht.* In unserem Lande sind keine Lebensmittel mehr. Selbst unsere karge Brotversorgung beruht auf den Lebensmittelzügen, die die Entente uns schickt. Dadurch sind wir völlig Sklaven der Entente. Wenn wir eurem Rate folgen würden, dann würde uns der Entente-Kapitalismus mit grausamer Unerbittlichkeit die letzte Zufuhr abschneiden, uns der Hungerkatastrophe preisgeben. Wir sind davon überzeugt, daß die russische Räterepublik nichts unversucht lassen würde, uns zu helfen. Aber ehe sie uns helfen könnte, wären wir verhungert. Wir sind daher in einer noch schwierigeren Lage als ihr. Unsere Abhängigkeit von der Entente ist eine vollständige. Wohl aber ist es unsere *heiligste Pflicht, für alle Fälle gerüstet zu sein.* Darum hat die Reichskonferenz unserer Arbeiterräte vor drei Wochen den Ausbau der Räteorganisation beschlossen. Wir haben an das arbeitende Volk den Appell gerichtet, überall Arbeiterräte einzusetzen, die Gründung von Bauernräten zu fördern sowie Arbeiter-, Bauern- und Soldatenräte mit den bestehenden bewährten Organisationen zusammenzufassen, um alles vorzubereiten, was die Stunde gebietet. All unsere Wünsche sind bei euch. Mit heißem Herzen verfolgen wir die Ereignisse und hoffen, daß die Sache des Sozialismus siegen wird. Kampfbereit stehen auch wir, gewillt zu erfüllen, was die geschichtliche Notwendigkeit fordern wird. Es lebe die internationale Arbeitersolidarität! Es lebe der Sozialismus!«[364]

Der Aufruf des RVA war in mehrerer Hinsicht bemerkenswert. Im Ton höchst entgegenkommend und seine Sympathie für Räteungarn bekundend, bedeutete er in der Sache eine klare Absage. Die Ablehnung, dem ungarischen Beispiel zu folgen, wurde im Aufruf einzig mit dem Argu-

---

363 *Arbeiter-Zeitung*, 23. 3. 1919, S. 1 (Hervorhebungen H. H.).
364 Ebd. (Hervorhebungen H. H.).

ment, von Lebensmittellieferungen seitens der Ententemächte abhängig zu sein, begründet. Als dem später die Regierung in Budapest mit dem Angebot, Österreich Lebensmittel zur Verfügung zu stellen, den Wind aus den Segeln nahm, brachten die sozialdemokratischen Parteiführer eine Reihe neuer Argumente vor, um die Perspektivlosigkeit und Gefährlichkeit einer Rätediktatur in Österreich zu beweisen. Die kühne Behauptung in einem Nebensatz, dass in Deutschland und Österreich der Kapitalismus ohnehin bereits »zusammengebrochen« sei, fügte sich in diese Linie ein. Wenn in Österreich der Kapitalismus seit dem November 1918 als ökonomisches und politisches System angeblich nicht mehr existierte, so war ja das Nachvollziehen des ungarischen Beispiels bereits von vornherein überflüssig. Zweideutig war auch die Passage von der »heiligsten Pflicht« der österreichischen ArbeiterInnenschaft, »für alle Fälle gerüstet zu sein«. Aus den Worten, die Räteorgane auszubauen, »um alles vorzubereiten, was die Stunde gebietet« und die »geschichtliche Notwendigkeit fordern wird«, konnte man den Eindruck gewinnen, dass der RVA und der sozialdemokratische Parteivorstand fest entschlossen waren, bei nächster Gelegenheit, sobald sich die Verhältnisse günstiger gestalteten, die Machtergreifung durch die Arbeiter- und Soldatenräte zu vollziehen.

Der Terminus »Für alle Fälle rüsten« wurde aber von Otto Bauer, Friedrich Adler und den anderen Parteiführern ganz anders interpretiert. Für sie bedeutete er ein Wappnen gerade *gegen* derartige Tendenzen, war der Ausbau der Räteorgane ein Mittel, ihre politischen Ziele besser und schneller unter den Massen Platz greifen zu lassen und damit sozialrevolutionäre Bestrebungen zurückzudrängen. Das wurde von den verantwortlichen sozialdemokratischen Führern später, bei Reden und in Erinnerungsartikeln über die Lage im Frühjahr 1919, ganz offen zugegeben. Am 24. März 1919 beantwortete auch der Reichsvollzugsausschuss der österreichischen Soldatenräte den Aufruf »An Alle!« Er verzichtete auf das Argument der sklavischen Abhängigkeit von der Entente und sandte dem Revolutionären Regierungsrat in Budapest die »herzlichsten Brudergrüße« und »heißesten Wünsche« für die Lösung der ihm harrenden »gewaltigen Aufgaben«.[365]

---

365 *Arbeiter-Zeitung*, 25.3.1919, S. 3.

Die Solidaritätsaktion am 21. Juli 1919

Die Frage einer Solidaritätskundgebung für Räteungarn und Sowjetrussland gelangte (neben dem Proletariat in Italien, Frankreich und Großbritannien) auch bei den österreichischen Arbeiterräten im Sommer 1919 in den Mittelpunkt der Diskussion. Vor allem die Kommunistische Partei Deutschösterreichs (KPDÖ) war es, die in einer Versammlungskampagne unter der Parole »Hände weg von Russland und Ungarn!« entschieden für einen Generalstreik am Montag, dem 21. Juli 1919, eintrat.[366] Da ihre Losung in den Betrieben und bei Teilen der industriellen ArbeiterInnenschaft Anklang fand, geriet die Sozialdemokratische Partei in Zugzwang. Am 11. Juli 1919 trat der RVA zusammen, um eine, wie er glaubte, endgültige Entscheidung zu fällen. In der Sitzung sagte Friedrich Adler: »Am 21. Juli veranstalten die Proletarier der Entente eine Kundgebung gegen den Imperialismus, *wir müssen uns anschließen*. Jetzt nur die Form zu entscheiden. Am besten wäre eine *Kundgebung am 20. VII.*«[367]

Adlers Formulierung »wir müssen uns anschließen« zeigte, dass die sozialdemokratische Parteiführung der Initiative ohne Enthusiasmus gegenüberstand. Gar einen Streik zu proklamieren, hielt sie als staatsbejahende Kraft für weit überdreht. Ein solcher Schritt wäre vom bürgerlichen Lager mit Sicherheit als »Kniefall vor dem Bolschewismus« gebrandmarkt worden, und das schien ihr dem Klima in der Koalition abträglich. Andererseits konnte man auch nicht passiv bleiben, ohne Prestigeeinbußen bei den Massen zu riskieren. Deshalb traten in der RVA-Sitzung Friedrich Adler und Robert Danneberg für eine Demonstration am Sonntag, dem 20. Juli, also an einem arbeitsfreien Tag ein. In der Form sollte sie der Maikundgebung ähneln. Als Hauptgrund für diese Entscheidung wurde in der Öffentlichkeit die Befürchtung angegeben, die KPDÖ könnte eine etwaige Streikaktion zum Anlass für gewaltsame Vorstöße gegen die Koalitionsregierung benützen. Nur Josef Benisch

---

366 ÖStA/AdR, BKA AA, NPA, Präsidialakten, Kt. 3, Kommunistische Bewegung und Umtriebe, Zl. 2053 v. 15. 7. 1919.

367 VGA, Sammlung Arbeiterrat, Protokoll der Sitzung des Reichsvollzugsausschusses der Arbeiterräte am 11. 7. 1919 (Hervorhebungen H. H.).

plädierte für einen Streik am Montag, dem 21. Juli.[368] Da er gegen die 13 anderen anwesenden Mitglieder des RVA allein blieb, schien die Frage erledigt zu sein. Gegen Ende der Sitzung machte jedoch Benisch den Vorschlag, den Wiener Kreisarbeiterrat zu befragen. Adler willigte ein, dass der RVA sein Votum für die Sonntagskundgebung dem Kreisarbeiterrat vorlege, wobei er glaubte, dass dieser die Empfehlung der höchsten Instanz ohne große Diskussion und Widerstand bekräftigen werde. Der harmlos aussehende Vorschlag Benischs sollte aber das Blatt wenden.

Nachdem sich die Obmänner der Wiener Bezirksarbeiterräte der Meinung des RVA einstimmig angeschlossen hatten, fand die Sitzung des Wiener Kreisarbeiterrats am Nachmittag des Samstag, 12. Juli 1919, im Favoritner Arbeiterheim statt. Sie dauerte mehr als sieben Stunden und nahm einen dramatischen Verlauf. Nach der Erledigung einiger anderer Tagesordnungspunkte hielt Friedrich Adler sein Referat, in dem er eingangs die Rückkehr zum Gedanken der Internationalität der Arbeiterklasse grundsätzlich begrüßte. Gegen den Generalstreik am Montag wandte sich Adler mit dem Argument, dass das österreichische Proletariat in einer anderen Lage sei als das der Ententestaaten und jeder Streik in einem »besiegten Land letzten Endes wieder das Proletariat« treffe; die »Frage der Schaffung von Werten« sei nämlich heute »ebenso unmittelbar brennend wie die Abschaffung von Mehrwerten.«[369]

Friedrich Adler drückte sich hier mehr als vorsichtig aus. Deutlicher als er wurde der rechts stehende steirische Parteiführer Michael Schacherl, der in einem Artikel im *Kampf* die Schädigung der österreichischen Volkswirtschaft durch nicht gerechtfertigte Streikaktionen beklagte und es gleichsam als Wahnsinn hinstellte, die Siegermächte, die man um Lebensmittel und Kohle anbetteln müsse, durch Solidaritätsaktionen für kommunistische Räterepubliken zu vergrämen.[370] Den wohl treffendsten Einwand gegen die Argumente vom »Schneiden ins eigene Fleisch«, vom schweren Opfer der Lohneinbußen und des nach Hunderten Millionen

---

368 Ebd.
369 *Arbeiter-Zeitung*, 13. 7. 1919, S. 3.
370 Michael Schacherl: Lehren vom 21. Juli, in: *Der Kampf*, 12. Jg. (1919), Nr. 18, S. 506–511, hier S. 506f.

Kronen kostenden Produktionsausfalls brachte ein einfacher Arbeiterrat namens Alois Müller aus Neubau vor, als er sagte: »Wenn für die Erklärung der Republik (am 12. November 1918, H. H.), *die durchaus keine sozialistische ist*, ein Tag geopfert werden konnte, so kann dies auch für das Wiedererwachen des Gedankens der proletarischen Internationalität geschehen.«[371] Dieser schlichte Satz traf eigentlich den Kern der sozialdemokratischen Politik in der österreichischen Revolution.

Die Diskussion, an der sich 19 Delegierte beteiligten, zeigte, dass die Meinungen innerhalb der sozialdemokratischen Arbeiterräte stärker auseinandergingen, als der RVA angenommen hatte. Erst ein energisches Schlusswort Adlers, in dem er die Sonntagsdemonstration als ausreichende Erfüllung der Pflichten, die einem die internationale Solidarität auferlege, bezeichnete, konnte verhindern, dass der RVA bereits an diesem Tag eine Niederlage erlitt. Der Antrag des Rudolfsheimer Arbeiterrats Josef Beißer, der die Forderung nach der vollständigen Arbeitsruhe am 21. Juli enthielt, wurde mit 105 gegen 76 Stimmen abgelehnt.[372] Ein derart knappes Ergebnis hatte der Arbeiterrat, der ja ansonsten Initiativen, gegen die sich eine Autorität wie Friedrich Adler aussprach, immer mit überwältigender Mehrheit niederzustimmen pflegte, noch nicht erlebt.

Als der Antistreikbeschluss des Wiener Kreisarbeiterrats und des RVA bekanntgegeben wurde, kam es in vielen Betrieben Wiens und Niederösterreichs zu Äußerungen des Unmuts und zu Protesten. Wieder einmal war der links eingestellte Linzer Arbeiterrat Vorreiter dieser Stimmungen. Er beschloss am 15. Juli das genaue Gegenteil zu Wien und dem RVA, nämlich am Montag in allen Linzer Betrieben die Arbeit einzustellen und eine Massenkundgebung auf dem Linzer Hauptplatz zu veranstalten.[373] Welche Gefühle die österreichischen ArbeiterInnen damals beseelten, zeigte das Flugblatt, das der Linzer Arbeiterrat dazu herausgab:

»Der Vormarsch gegen Rußland und Ungarn und deren Niederwerfung steht bevor. Über den Leichnamen der beiden Staaten will

---

371 *Arbeiter-Zeitung*, 13. 7. 1919, S. 3 (Hervorhebung H. H.).
372 VGA, Heinz: Die Geschichte der österreichischen Arbeiterräte, S. 139.
373 VGA, Sammlung Arbeiterrat, Mappe 14, Nr. 40.

der Kapitalismus die Fahne der Willkür und Herrschsucht neuerdings aufpflanzen und die Herrschaft über die ganze Menschheit wieder aufrichten.

Die klassenbewußte Arbeiterschaft der ganzen Welt aber kämpft gegen die Wiederaufrichtung dieser Kapitalistenherrschaft und für die Errichtung der sozialistischen Gesellschaftsordnung. Wir bekunden daher auch durch die Arbeitsruhe unsere Solidarität mit der Internationale, indem wir dem Worte Gefolgschaft leisten: Proletarier aller Länder, vereinigt Euch! Der Arbeiterrat.«[374]

Der Widerstand an der Basis bewog den RVA, für den 17. Juli 1919 noch einmal den Wiener Kreisarbeiterrat in das Arbeiterheim Favoriten einzuberufen. Nach einer dreieinhalbstündigen heftigen Diskussion folgte um 21.30 Uhr eine überraschende Entscheidung: 142 Delegierte votierten für den Streik am Montag, 104 für die Kundgebung am Sonntag.[375] Damit war es der KPDÖ zum ersten (aber auch einzigen) Mal gelungen, in einer politischen Frage, die keineswegs als Bagatelle angesehen werden konnte, einen Abstimmungssieg im sozialdemokratisch dominierten Arbeiterrat zu erreichen.

Nachdem der Generalstreik für Wien beschlossen war (den Arbeiterräten in den Ländern wurde freigestellt, ob sie ihre Kundgebungen am Sonntag oder Montag abhielten), erließ der Wiener Kreisarbeiterrat eine Reihe detaillierter Vorschriften über Umfang und Form der Massenaktion: das ging vom strengsten Alkoholverbot über Anweisungen für Theater, Kinos, Gastwirtschaften, Banken, Rechtsanwaltskanzleien usw., geschlossen zu halten, bis zur Bekanntgabe der Sammelplätze für die Kundgebungen. Der Straßenbahnverkehr wurde eingestellt, Zeitungen hatten erst wieder am Dienstag zu erscheinen, andere Sparten wie Post, Telefon, Gas- und Elektrizitätswerke sollten nur Journaldienst leisten. Die Bezirksarbeiterräte wurden aufgefordert, Ordner zu wählen, deren Anweisungen am 21. Juli Folge zu leisten war. Sogar die Regierung entschloss sich, für alle staatlichen Behörden und Ämter in Wien den an-

---

374 Ebd., Nr. 43.
375 *Arbeiter-Zeitung*, 18.7.1919, S. 3.

sonsten üblichen Feiertagsdienst anzuordnen. Nur bei der Eisenbahn wurde der Betrieb voll aufrechterhalten.[376]

Der 21. Juli 1919 sah die gewaltigste Massenkundgebung, die Wien je erlebt hatte. Der Generalstreik war lückenlos, und trotz strömenden Regens fanden in allen Wiener Bezirken imposante Aufmärsche mit einem Meer roter Fahnen und unzählige Veranstaltungen unter riesiger Beteiligung der ArbeiterInnenschaft statt. Musikzüge intonierten die »Marseillaise« und die »Internationale«, und Arbeiterchöre sangen nach den Versammlungen, bei denen jeweils SozialdemokratInnen und KommunistInnen das Wort ergriffen, das »Lied der Arbeit«, die neue »Republikanische Volkshymne« und andere, eigens für diesen Tag komponierte Lieder wie »Arbeiter, vereinigt Euch« und »Der Völker Freiheitssturm«.[377]

Natürlich waren die Versammlungsreden unterschiedlich akzentuiert: Während die KommunistInnen, berauscht von ihrem Erfolg und der machtvollen Demonstration, in der Kundgebung einen »Wendepunkt in der österreichischen Arbeiterbewegung«, einen »Stichtag der sozialen Revolution für Deutschösterreich«, einen Sieg auf dem »Weg der Weltrevolution« erblickten[378] und die Solidarität mit Russland und Ungarn betonten, strichen die sozialdemokratischen Redner mehr den Charakter des Protestes gegen die Regierungen der Siegermächte, die das Selbstbestimmungsrecht der Völker mit Füßen träten, heraus.[379]

Der 21. Juli verlief in Wien ohne jeden Zwischenfall, diszipliniert, in großer Würde und der Bedeutung des Anlasses angemessen, was auch Polizeipräsident Schober in einem Bericht mit unverhohlener Bewunderung, aber auch sichtlicher Erleichterung konstatierte.[380] Außerhalb Wiens fanden die Kundgebungen teils am Sonntag in Form von Versammlungen, teils am Montag in Streikform statt, in Oberösterreich kamen beide Formen kombiniert zur Anwendung. Vollständige Arbeitsruhe herrschte am Montag noch im Wiener Becken von Schwechat über

---

376 *Arbeiter-Zeitung*, 18. 7. 1919, S. 1, 19. 7. 1919, S. 4 und 20. 7. 1919, S. 3.
377 *Arbeiter-Zeitung*, 22. 7. 1919, S. 3.
378 *Die soziale Revolution*, 19. 7. 1919, S. 1 und 23. 7. 1919, S. 2.
379 *Arbeiter-Zeitung*, 22. 7. 1919, S. 2.
380 ÖStA/AdR, NPA, Präs., Kt. 3, Nr. 2128 v. 21. 7. 1919.

Wiener Neustadt bis Ternitz, im Ybbstal, in Linz, Steyr und Wels, in Stadt und Land Salzburg und in den größeren Städten Vorarlbergs (Bregenz, Dornbirn, Feldkirch und Bludenz).[381]

Der 21. Juli 1919 war die offenkundigste Manifestation für die Kulmination der politischen Macht, die die Rätebewegung im Sommer 1919 in Österreich erreichte. Eine der größten Massenkundgebungen in der Geschichte der österreichischen ArbeiterInnenbewegung stand im Zeichen der Solidarität mit dem kommunistischen Räteungarn und war das Werk des Arbeiterrats – und zwar jener Tausenden Arbeiterräte an der Basis, die die revolutionäre Form der Durchführung gegen das Abraten der sozialdemokratischen Parteileitung durchsetzten.

Der Arbeiterrat und das Ende Räteungarns

Am 1. August 1919 erfolgte nach 133-tägiger Dauer der Sturz der ungarischen Räterepublik. Am 4. August beschäftigte sich der Wiener Kreisarbeiterrat mit der neu geschaffenen Lage. Die Stimmung auf der Sitzung war gedrückt. Das Gefühl der Genugtuung bei einigen sozialdemokratischen Führern, mit der Stillhalteparole des März 1919 kluge Voraussicht bewiesen zu haben, wurde durch die dumpfe Ahnung, dass mit der Beseitigung der Drohung des ungarischen Revolutionsbeispiels sich nun einiges am Kräfteverhältnis zwischen Bourgeoisie und Proletariat ändern würde, mehr als aufgewogen. Bei aller Ablehnung revolutionärer Methoden war die Existenz Räteungarns dem Parteivorstand als Einschüchterungsmittel gegenüber dem Koalitionspartner nicht ungelegen gewesen. Ihr Wegfall konnte daher nur zu einer in vieler Hinsicht gefährlichen Beschneidung der Manövriermöglichkeiten sozialdemokratischer Reformpolitik führen.

Der Wiener Kreisarbeiterrat bekräftigte in einer Resolution das den nach Österreich geflüchteten ungarischen Volksbeauftragten erteilte Asylrecht[382], eine Frage, die ihn noch längere Zeit beschäftigen sollte. Als am 1. und 2. August 1919 Béla Kun, Jenő Landler, Ernő Pór, Béla

---

381 *Arbeiter-Zeitung*, 22. 7. 1919, S. 4 und 23. 7. 1919, S. 3; *Linzer Tagblatt*, 22. 7. 1919, S. 1.
382 VGA, Heinz: Die Geschichte der österreichischen Arbeiterräte, S. 143.

Vágó, Jószef Poganyi, Mátyás Rákosi, Jenő Varga und andere die österreichische Grenze überschritten, wurden sie interniert und in die für Wohnzwecke ungeeignete Burg Karlstein im Bezirk Waidhofen an der Thaya gebracht.[383] Die KommunistInnen protestierten gegen diese Einschränkung der Freizügigkeit und wiesen darauf hin, dass sich geflüchtete sozialdemokratische Volksbeauftragte wie Vilmos Böhm, Zsigmond Kunfi und Sándor Garbai ungehindert in Wien niederlassen konnten. Dadurch entstehe der Eindruck, dass man mit zweierlei Maß messe. Die Sozialdemokratie erwiderte, dass man die kommunistischen Volkskommissare deshalb unter Bewachung habe stellen müssen, um Anschläge gegen ihr Leben zu verhindern.

Die bürgerlichen Zeitungen entfachten eine Kampagne gegen die Asylgewährung für »blutbefleckte Bolschewisten«, und als die weißgardistische Regierung von István Friedrich am 15. September 1919 an Österreich ein Auslieferungsbegehren stellte, sah sich die Sozialdemokratie starkem Druck christlichsozialer und großdeutscher Politiker ausgesetzt, dem Verlangen der Budapester Regierung nachzukommen. Die Partei wies diese Vorstöße zurück und ließ durch Otto Bauer in einem Artikel im *Kampf* das Asylrecht bekräftigen.[384] Béla Kun wandte sich in der Folgezeit mehrmals an verschiedene sozialdemokratische Führer und an den Wiener Kreisarbeiterrat, um eine Entlassung aus Karlstein oder zumindest eine Erleichterung der gefängnisartigen Internierungsbedingungen zu erreichen. Im März 1920 durften die ehemaligen ungarischen Volkskommissare in einen Pavillon der Heilanstalt Wien-Steinhof übersiedeln, wo sie allerdings weiterhin von der Außenwelt abgeschnitten blieben.[385] Als die Internierten in den Hungerstreik traten, schaltete sich der Wiener Kreisarbeiterrat ein. Er entsandte eine Kommission, bestehend aus Friedrich Adler, Robert Danneberg, Josef Frey und Karl Tomann nach Steinhof, die am 1. April 1920 in einer zweistündigen Unterredung

---

383 Irene Kun: Béla Kun, in: Ungarn 1919 und Österreich, S. 131.
384 Otto Bauer: Auslieferung und Asylrecht, in: *Der Kampf*, 12. Jg. (1919), Nr. 36, S. 792–798.
385 ÖStA/AdR, NPA, Kt. 311, Österreich 2/25, Sozialdemokratische und Kommunistische Bewegung 1920–1923, S. 411.

mit Béla Kun und den anderen Erkundigungen über die Absichten und Wünsche der Internierten einholte.[386] Die Kommission legte dem Wiener Kreisarbeiterrat am 10. April 1920 einen Bericht vor, der daraufhin beschloss, »für alle politisch Verfolgten die volle Freizügigkeit und die Aufhebung aller Maßnahmen, die den Charakter einer polizeilichen Schutzhaft tragen«, zu fordern.[387] Mitte Juni 1920 konnten auf der Basis des Kopenhagener Abkommens zwischen Österreich und Sowjetrussland über den Austausch der Kriegsgefangenen die ungarischen Volksbeauftragten Österreich endlich verlassen und nach Sowjetrussland abreisen.[388] Der Arbeiterrat hatte also an einer für beide Teile befriedigenden Lösung des Asylproblems einen nicht geringen Anteil.

Die Boykottkampagne gegen Horthy-Ungarn

Ende Mai 1920 beschloss der sozialdemokratisch dominierte Internationale Gewerkschaftsbund (IGB) in Amsterdam, auf den weißen Terror in Ungarn zu reagieren, wo das Horthy-Regime an die 50.000 Menschen in Zuchthäuser und Gefangenenlager gepfercht hatte. Täglich wurden dort Arbeiterfunktionäre und Personen, die in Verdacht standen, mit der Rätemacht zusammengearbeitet oder sympathisiert zu haben, gefoltert, hingerichtet oder ohne Gerichtsverfahren von Offiziersbanden ermordet.[389] Der IGB verhängte ab dem 20. Juni 1920 den Boykott über Ungarn. Weder Kohle noch Rohstoffe, weder Industriegüter noch Lebensmittel, weder Briefe noch Telegramme sollten die ungarische Grenze passieren; der gesamte Verkehr sollte stillgelegt werden.

Am 21. Juni 1920 beschäftigte sich der im Arbeiterheim Favoriten tagende Wiener Kreisarbeiterrat mit der Frage der Mitwirkung der Arbeiterräte an der gewerkschaftlichen Aktion gegen Horthy-Ungarn. Er kündigte an, dass er »vereint mit allen Arbeiterräten Deutschösterreichs den Boykott *mit allen Kräften unterstützen und alles daransetzen werde*, um auf

---

386 *Arbeiter-Zeitung*, 2.4.1920, S. 4.
387 *Arbeiter-Zeitung*, 11.4.1920, S. 5.
388 Hautmann: Die verlorene Räterepublik, S. 202.
389 Klenner: Die österreichischen Gewerkschaften, Bd. 1, S. 596f.

diesem Wege durch die *Niederringung der blutigen Gewaltherrschaft* in Ungarn dem durch den weißen Schrecken geknechteten Proletariat die Voraussetzungen der Organisation und damit der Wiedererlangung der Kampffähigkeit für die großen Ziele des Sozialismus zu ermöglichen.«[390]

In den Wochen danach wurde die Unterbindung jeglichen Warenverkehrs mit Ungarn von den Arbeiterräten in wirkungsvoller Weise durchgesetzt. Die Verkehrsausschüsse und Kontrollausschüsse für den Transport für Waffen und Munition, die in engstem Einvernehmen mit der Eisenbahnergewerkschaft handelten, hatten Hochbetrieb. Sie zwangen die Frächter, Waren in den Magazinen liegen zu lassen, die für Ungarn bestimmt waren, rangierten Waggons in Eisenbahnstationen aus, die Güter für Ungarn enthielten, setzten durch, dass Transporte mit Waren aus Ungarn nicht weiterbefördert wurden und verweigerten Reisenden in Personenzügen nach Ungarn die Mitnahme von Gepäckstücken, die über das notwendigste Reisegepäck hinausgingen.[391]

Die Solidaritätsaktion der österreichischen ArbeiterInnenschaft stieß bei den bürgerlichen Parteien und ihrer Presse auf heftige Ablehnung. Der leitende Ausschuss des Hauptverbandes der Industrie Deutschösterreichs protestierte dagegen, dass die Regierung gegen den »das Wirtschaftsleben schwer schädigenden Verkehrsboykott« nichts unternehme. Auch die christlichen und deutschnationalen Gewerkschaften nahmen gegen den Boykott mit der Begründung Stellung, dass sich durch das Ausbleiben von Obst- und Gemüselieferungen aus Ungarn die Ernährungslage der österreichischen Bevölkerung verschlechtere. Die polemischen Attacken der bürgerlichen Presse führten dazu, dass die graphischen ArbeiterInnen den Satz und Druck von Artikeln, in denen die Boykottmaßnahmen der Räte- und Gewerkschaftsbewegung verunglimpft wurden, zeitweise verweigerten.[392]

Die Boykottmaßnahmen gegen Ungarn (und Polen, das zu dem Zeitpunkt Krieg gegen Sowjetrussland führte) waren der erste Versuch, mit einem spezifischen proletarischen Kampfmittel in die internationale Poli-

---

[390] *Arbeiter-Zeitung*, 22. 6. 1920, S. 3 (Hervorhebungen im Original).
[391] *Arbeiter-Zeitung*, 18. 6. 1920, S. 3.
[392] Klenner: Die österreichischen Gewerkschaften, Bd. 1, S. 598.

tik einzugreifen. Sie wurden von der österreichischen ArbeiterInnenklasse mit besonderem Elan in die Tat umgesetzt und gehörten zu jenen Aktionen, die das Organisationsgebilde des Arbeiterrats in der Periode seines allmählichen Niedergangs noch einmal voll auf der Höhe zeigten und seine Schlagkraft unter Beweis stellten.

Dennoch endete die Kampagne ohne greifbaren Erfolg. Der Boykott gegen Horthy-Ungarn, der sieben Wochen dauerte, musste am 8. August 1920 abgebrochen werden, weil er in der Tschechoslowakei und in Jugoslawien nicht mit der nötigen Schärfe und Konsequenz verwirklicht wurde und das Ungarn des weißen Terrors, das die ArbeiterInnenbewegung unterdrückte, in dieser Frage die direkte und indirekte Unterstützung durch die Regierungen der Ententemächte genoss.

Vor 40 Jahren schrieb ein unbekannter ungarischer Autor über das Verhältnis zwischen Österreich und der Räterepublik Ungarn: »Wenn die Geleise der bürgerlichen Revolution von 1918 auch in den beiden Ländern in verschiedene Richtung liefen, so erkennt das heutige Ungarn das Bemühen des damaligen Österreichs, auch unter den veränderten Umständen die möglichen neuen Formen der Verbindungen aufrecht zu erhalten, an und schätzt es hoch. Danach strebte es auch damals, als die Macht in Österreich in Händen einer bürgerlichen, in Ungarn aber in Händen einer proletarischen Regierung war. […] Es ist offensichtlich, daß die Räteregierung von diesen Verbindungen mehr erhoffte als Österreich. Gleichzeitig müssen wir auch sehen, daß Österreich, wenn es die Erwartungen der ungarischen Proletarier auch nicht in allem befriedigte, *sich auch dann nicht in die Reihen der Feinde Ungarns stellte, als Ungarn lediglich Länder mit feindlichen Absichten umgaben.*«[393] An dieser Haltung hatte die starke Rätebewegung in Österreich großen Anteil.

---

393 Österreich und die Ungarische Räterepublik, in: Ungarn 1919 und Österreich, S. 69–87, hier S. 87 (Hervorhebungen H. H.).

Rätebewegung und KPÖ von 1918 bis 1938

Am Ende des Ersten Weltkriegs ging über Europa eine revolutionäre Welle hinweg, in deren Gefolge zwei neuartige politische Bewegungen in Erscheinung traten, die Arbeiter- und Soldatenräte und die kommunistischen Parteien. Weitgehend unbekannt ist, dass im chronologischen Ablauf Österreich bei der Formierung beider Organisationen gleich nach Russland an zweiter Stelle rangierte. Die österreichischen Arbeiterräte entstanden während des großen Massenstreiks im Jänner 1918, die Soldatenräte Ende Oktober 1918. Der 3. November 1918 ist der Gründungstag der KPÖ, die damit zu den ältesten kommunistischen Parteien der Welt zählt. Alle drei Zeitpunkte fallen noch in die Ära der Habsburgermonarchie und waren sowohl Symptom ihrer rasant fortschreitenden Auflösung als auch des Anbruchs einer neuen Epoche tiefgreifender gesellschaftlicher Veränderungen, die mit dem Begriff der »österreichischen Revolution« von 1918/19 verbunden ist.

Die österreichische Rätebewegung

Am Anfang der Republik stand der repräsentativen Demokratie in Form der provisorischen und konstituierenden Nationalversammlung eine Alternative gegenüber, die direkte Demokratie in Form der Arbeiter- und Soldatenräte. Kernstück des Rätesystems war das imperative Mandat, die Maxime permanenter Kontrolle der Gewählten seitens der Wähler, ihrer ständigen Rechenschaftspflicht gegenüber den Wählern und ihrer jederzeitigen Abberufbarkeit durch die Wähler. Beratend und beschließend zugleich sollte die Rätedemokratie engste Verbindung zwischen Basis und Mandatsträgern herstellen und einen ständigen Willensbildungs- und Kontrollprozess »von unten nach oben« ermöglichen.

Erste Vorformen der Rätebewegung entstanden bereits im Frühjahr 1917, als infolge der Hungersnot eine Streikwelle die großen Rüstungs- und metallverarbeitenden Betriebe Wiens, des Wiener Beckens und der Obersteiermark erfasste. Es waren das die so genannten »Fabrikausschüsse«, von den Betriebsbelegschaften mit dem Ziel gewählt, Mitsprache- und Kontrollrechte bei der Verteilung der Lebensmittel zu erlangen. Die eigentliche Geburtsstunde der österreichischen Arbeiterräte war der große Jännerstreik 1918, in dessen Verlauf auf Massenversammlungen der Arbeiter der »Wiener Zentral-Arbeiterrat« zur Leitung des Ausstands gewählt wurde. Nach der Streikbeilegung durch die sozialdemokratische Partei- und Gewerkschaftsführung kam es auf deren Initiative jedoch zum Beschluss, den Arbeiterrat zur permanenten Einrichtung zu machen und ihn in vier Industriezentren (Wien, Wiener Neustadt, Neunkirchen, St. Pölten) zu institutionalisieren.

Ende Oktober 1918 bildeten sich in den Mannschaften der in Wien, Linz, Graz und anderen größeren Städten garnisonierten Truppenteile der kaiserlichen Armee Soldatenräte. Sie wurden auch im Rahmen der am 3. November 1918 gegründeten »Volkswehr« gewählt und waren in der neuen, republikanischen Wehrmacht die eigentlichen Träger der Autorität. In der Volkswehr herrschte nämlich eine doppelte, geteilte Befehlsgewalt. Die Offiziere waren für die rein militärischen Belange, die Ausbildung, die Waffenübungen und den Truppendienst zuständig. Sobald jedoch in irgendeiner Weise politische Fragen hineinspielten, kam ihnen keine Befehlsgewalt mehr zu. Wenn irgendwo Hungerunruhen aufflammten, Plünderungen einrissen und die politischen Behörden die Volkswehr aufforderten, bewaffnet auszurücken, um die Ruhe und Ordnung wiederherzustellen, dann hat nicht der kommandierende Offizier, sondern der Soldatenrat entschieden, wie vorzugehen sei. Ebenso musste bei der Ernennung der Kommandanten der Volkswehrtruppenteile durch den Staatssekretär für Heerwesen in jedem Fall die Zustimmung des Soldatenrates eingeholt werden. Dieser prüfte die Vergangenheit des Betreffenden, seine soziale Herkunft und sein Verhalten im Weltkrieg. Monarchistisch gesinnte Offiziere wurden unter keinen Umständen geduldet.

Im März 1919 erfolgte unter dem Eindruck der Verschärfung der revolutionären Nachkriegskrise auf einer Reichskonferenz der österreichischen Arbeiterräte im Arbeiterheim Favoriten eine Reorganisation des Arbeiterrats. Die Sozialdemokratische Partei öffnete ihn nun auch anderen sozialistischen Richtungen, in erster Linie den erstarkenden Kommunisten, und schrieb Urwahlen in die Räteorgane aus. An die

Spitze der höchsten Räteinstanzen, die »Reichsvertretung der Arbeiterräte Deutschösterreichs« und den die laufenden Geschäfte führenden »Reichsvollzugsausschuss« wurde Friedrich Adler gesetzt, der Sohn Victor Adlers, der wegen seiner linksoppositionellen Haltung in den Kriegsjahren, seines Attentats auf Ministerpräsident Graf Stürgkh und seiner Verteidigungsrede vor dem Ausnahmegericht unter der Arbeiterschaft höchstes Ansehen genoss.

Die Arbeiterräte wurden in drei Wählergruppen gewählt: 1.) Groß- und Mittelbetriebe, 2.) Klein- und Zwergbetriebe, Einzelarbeiter, 3.) Arbeitslose und Invalide. Wahlberechtigt waren die »manuellen und geistigen Arbeiter beiderlei Geschlechts aller Betriebe und Berufe, inbegriffen die jugendlichen Arbeiter«. Wählbar waren alle, »die in der Beseitigung der kapitalistischen Produktionsweise das Ziel und im Klassenkampf das Mittel der Emanzipation des arbeitenden Volkes erkennen, ihrer Berufsorganisation angehören und das 20. Lebensjahr überschritten haben«.

Arbeiterräte gab es in allen österreichischen Ländern, ausgenommen Tirol. Die ca. 500 österreichischen Ortsarbeiterräte (in Wien Bezirksarbeiterräte) delegierten ihre Mandatare nach festgelegten Schlüsseln in die nächsthöheren Instanzen, die Bezirksarbeiterräte (41 österreichweit an den Orten der Bezirkshauptmannschaften), die Kreisarbeiterräte und die Landesarbeiterräte. Nach der Organisationsreform fanden vier allgemeine Wahlgänge statt: im Frühjahr 1919 (Wahlbeteiligung in Österreich an die 870.000 Personen), im Herbst 1919 (590.000), im Herbst 1920 (508.000) und im Sommer 1922 (417.000). Die politische Kräfteverteilung blieb bei allen Wahlgängen überaus konstant und bestätigte jedes Mal die Überlegenheit der Sozialdemokratie. Sie erreichte zwischen 88,2 % und 92,9 % der Stimmen und Mandate, der Rest entfiel auf die Kommunisten (4,7 % bis 10,2 %) und sozialistische Splittergruppen (jüdische *Poale Zion*, Wiener tschechische Sozialdemokraten). Nach Geschlecht und Beruf sah die Verteilung so aus: 78,4 % männliche und 21,6 % weibliche Wähler; 74,5 % Arbeiter und 25,5 % Angestellte.

Der Schwerpunkt der Aktivitäten der Arbeiter- und Soldatenräte lag auf wirtschaftlichem und sozialem Gebiet. Im Ernährungswesen zählten dazu die Aufbringung der Lebensmittel und der Kampf gegen den schwarzen Markt, gegen Schleich- und Kettenhandel, Schiebertum, Verheimlichung von Vorräten, Wucher und Preistreiberei. Arbeiter- und Soldatenräte waren in den amtlichen »Kriegswucherkommissionen« präsent, überwachten die einschlägigen Vorschriften in den Geschäftsläden und auf den Märkten und führten Revisionen in Wohnungen durch. Sie hatten sogar das Recht, Waren zu beschlagnahmen, allerdings nur unter Beiziehung und im Beisein von Polizeiorganen. Die Zahl der Interventionen war hoch: Binnen fünf Monaten, vom Juni bis zum Oktober 1919, wurden beispielsweise in Wien 12.000 Exekutionen durchgeführt, durch die Lebensmittel und Bedarfsartikel in beträchtlicher Menge den dunklen Kanälen des Schleichhandels entrissen und der Allgemeinheit zugeführt werden konnten, darunter tonnenweise Mehl, Kartoffeln, Zucker, Eier, Speisefett, Seife, Textilien und Schuhe. Exekutive Befugnisse hatten die Arbeiterräte auch im Wohnungswesen im Rahmen der staatlich geregelten »Wohnungsanforderung«. Sie setzten sich dafür ein, dass Wohnungsbedürftige in leerstehende Zweitwohnungen, unzureichend benützte Wohnungen und leerstehende Räume von Großwohnungen zwangsweise einquartiert werden konnten. Weitere Tätigkeitsbereiche der Arbeiter- und Soldatenräte waren die Verkehrs- und Waffenkontrolle sowie das Fürsorge- und Gesundheitswesen.

Aus dem Gesagten geht hervor, dass die Räte in Österreich von der Sozialdemokratie politisch beherrschte Räte waren, also von einer reformistisch orientierten Partei, die sozialrevolutionäre Ziele, Mittel und Methoden ablehnte. Es liegt auf der Hand, dass diese Tatsache dem Rätesystem in Österreich ihr spezifisches Gepräge geben musste. Aus der Sicht der Sozialdemokratie lag die politische Hauptfunktion der Rätebewegung im – wie es Otto Bauer damals formulierte – »Abwehrkampf gegen den Kommunismus«. Das strategische Ziel des im März 1919 erfolgten Ausbaus des Arbeiterrats zu einem »Parlament der gesamten Arbeiterklasse« war, mit den Kommunisten Kontakt zu halten, mit ihnen ins Gespräch zu kommen, sie, wenn möglich, von der Aussichtslosigkeit des Experiments einer Räterepublik zu überzeugen, und, wenn dies nicht gelang, mit Mehrheitsbeschlüssen niederzustimmen. Gerade in den Monaten der Nachbarschaft Räteungarns und Rätemünchens wurde von den sozialdemokratischen Führern mit besonderem Nachdruck hervorgehoben, dass für alle die österreichische Arbeiterklasse in ihrer Gesamtheit berührenden Fragen nicht Parteien oder Gewerkschaften, sondern der Arbeiterrat die einzig zuständige und entscheidungsberechtigte Körperschaft sei. Dass der Arbeiterrat nach erfolgter Organisationsreform, nach der Öffnung für alle sozialistischen Parteien und Gruppierungen, nach der Einführung der freien und demokratischen Wahl der Mandatare ein solches repräsentatives und Autorität besitzendes Forum war, das konnten auch die Kommunisten nicht bestreiten. Damit sahen sie sich mit einer Situation konfrontiert, in der jeglicher Versuch, die Schwelle des sozialdemokratischen Reformismus zu überschreiten, vor den Massen als »Missachtung der Beschlüsse des Arbeiterrats« und »Bruch der proletarischen Disziplin« gebrandmarkt werden konnte. Dieses Dilemma wurde von den austromarxistischen Führern erfolgreich instrumentalisiert.

Ab 1921/22 büßten die Arbeiterräte infolge der Stabilisierung der innenpolitischen Verhältnisse rasch an Bedeutung ein. (Die Soldatenräte waren bereits im März 1920 durch das Wehrgesetz über das Bundesheer aus der bewaffneten Macht beseitigt.) Der Arbeiterrat wurde nach dem Ausscheiden der Kommunisten im Frühjahr 1922 wieder zu einer rein sozialdemokratischen Organisation unter vielen und hatte einzig die Aufgabe, eine reibungslose sachliche wie personelle Überleitung in den Republikanischen Schutzbund zu gewährleisten. Als das geschehen war, löste man ihn auf dem Parteitag in Salzburg 1924 auf.

Die KPÖ 1918–1938

Die KPÖ, erwachsen aus dem Zusammenschluss mehrerer Kleingruppierungen, die im Krieg in radikal linker Opposition zur Burgfriedenspolitik der Sozialdemokratie standen, spielte nur in der Anfangs- und Endphase der Ersten Republik eine bedeutendere Rolle im österreichischen Parteiensystem. Im Frühjahr 1919 stieg unter dem Einfluss der Räterepubliken in Ungarn und München die Zahl ihrer Mitglieder von 3.000 im Februar auf 40.000 im Juni. Mit dem Volkswehrbataillon 41, hervorgegangen aus der von Egon Erwin Kisch und Leo Rothziegel am 1. November 1918 in Wien gegründeten »Roten Garde«, verfügte sie sogar über eine bewaffnete Truppe. Dennoch waren selbst in dieser Periode des Aufschwungs ihre Schwächen nicht zu verkennen. Ihre Anhängerschaft rekrutierte sich überwiegend aus Arbeitslosen, Kriegsinvaliden und Kriegsheimkehrern; ein Einbruch in die organisierte Betriebsarbeiterschaft gelang ihr nicht, und die sozialdemokratische Hegemonie in der Arbeiterschaft blieb unerschüttert. Im April und Juni 1919 scheiterten in Wien zwei Versuche, das Beispiel Räteungarns nachzuvollziehen, weil die große Mehrheit der Arbeiter- und Soldatenräte die sozialdemokratische Linie der Ablehnung revolutionärer Gewalt unterstützte.

Nach der Niederwerfung Räteungarns am 1. August 1919 ging der Mitgliederstand der KPÖ schnell zurück, auf 10.000 im Dezember 1919, um in den 1920er Jahren noch weiter, auf 3.000 bis 5.000, zu fallen. Bei den Nationalratswahlen 1920, 1923, 1927 und 1930 gelang es ihr weder, in allen Wahlkreisen zu kandidieren, noch vermochte sie über einen Wähleranteil von 0,4 bis 0,9 Prozent hinauszukommen. Die Partei war in dieser Zeit durch ideologische Gegensätze und – auch stark persönlich gefärbte – Fraktionskämpfe zerrissen, die eine Außenwirkung schwer beeinträchtigten. Die Führung der Kommunistischen Internationale in Moskau, der die KPÖ als eine ihrer Sektionen angehörte, suchte den misslichen Zustand zu überwinden und eine organisatorische Festigung durch »Bolschewisierung« und Einsetzen einer neuen Parteileitung zu erreichen. Ein erster Schritt dazu war 1924 die Berufung des steirischen Landessekretärs Johann Koplenig zum »Reichssekretär«, um den sich Gleichgesinnte wie Franz Honner, Friedl Fürnberg, Gottlieb Fiala, Friedrich Hexmann und andere scharten. Dieser Personenkreis sollte bis in die 1960er Jahre das Führungsteam der KPÖ stellen.

Sofortige Wirkungen des Personalwechsels mit dem Effekt der Erhöhung des politischen Einflusses blieben jedoch aus, weil die KPÖ den damals von der Komintern verfolgten ultralinken Kurs mittrug (Sozialdemokratie als Hauptfeind, Vorwurf des »Sozialfaschismus«, der Gefahr des wirklichen Faschismus könne erfolgreich nur offensiv, durch die sozialistische Revolution und Errichtung der »Diktatur des Proletariats« begegnet werden). Die Angriffe auf die austromarxistischen Führer (»Linke Worte, rechte Taten«) prallten wirkungslos ab, weil sie außerhalb der Alltagserfahrung der übergroßen Mehrheit der österreichischen Arbeiter und Arbeiterinnen lagen. Sie band an ihre angestammte Partei weniger die radikale Rhetorik als vielmehr die reale Reformtätigkeit im sozialdemokratisch verwalteten »Roten Wien«, die spürbare Verbesserungen brachte (soziales Steuersystem, kommunaler Wohnbau, Fürsorge- und Gesundheitswesen).

Erst ab 1931 begann die KPÖ diese Positionen abzuschwächen, als sie feststellen musste, dass revolutionäre Phrasen angesichts der katastrophalen Auswirkungen der Weltwirtschaftskrise und der damit verbundenen verschärften Attacken der bürgerlichen Bundesregierungen gegen die »rote Festung« Wien (z. B. drastische Beschneidung des Stadtbudgets im Rahmen des Finanzausgleichs zwischen Bund und Ländern) weiterhin auf wenig Resonanz in der Arbeiterschaft stießen. Die Hinwendung zu mehr Realismus widerspiegelte sich in allmählich wieder steigenden Mitgliederzahlen und relativ großen Stimmengewinnen bei den in Teilen Österreich 1932 abgehaltenen Landtags- und Gemeinderatswahlen. Mit rund 40.000 Stimmen wurde ein doppelt zu hohes Ergebnis wie bei den Nationalratswahlen 1930 im ganzen Bundesgebiet erzielt.

Die nunmehr von der KPÖ propagierte »antifaschistische Aktion« mit konkreten sozialpolitischen Kampagnen und Bündnisangeboten an linksoppositionelle Sozialdemokraten, die ob der Rückzugspolitik des Parteivorstandes und kampflosen Aufgabe wichtiger Positionen vor dem »Klassenfeind« enttäuscht und verbittert waren, bewirkten den Ausbruch aus der jahrelangen Isolierung und machten die Partei wieder zu einem erstzunehmenden Faktor. Die Dollfuß-Regierung antwortete darauf mit dem Betätigungsverbot (26. Mai 1933), das aber die auf die Bedingungen der Illegalität bereits vorbereitete KPÖ keineswegs schwächte.

Die Februarereignisse 1934 zogen vollends eine radikale Wende für die kommunistische Bewegung in Österreich nach sich. Rund 12.000 Mitglieder der Sozialdemokratischen Partei, der Großteil von ihnen Angehörige des Republikanischen Schutzbundes, traten zur illegalen KPÖ über, die damit im Untergrund mit 16.000 Mitgliedern gleich stark wurde wie die Nachfolgeorganisation der Sozialdemokratie, die »Revolutionären Sozialisten«.

Damit stand die KPÖ nicht nur auf einer gänzlich neuen organisatorischen Grundlage, sondern auch vor dringlich zu lösenden Aufgaben der politischen Orientierung insgesamt. Immer noch dominierte die »kurze Perspektive«, die Erwartung, dass dem »blutigen Februar« sehr bald ein »roter Oktober« folgen werde. Diese Auffassung konnte nach und nach überwunden und von der Erkenntnis abgelöst werden, dass der Arbeiterbewegung ein langwieriger Kampf gegen das Ständestaatsregime bevorstehe. Erst in Anwendung der auf dem VII. Weltkongress der Kommunistischen Internationale im Sommer 1935 ausformulierten Einheitsfront- und Volksfrontstrategie bewältigte die KPÖ die Ausrichtung auf die »lange Perspektive« auf durchaus eigenständige, Österreichs innen- und außenpolitische Situation berücksichtigende Weise. Der Parteitheoretiker Alfred Klahr warf im April 1937 die nationale Frage auf, konkret das Problem, ob die bisherige Ablehnung des Anschlusses Österreichs an Deutschland durch die KPÖ bei gleichzeitiger stillschweigender Annahme, dass die Österreicher selbstverständlich Deutsche und lediglich ein staatlich getrennter Bestandteil der deutschen Nation seien, genüge, um den von Hitler extrem geschürten Annexionsgelüsten wirksam begegnen zu können. Klahr kam auf der Grundlage einer historischen Analyse zum Ergebnis, dass eine eigene, von den Deutschen unterschiedene österreichische Nation bereits existiere. Damit setzte er die KPÖ imstande, eine Programmatik mit dem Ziel zu entwickeln, die staatliche Unabhängigkeit Österreichs zu erhalten und für den Kampf um eine parlamentarisch-demokratische Republik mit andersdenkenden sozialen und politischen Kräften zu kooperieren.

In der Nacht vom 11. um 12. März 1938 stellte die KPÖ in einer Proklamation die Losung der Wiedereroberung der staatlichen Souveränität auf und prophezeite das Wiedererstehen eines freien und unabhängigen Österreich. Mehr als fünf Jahre blieb sie damit die einzige österreichische Partei, die eine solche Forderung erhob. Nicht zuletzt bewirkte die von Alfred Klahr angestoßene nationale und politische Neuausrichtung, dass der Anteil der österreichischen KommunistInnen am Widerstandskampf gegen das NS-Regime weit über ihre rein zahlenmäßige Vertretung in der österreichischen Bevölkerung hinausging.

Bibliographie und Quellennachweise

Norbert Abels: Franz Werfel mit Selbstzeugnissen und Bilddokumenten. Reinbek bei Hamburg 1993 (rowohlts monographien).
Friedrich Adler: Nach zwei Jahren. Reden, gehalten im November 1918. Wien 1918.
Max Adler: Demokratie und Rätesystem. Wien 1919 (Sozialistische Bücherei, Heft 8).
Die Arbeiterräte Deutschösterreichs. Organisationsstatut, Geschäftsordnung, Geschäftsbehandlung und Adressen der deutschösterreichischen Arbeiterräte. Wien o. J. [1921].
Otto Bauer: Der Weg zum Sozialismus. Wien 1919.
Otto Bauer: Die Sozialisierungsaktion im ersten Jahre der Republik. Wien 1919 (Schriftenreihe »12. November«, Nr. 5).
Otto Bauer: Die österreichische Revolution. Wien 1923 (Neuauflage mit einem Geleitwort von Ernst Winkler, Wien 1965).
Hans Benedikter: Rebell im Land Tirol. Michael Gaismair. Wien 1970.
Bericht der Gewerkschaftskommission Deutschösterreichs an den ersten deutschösterreichischen (achten österreich.) Gewerkschaftskongress in Wien 1919. Wien 1920.
Angelika Bischoff-Urak: Michael Gaismair. Ein Beitrag zur Sozialgeschichte des Bauernkrieges. Innsbruck 1983.
Franz Blei: Erzählung eines Lebens. Leipzig 1930.
Franz Blei: Schriften in Auswahl, hg. von Paris Gütersloh. Wien 1960
Joachim Böhm: Die österreichische Sozialdemokratie (DSAPÖ) im Ersten Weltkrieg. Dissertation Martin-Luther-Universität zu Halle Wittenberg 1964.
Joachim Böhm: Die österreichische Sozialdemokratie (DSAPÖ) in der Wende vom imperialistischen Krieg vom imperialistischen Frieden. Eine Untersuchung der monarchietreuen Politik ihrer Führer (November 1916 – Oktober 1917), in: *Wissenschaftliche Zeitschrift der Martin-Luther-Universität Halle-Wittenberg*. Gesellschafts- und Sprachwissenschaftliche Reihe, 14. Jg. (1965), Nr. 4, S. 216–220.
Werner Braselmann: Franz Werfel. Wuppertal 1960.
Julius Braunthal: Die Sozialpolitik der Republik. Wien 1919 (Schriftenreihe »12. November«, Nr. 3).
Julius Braunthal: Die Arbeiterräte in Deutschösterreich. Ihre Geschichte und ihre Politik. Die Beratungen und Beschlüsse der 2. Reichskonferenz. Das Organisationsstatut. Im Auftrage des Reichsvollzugsausschusses der Arbeiterräte dargestellt. Wien 1919 (Sozialistische Bücherei, Heft 13).
Ernst Bruckmüller: Nation Österreich. Kulturelles Bewußtsein und gesellschaftlich-politische Prozesse. Wien, Graz, Köln 1996.
Ludwig Brügel: Geschichte der österreichischen Sozialdemokratie, Bd. 5. Wien 1925.
Francis L. Carsten: Revolution in Mitteleuropa 1918–1919. Köln 1973.

Francis L. Carsten: Faschismus in Österreich. Von Schönerer zu Hitler. München 1977.
Carl Colbert: Der Preistreiberprozeß gegen Dr. Josef Kranz, gewesenen Präsidenten der Allgemeinen Depositenbank in Wien. Wien, Leipzig 1917.
Johann Czerny: Der Wohnungsbolschewismus in Österreich. Für denkende Menschen vom Standpunkt des Rechts, der Moral und der Vernunft beleuchtet. Baden 1925.
Julius Deutsch: Aus Österreichs Revolution. Militärpolitische Erinnerungen. Wien 1921.
Deutschland im Ersten Weltkrieg, Bd. 3 (November 1917 bis November 1918). Berlin ²1970.
Fridolin Dörrer (Hg.): Die Bauernkriege und Michael Gaismair. Protokoll des internationalen Symposiums vom 15.–19. November 1976 in Innsbruck-Vill. Innsbruck 1982.
Umberto Eco: Der Name der Rose. München, Wien 1982.
Der erste Parteitag der Kommunistischen Partei Deutschösterreichs. Wien 1919.
Geschichte der Kommunistischen Partei Österreichs. 1918–1955. Kurzer Abriß, von einem Autorenkollektiv der Historischen Kommission beim ZK der KPÖ unter Leitung von Friedl Fürnberg. Wien 1977.
Walter Goldinger: Geschichte der Republik Österreich. Wien 1962.
Wilfried Gottschalch: Parlamentarismus und Rätedemokratie. Berlin 1968.
Walter Grab: Demokratische Freiheitskämpfer Österreichs im Zeitalter der Französischen Revolution, in: Wien und Europa zwischen den Revolutionen (1789–1848). Wiener Europagespräche 1977. Wien, München 1978, S. 54–71.
Walter Grab/Uwe Friesel: Noch ist Deutschland nicht verloren. Eine historisch-politische Analyse unterdrückter Lyrik von der Französischen Revolution bis zur Reichsgründung. München 1970.
Gustav Gratz/Richard Schüller: Der wirtschaftliche Zusammenbruch Österreich-Ungarns. Die Tragödie der Erschöpfung. Wien 1930.
Hans Gross/Friedrich Geerds: Handbuch der Kriminalistik, 2 Bände. Berlin 1977.
Murray G. Hall: Der unbekannte Tausendsassa. Franz Blei und der Etikettenschwindel 1918, in: Jahrbuch der Grillparzer-Gesellschaft, 3. Folge, Bd. 15. Wien 1983, S. 129–140.
Jacques Hannak: Im Sturme eines Jahrhunderts. Eine volkstümliche Geschichte der Sozialistischen Partei Österreichs. Wien 1952.
Ferdinand Hanusch/Emanuel Adler (Hg.): Die Regelung der Arbeitsverhältnisse im Kriege. Wien 1917.
Wolfgang Häusler: Von der Massenarmut zur Arbeiterbewegung. Demokratie und soziale Frage in der Wiener Revolution von 1848. Wien 1979.
Wolfgang Häusler: Zur sozialen und nationalen Problematik der Revolution von 1848/49 in der Donaumonarchie, in: Erich Zöllner (Hg.): Revolutionäre Bewegungen in Österreich. Wien 1981 (Veröffentlichungen des Instituts für Österreichkunde, Bd. 38), S. 110–128.
Wolfgang Häusler: Vom Standrecht zum Rechtsstaat. Politik und Justiz in Österreich (1848–1867), in: Erika Weinzierl u. a. (Hg.): Justiz und Zeitgeschichte. Symposiumsbeiträge 1976–1993, Bd. 1. Wien 1995, S. 11–36.

Hans Hautmann: Die Anfänge der linksradikalen Bewegung und der Kommunistischen Partei Deutschösterreichs 1916–1919. Wien 1970 (Veröffentlichungen der Arbeitsgemeinschaft für Geschichte der Arbeiterbewegung in Österreich, Bd. 7).

Hans Hautmann: Die verlorene Räterepublik. Am Beispiel der Kommunistischen Partei Deutschösterreichs. Wien, Frankfurt/M., Zürich 1971.

Hans Hautmann: Bemerkungen zu den Kriegs- und Ausnahmegesetzen in Österreich-Ungarn und deren Anwendung 1914–1918, in: *Zeitgeschichte*, 3. Jg. (1975), Nr. 2, S. 31–37.

Hans Hautmann: Geschichte der Rätebewegung in Österreich 1918–1924. Wien, Zürich 1987.

Hans Hautmann (Hg.): »Wir sind keine Hunde«. Das Protokoll des Arbeitertages vom 5. November 1916 in Wien. Wien 2009 (Alfred Klahr Gesellschaft, Quellen & Studien, Sonderband 11).

Friedrich Heer: Der Kampf um die österreichische Identität. Wien, Köln, Weimar 1966.

Georg Heilingsetzer: Der oberösterreichische Bauernkrieg 1626. Wien 1976 (Militärgeschichtliche Schriftenreihe, Bd. 32).

Karl Heinz: Kampf und Aufstieg. Die Geschichte der sozialistischen Jugendbewegung Österreichs. Wien 1932.

Günter Hillmann (Hg.): Die Rätebewegung II. Reinbek bei Hamburg 1972.

Magnus Hirschfeld (Hg.): Sittengeschichte des Weltkrieges, 2 Bände. Leipzig, Wien 1930.

Hannes Hofbauer/Andrea Komlosy: Das andere Österreich. Vom Aufbegehren der kleinen Leute. Geschichten aus vier Jahrhunderten. Wien 1987.

Reinhard Hoffmann: Streik als gesellschaftsverändernde Praxis, in: Dieter Schneider (Hg.): Zur Theorie und Praxis des Streiks. Frankfurt/M. 1971.

Anna Hornik: 40 Jahre Jännerstreik, in: *Weg und Ziel*, 16. Jg. (1958), Nr. 1, S. 46–51.

Leopold Hornik: Die Zimmerwalder Linke und die Linksradikalen in Österreich (Ein Beitrag zur Geschichte der österreichischen Arbeiterbewegung im Ersten Weltkrieg), in: *Weg und Ziel*, 13. Jg. (1955), Nr. 9, S. 655–668.

Peter Huemer: Sektionschef Robert Hecht und die Zerstörung der Demokratie in Österreich. Wien 1975.

Gerhard Jagschitz: Illegale Bewegungen während der Ständischen Ära 1933–1938, in: Erich Zöllner (Hg.): Revolutionäre Bewegungen in Österreich. Wien 1981 (Veröffentlichungen des Instituts für Österreichkunde, Bd. 38), S. 141–162.

Der Januaraufstand der österreichischen Arbeiterschaft und der Verrat der sozialpatriotischen Führer. Zürich 1918.

Eduard Jehly: Zehn Jahre rotes Wien. Wien 1930.

Peter Stephan Jungk: Franz Werfel. Eine Lebensgeschichte. Frankfurt/M. 2001.

Gina Kaus: Von Wien nach Hollywood. Erinnerungen. Frankfurt/M. 1990.

Hans Kelsen: Die Verfassungsgesetze der Republik Deutsch-Österreich. Erster Teil. Wien 1919.

Hans Kelsen: Sozialismus und Staat. Eine Untersuchung der politischen Theorie des Marxismus, hg. von Norbert Leser. Wien 1965.
Egon Erwin Kisch: Läuse auf dem Markt. Vermischte Prosa. Berlin, Weimar 1985 (Gesammelte Werke in Einzelausgaben, Bd. 10).
Fritz Klenner: Die österreichischen Gewerkschaften. Vergangenheit und Gegenwartsprobleme, Bd. 1. Wien 1951.
Jürgen Kocka: Klassengesellschaft im Krieg. Deutsche Sozialgeschichte 1914–1918. Göttingen 1973.
Alfred Körner: Der österreichische Jakobiner Franz Hebenstreit von Streitenfeld, in: Jahrbuch des Instituts für Deutsche Geschichte, Bd. 3. Tel Aviv 1974.
Karl Kraus: Literatur oder Man wird doch da sehn. Magische Operette in zwei Teilen. Wien, Leipzig 1921.
Hans Kronberger: Zwischen Kriegspropaganda und Subversion. Egon Erwin Kisch an der Wende vom bürgerlichen Journalismus zum Revolutionär, in: Egon Erwin Kisch. München 1980 (*Text + Kritik. Zeitschrift für Literatur*, Nr. 67), S. 48–54.
Leopold Kunschak: Das Verbrechen an Wien. Die Steuerpolitik der Gemeinde. Wien 1919.
Leopold Kunschak: Der Wirtschaftsmord des Wiener Rathauses! Wien 1930.
Max Lederer: Grundriss des österreichischen Sozialrechts. Wien ²1932.
Norbert Leser: Zwischen Reformismus und Bolschewismus. Der Austromarxismus als Theorie und Praxis. Wien, Frankfurt/M., Zürich 1968.
Josef Macek: Der Tiroler Bauernkrieg und Michael Gaismair. Berlin 1965.
Alma Mahler-Werfel: Mein Leben. Frankfurt/M. 1960.
Barry McLoughlin/Hans Schafranek/Walter Szevera: Aufbruch – Hoffnung – Endstation. Österreicherinnen und Österreicher in der Sowjetunion 1925–1945. Wien 1997.
Adolf Merkl: Die Verfassung der Republik Deutsch-Österreich. Ein kritisch-systematischer Grundriss. Wien 1919.
Rosa Meyer-Leviné: Leben und Tod eines Revolutionärs. Frankfurt/M. 1974.
Rudolf Neck (Hg.): Arbeiterschaft und Staat im Ersten Weltkrieg 1914–1918 (A. Quellen), I. Der Staat, Bd. 1 (1914–1917). Wien 1964 (Veröffentlichungen der Arbeitsgemeinschaft für Geschichte der Arbeiterbewegung in Österreich, Bd. 3).
Rudolf Neck (Hg.): Arbeiterschaft und Staat im Ersten Weltkrieg 1914–1918 (A. Quellen), I. Der Staat, Bd. 2 (1917–1918). Wien 1968 (Veröffentlichungen der Arbeitsgemeinschaft für Geschichte der Arbeiterbewegung in Österreich, Bd. 4).
Rudolf Neck: Österreich in der revolutionären Epoche von 1917 bis 1920, in: Erich Zöllner (Hg.): Revolutionäre Bewegungen in Österreich. Wien 1981 (Schriften des Instituts für Österreichkunde, Bd. 38), S. 129–140.
Wolfgang Neugebauer: Bauvolk der kommenden Welt. Geschichte der sozialistischen Jugendbewegung in Österreich. Wien 1975.
Franz Neumann (Hg.): Handbuch politischer Theorien und Ideologien. Reinbek bei Hamburg 1977.

Jan Opočenský: Umsturz in Mitteleuropa. Der Zusammenbruch Österreich-Ungarns und die Geburt der kleinen Entente. Hellerau bei Dresden 1931.

Organisationsstatut der Arbeiterräte Deutschösterreichs. Beschlossen von der 2. Reichskonferenz der Arbeiterräte Deutschösterreichs am 3. Juni 1919. Wien 1919.

Richard Georg Plaschka/Horst Haselsteiner/Arnold Suppan: Innere Front, Militärassistenz, Widerstand und Umsturz in der Donaumonarchie 1918, Bd. 1: Zwischen Streik und Meuterei. Wien 1974.

Karl Pribram: Die Sozialpolitik im neuen Österreich, in: Archiv für Sozialwissenschaften und Sozialpolitik, Bd. 48 (1920/21). Tübingen 1921, S. 615–680.

Eva Priester: Kurze Geschichte Österreichs, Bd. 1: Entstehung eines Staates. Wien 1946.

Protokoll des sozialdemokratischen Parteitages 1924. Abgehalten in Salzburg vom 31. Oktober bis 3. November 1924. Wien 1924.

Fritz Rager: Das sozialpolitische Werk Ferdinand Hanusch', in: *Arbeit und Wirtschaft*, 1. Jg. (1923), Nr. 20, S. 770–773.

Johann Rainer: Die bäuerlichen Erhebungen 1525–1627 im österreichischen Raum, in: Erich Zöllner (Hg.): Revolutionäre Bewegungen in Österreich. Wien 1981 (Veröffentlichungen des Instituts für Österreichkunde, Bd. 38), S. 67–76.

Josef Redlich: Österreichische Regierung und Verwaltung im Weltkriege. Wien 1925.

Helmut Reinalter: Aufgeklärter Absolutismus und Revolution. Zur Geschichte des Jakobinertums und der frühdemokratischen Bestrebungen in der Habsburgermonarchie. Wien 1980.

Helmut Reinalter: Österreich und die Französische Revolution. Wien 1988.

Karl Renner: Wandlungen der modernen Gesellschaft. Nachgelassene Werke, Bd. 3. Wien 1953.

Rolf Reventlow: Zwischen Alliierten und Bolschewiken. Arbeiterräte in Österreich 1918 bis 1923. Wien, Frankfurt/M, Zürich 1969.

Revolutionen in Ungarn 1918–1919, hg. von der Österreichisch-Ungarischen Vereinigung zur Pflege kultureller Beziehungen. Wien o. J. [1968].

Roman Rosdolsky: Studien über revolutionäre Taktik. Zwei unveröffentlichte Arbeiten über die II. Internationale und die österreichische Sozialdemokratie. Berlin 1973.

Otto Rühle: Die Revolutionen Europas, Bd. 3. Dresden 1927.

Schicksalsjahre Österreichs 1908–1919. Das politische Tagebuch Josef Redlichs, bearbeitet von Fritz Fellner, Bd. 2. Graz, Köln 1954.

Josef Schneider: Der Tod von Wien. Wiener Wohnungspolitik, 1918–1926. Zürich, Leipzig, Wien o. J. [1926].

Richard Schüller: Geschichte der kommunistischen Jugendinternationale, Bd. 1: Von den Anfängen der proletarischen Jugendbewegung bis zur Gründung der kommunistischen Jugendinternationale. Berlin 1931.

Werner J. Schweiger: ... verhungert 1918. Otfried Krzyzanowski, in: *Die Pestsäule*, 1. Jg. (1972), Nr. 2, S. 152–169.

Sozius [d. i. Eli Rubin]: Lenin in Wien. Wien 1930 (Wiener Volksschriften, Nr. 4).
Sozius [d. i. Eli Rubin]: Der Staat des Arbeiters. Die Belagerung Wiens. Wien 1930 (Wiener Volksschriften, Nr. 6).
Sozius [d. i. Eli Rubin]: Al Capone und das Wiener Wohnungswesen. Wien o. J. [1932] (Wiener Volksschriften, Nr. 13).
Richard Specht: Franz Werfel. Versuch einer Zeitspiegelung. Wien, Berlin 1926.
Anton Staudinger: Rätebewegung und Approvisionierungswesen in Oberösterreich. Zur Einbindung der oberösterreichischen Arbeiter- und Soldatenräte in den behördlichen Ernährungsdienst in der Anfangsphase der österreichischen Republik, in: Isabella Ackerl/Walter Hummelberger/Hans Mommsen (Hg.): Politik und Gesellschaft im alten und neuen Österreich. Festschrift für Rudolf Neck zum 60. Geburtstag, Bd. 2. Wien 1981, S. 66–82.
Herbert Steiner: Franz Koritschoner, in: Gerhard Botz u. a. (Hg.): Bewegung und Klasse. Studien zur österreichischen Arbeitergeschichte. Wien, München, Zürich 1978, S. 159–174.
Isa Strasser: Land ohne Schlaf. Wien, Frankfurt/M., Zürich 1970.
Josef Strasser: Der Arbeiter und die Nation. Reichenberg 1912 (2. vermehrte Auflage).
Alexander Täubler: Abgeordneten- und Bürokratensozialismus und die Rätedemokratie. Wien 1919 (Revolutionäre Sozialistische Bücherei, Heft 1).
Alexander Täubler: Die Rechtsbildung in der Revolution und die Mission der Arbeiterräte. Den Arbeiter-, Kleinbauern- und Soldatenräten gewidmet. Wien 1919 (Revolutionäre Sozialistische Bücherei, Heft 2).
Alexander Täubler: Rätearbeit und Nationalversammlungstragödien in Revolutionen. Den Arbeiter-, Soldaten- und Bauernräten Deutschösterreichs gewidmet. Wien 1919 (Revolutionäre Sozialistische Bücherei, Heft 3).
Alexander Täubler: Die Sozialisierung und der neue Geist der Zeit. Wien 1919 (Sozialistische Bücherei, Heft 4).
Um Friede, Freiheit und Recht! Der Jännerausstand des innerösterreichischen Proletariats. Wien 1918.
Ungarn 1919 und Österreich, hg. vom Pressebüro der Ungarischen Botschaft. Wien 1979.
Ernst Violand: Die sociale Geschichte der Revolution in Österreich 1848. Leipzig 1859 (neu hg. von Wolfgang Häusler, Wien 1984).
Adam Wandruszka/Peter Urbanitsch (Hg.): Die Habsburgermonarchie 1848–1918, Bd. 2: Verwaltung und Rechtswesen. Wien 1975.
Ernst Wangermann: Von Joseph II. zu den Jakobinerprozessen. Wien, Frankfurt/M., Zürich 1966.
Hans Wassmund: Revolutionstheorien. Eine Einführung. München 1978.
Erika Weinzierl: Der österreichische Widerstand gegen den Nationalsozialismus 1938–1945, in: Erich Zöllner (Hg.): Revolutionäre Bewegungen in Österreich. Wien 1981 (Veröffentlichungen des Instituts für Österreichkunde, Bd. 38), S. 163–175.

Erwin Weissel: Die Ohnmacht des Sieges. Arbeiterschaft und Sozialisierung nach dem Ersten Weltkrieg in Österreich. Wien 1976.

Weltfreunde. Konferenz über die Prager deutsche Literatur, hg. von Eduard Goldstücker. Prag 1967.

Franz Werfel: Barbara oder Die Frömmigkeit. Berlin, Wien, Leipzig 1933.

Johannes Wertheim: Die Föderation revolutionärer Sozialisten »Internationale«. Eine Episode aus der österreichischen Arbeiterbewegung 1918/19, in: *Archiv für die Geschichte des Sozialismus und der Arbeiterbewegung*, 12. Jg. Leipzig 1926, S. 297–309.

Ernst Winkler: Der große Jänner-Streik 1918. Ein Kampf für Brot, Frieden und Freiheit, hg. von der SPÖ-Landesorganisation Niederösterreich. o. O. [Wien] o. J. [1968].

Leopold Zahn: Franz Werfel. Berlin 1966.

Guido Zamis: Egon Erwin Kisch und die Wiener Rote Garde, in: *Beiträge zur Geschichte der Arbeiterbewegung*, 24. Jg. (1982), Nr. 5, S. 719–733.

Erich Zöllner (Hg.): Revolutionäre Bewegungen in Österreich. Wien 1981 (Veröffentlichungen des Instituts für Österreichkunde, Bd. 38).

Quellennachweise

Die revolutionäre Tradition in der österreichischen Geschichte, in: Anton Szanya (Hg.): Brüder, zur Sonne, zur Freiheit! Mythen und Legenden über das Revolutionäre. Wien: Picus-Verlag 1997, S. 19–40.

Zum Stellenwert der Massenbewegungen und Klassenkämpfe in der revolutionären Epoche 1917–1920, in: Helmut Konrad u. a. (Hg.): Geschichte als demokratischer Auftrag. Karl R. Stadler zum 70. Geburtstag. Wien, München, Zürich: Europaverlag 1983 (Veröffentlichungen des Ludwig Boltzmann Instituts für Geschichte der Arbeiterbewegung), S. 239–275.

Die Revolutionäre: Der Formierungsprozess der Linksradikalen (Österreich im Epochenjahr 1917, Teil 4), in: *Mitteilungen der Alfred Klahr Gesellschaft*, 14. Jg. (2007), Nr. 4, S. 1–6.

Mit den Herrschenden »russisch« reden. Die Auswirkungen der Oktoberrevolution auf Österreich, in: *Mitteilungen der Alfred Klahr Gesellschaft*, 24. Jg. (2017), Nr. 3, S. 1–4.

Der Jännerstreik 1918 und das Entstehen der Arbeiterräte, in: *Mitteilungen der Alfred Klahr Gesellschaft*, 25. Jg. (2018), Nr. 1, S. 1–10.

Die österreichische Revolution, in: *Mitteilungen der Alfred Klahr Gesellschaft*, 15. Jg. (2008), Nr. 3, S. 1–8.

»Spätsommer des Untergangs«. Zur Widerspiegelung der revolutionären Ereignisse und Gestalten in Werfels »Barbara oder Die Frömmigkeit«, in: … da liegt der riesige Schatten Freud's nicht mehr auf meinem Weg. Die Rebellion des Otto Gross. 6. Internationaler Otto Gross Kongress. Wien, 8.–10. September 2006, hg. von Raimund Dehmlow, Ralf Rother und Alfred Springer. Marburg an der Lahn: Verlag LiteraturWissenschaft.de 2008, S. 324–343.

Leo Rothziegel (1892–1919). Das Leben eines österreichischen Revolutionärs (Teil 1), in: *Weg und Ziel*, 36. Jg. (1978), Nr. 7–8, S. 287–290, Teil 2: Nr. 9, S. 333–336, Teil 3: Nr. 10, S. 377–379.

Die Institution der Arbeiterräte in der Ersten Republik, in: Erich Fröschl/Maria Mesner/Helge Zoitl (Hg.): Die Bewegung. Hundert Jahre Sozialdemokratie in Österreich. Wien: Passagen Verlag 1990 (Passagen Politik), S. 341–352.

Die österreichische Rätebewegung und Räteungarn, in: Christian Koller/Matthias Marschik (Hg.): Die ungarische Räterepublik 1919. Innenansichten – Außenperspektiven – Folgewirkungen. Wien: Promedia Verlag 2018, S. 167–180.

Rätebewegung und KPÖ von 1918 bis 1938, in: Stefan Karner (Hg.): Die umkämpfte Republik. Österreich 1918–1938. Innsbruck, Wien, Bozen: StudienVerlag 2017, S. 175–180.

Hans Hautmann (1943–2018)

Hans Hautmann maturierte 1962 am Realgymnasium Stubenbastei in Wien und begann danach ein Studium der Geschichte und der Germanistik an der Universität Wien. Im Dezember 1968 promovierte er zum Dr. phil. mit der Dissertation »Die Anfänge der linksradikalen Bewegung und der Kommunistischen Partei Deutschösterreichs 1916–1919«. Als Student war er von 1966 bis 1968 Mitarbeiter des Dokumentationsarchivs des österreichischen Widerstandes (DÖW).

Ab 1970 arbeitete Hans Hautmann als Universitätsassistent am Institut für Neuere Geschichte und Zeitgeschichte der Johannes-Kepler-Universität Linz. Am dort beheimateten *Ludwig Boltzmann Institut für Geschichte der Arbeiterbewegung* war er als Mitarbeiter, Ko-Herausgeber und Autor mehrerer Publikationen tätig. 1982 habilitierte sich Hautmann an der Universität Linz für die Fächer Neuere Geschichte und Zeitgeschichte. Seine Habilitationsschrift »Geschichte der Rätebewegung in Österreich 1918–1924« wurde 1987 veröffentlicht. 1988 wurde er mit dem Victor-Adler-Staatspreis für Geschichte der Arbeiterbewegung ausgezeichnet.

Von 1996 bis 1998 und von 2000 bis 2005 war Hans Hautmann Vorstand des Instituts für Neuere Geschichte und Zeitgeschichte an der Universität Linz. Zunächst Universitätsdozent, wurde ihm 1997 der Titel eines außerordentlichen Universitätsprofessors verliehen. Neben seiner Lehr- und Forschungstätigkeit auf akademischem Boden engagierte er sich u. a. als Vorstandsmitglied und Mitglied des wissenschaftlichen Beirats der *International Conference of Labour and Social History* (ITH), die regelmäßig internationale Tagungen der HistorikerInnen der Arbeiterbewegung in Linz abhält. Von 1993 bis 2005 wirkte Hautmann als Präsident der *Alfred Klahr Gesellschaft* und von 1998 bis 2007 als Präsident des Vereins zur Förderung justizgeschichtlicher Forschungen.

Im August 2005 trat Hautmann an der Universität Linz in den Ruhestand. Seine ungebrochene Schaffenskraft und sein fortdauerndes Interesse an der Geschichte der Arbeiterbewegung manifestierten sich fortan nicht nur in zivilgesellschaftlichen Funktionen, sondern auch in zahlreichen weiteren Veröffentlichungen über dieses Thema. Hautmanns umfangreiche Vortrags- und Publikationsaktivitäten sind erst in seinen letzten Lebensmonaten – bedingt durch eine schwere Krankheit – zu einem ungewollten Stillstand gekommen. Er starb im Juli 2018 in Wien.

Die HerausgeberInnen

Claudia Kuretsidis-Haider, geboren 1965 in Wien, Ko-Leiterin der *Zentralen österreichischen Forschungsstelle Nachkriegsjustiz* und Mitarbeiterin des *Dokumentationsarchivs des österreichischen Widerstandes*, Vorstandsmitglied der *Alfred Klahr-Gesellschaft* und stellvertretende Obfrau des *Vereins Justizgeschichte und Rechtsstaat*.

Manfred Mugrauer, geboren 1977 in Vöcklabruck, ist wissenschaftlicher Sekretär der *Alfred Klahr-Gesellschaft* und Mitarbeiter des *Dokumentationsarchivs des österreichischen Widerstandes*.

Margarete Schütte-Lihotzky

Erinnerungen aus dem Widerstand

Das kämpferische Leben einer Architektin von 1938–1945

ISBN 978-3-85371-372-3, br., 208 Seiten, 17,90 €
E-Book: ISBN 978-3-85371-829-2, 14,99 €

Friedrich Adler

Vor dem Ausnahmegericht

Das Attentat gegen den Ersten Weltkrieg

ISBN 978-3-85371-406-5, br., Bilder, 248 Seiten, 17,90 €

Helmut Weihsmann

Das Rote Wien

Sozialdemokratische Architektur
und Kommunalpolitik 1919–1934

ISBN 978-3-85371-456-0, geb., Bilder, 496 Seiten, 39,90 €,
mit 23 Rundgängen durch das Rote Wien

Christian Koller/Matthias Marschik (Hg.)

Die ungarische Räterepublik

Innenansichten – Außenperspektiven –
Folgewirkungen

ISBN 978-3-85371-446-1, br., bebildert,
280 Seiten, 21,90 €